역사지리로 보는 성경

구약편 3 | 열왕기상-포로기 이후

역사지리로 보는 성경

지은이 | 이문범
초판 발행 | 2017. 12. 4
13쇄 | 2025. 3. 14
등록번호 | 제1988-000080호
등록된 곳 | 서울특별시 용산구 서빙고로65길 38
발행처 | 사단법인 두란노서원
영업부 | 2078-3333 FAX | 080-749-3705
출판부 | 2078-3331

책 값은 뒤표지에 있습니다.
ISBN 978-89-531-3018-0 04230
ISBN 978-89-531-2810-1 04230(세트)

독자의 의견을 기다립니다.
tpress@duranno.com www.duranno.com

두란노서원은 바울 사도가 3차 전도여행 때 에베소에서 성령 받은 제자들을 따로 세워 하나님의 말씀으로 양육하던 장소입니다. 사도행전 19장 8~20절의 정신에 따라 첫째 목회자를 돕는 사역과 평신도를 훈련시키는 사역, 둘째 세계선교(TIM)와 문서선교(단행본·잡지) 사역, 셋째 예수문화 및 경배와 찬양 사역, 그리고 가정·상담 사역 등을 감당하고 있습니다. 1980년 12월 22일에 창립된 두란노서원은 주님 오실 때까지 이 사역들을 계속할 것입니다.

역사 지리로 보는 성경

구약편 3

열왕기상 - 포로기 이후

이문범 지음

GEO-HISTORICAL PANORAMA BIBLE

두란노

목차

3권 | 열왕기상-포로기 이후

part 4 **역사서 3 |** 통일왕국시대

열왕기상, 역대하 1 / 잠언, 전도서, 아가서

part 5 **역사서 4 |** 분열왕국시대

열왕기하, 역대하 2 / 선지서

왕국분열시대

다윗이 심어 놓은 많은 일의 영광을 솔로몬이 누렸다. 대제국 이집트마저 예루살렘을 누를 수 없어 솔로몬과 정략결혼을 맺을 정도로 솔로몬의 위세는 대단했다. 잠언, 전도서, 아가서를 남겼던 솔로몬이 죽자 분열의 불씨가 당겨져 사방에서 대적이 일어나고, 마침내 남과 북이 분열했다. 특히 여로보암의 죄는 이스라엘의 가장 뿌리 깊은 죄로 남았다.

PART 4

역사서 III

열왕기상 · 역대하1 /
잠언 · 전도서 · 아가서

열왕기상 / 역대하1

개관 31일

다윗 이전에 두 명의 왕이 있었다. 자칭 왕인 기드온의 아들 아비멜렉과 사람이 원하는 왕이었던 사울. 그 외 다윗과 동시대에 북왕국의 왕이 된 사울의 아들 이스보셋이 있었다. 그러나 이들은 모두 왕위 계승에 실패했다. 하나님 마음에 합한 왕 다윗이 왕위 계승에 성공하면서 이스라엘 최초로 왕조가 탄생한다.

다윗은 열두 지파 연합과 남과 북의 갈등을 어렵게 헤쳐 나왔다. 북쪽을 대우하니 남쪽 유다에서 압살롬의 반란이 일어났고, 남쪽을 우대하니 북쪽에서 세바의 반란이 일어났다. 그래도 다윗은 뛰어난 지도력으로 하나 된 이스라엘을 지켜왔다. 다윗 말년에 누구도 통일 이스라엘을 흔들 조짐이 없었다. 그 위험은 오

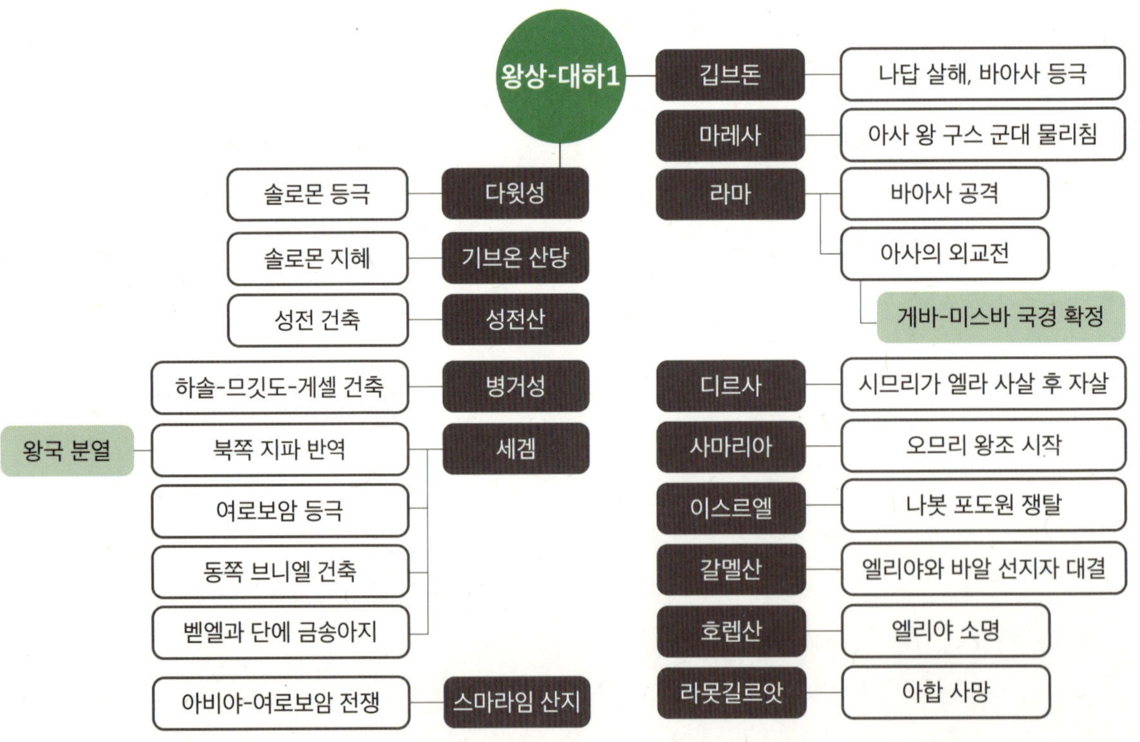

히려 다윗 집안과 신하들 안에 도사리고 있었다.

- 이 과정에서 등극한 솔로몬은 다윗이 만들어 놓은 튼튼한 기반 위에 성전 건축과 궁전, 병거성 등을 건축하였다. 건축하느라 거둔 과도한 세금은 훗날 지파 분열의 불씨가 되었다.
- 때를 기다리고 있던 북쪽의 수장 에브라임 지파에서 여로보암이 등장했고, 솔로몬 사후 남북 분단이 일어난다. 이후 남과 북은 3~4대에 걸쳐 여호수아 정착부터 남북의 완충지대 역할을 하던 베냐민 산지를 두고 치열한 국경전쟁을 벌인다.
- 북쪽 바아사가 남쪽 아사왕을 쳤을 때 아사는 외교력으로 바아사를 물러나게 하면서 미스바와 게바에 성을 세워 국경을 완성한다. 이 국경으로 동쪽 여리고는 북이스라엘 소유가 되고 서쪽 벧호론과 그 길은 남유다에 속하게 된다.
- 남쪽 여호사밧과 북쪽 오므리와 그의 아들 아합부터는 남북 협력의 시대를 연다. 심지어 왕가끼리 정략결혼을 하였다. 아합의 딸 아달랴와 여호사밧의 아들 여호람이 결혼하며 남북 연합은 공고해졌다. 안정된 국경과 남북관계는 이스라엘이 남쪽과 북쪽으로 영향력을 확장하도록 하였고, 부강한 나라를 이루도록 하였다. 북동쪽의 교통 요지인 라못길르앗을 아람에게서 빼앗으려 할 때 남과 북이 협력하기도 한다. 그러나 아합이 죽으면서 남북 연합은 점점 소원해지기 시작한다.

: 31일

오늘 읽을 분량

성경 왕상 1-9, 시 72, 127

본서 8-26쪽

성경의 맥 잡기

1. 솔로몬왕위 즉위, 기브온 산당 기도와 솔로몬의 지혜
2. 숙청 작업과 성전 건축, 솔로몬의 문제

신구약 연결 포인트

1. 솔로몬의 기름 부음 받음과 예수님의 기름 부음으로 그리스도 됨 연관
2. 솔로몬의 나귀 탄 입성은 예수님의 입성과 유사

묵상 가이드

1. 솔로몬의 기도는 통치 사명 감당을 위한 듣는 마음과 선악을 분별하는 마음이었다.
2. 솔로몬의 실책은 세금 정책과 정략결혼을 통한 여자 문제 등이었다.

역사	연대	솔로몬(BC 971-931), 르호보암(BC 931-913)~여호사밧(BC 873-848), 여로보암(BC 931-910)~아합(BC 874-853)							
	사건	애굽 시삭의 침략, 앗수르 살만에셀 3세의 카르카르 전투							
지리		다윗성	기브온 산당	성전산	세겜	남북 왕국	게바-미스바	사마리아	갈멜산	라못길르앗
성경	장	1	3 (대하1)	5 (대하 2)	12 (대하 10)	14 (대하 11)	15	16	18	22
	주제	솔로몬 즉위	숙청 일천 번제	성전 건축	왕국 분열	시삭 침공	아사 국경	오므리 왕조	갈멜산 대결 호렙산 사명	아합 죽음

열왕기상 개요

열왕기상부터 펼쳐지는 왕들의 활동 무대를 보며 그들이 남긴 발자취를 따라가 보자. 삼국지 이상으로 흥미진진한 이야기들이 펼쳐진다.

기혼 샘-솔로몬 즉위 왕상 1장

다윗은 70세에 이르러 노쇠해졌다. 몸이 차가워 수넴 여인 아비삭에게 몸을 따뜻하게 하는 일을 맡겼는데, 이스라엘에서 가장 아리따운 여인을 데려오는 일이 문제가 되기도 했고 득이 되기도 했다. 다윗의 말년에 왕위 다툼이 일어났다. 장남 암논은 압살롬에게 죽었다. 둘째는 갈멜 사람 나발의 아내였던 아비가일이 낳은 길르압(삼하 3:3) 혹은 다니엘(대상 3:1)이었으나 성경에 기록이 없는 것으로 보아 어려서 죽었을 가능성이 크다. 다음이 그술 왕의 공주였던 마아가의 아들 압살롬이었다. 그도 반역하다 죽임을 당했다.

그리하여 네 번째 아들이 장자 역할을 하게 되었는데 그가 바로 아도니야다. 외모나 행실이 말할 나위 없이 잘난 아들이었다. 그러나 하나님과 부모를 경외하지 않아 스스로를 높여 왕이 되려 하였다. 그도 그럴 것이 다윗은 한참 어린 솔로몬을 왕으로 지명했기 때문이다. 장자가 집안을 대표하는 사회에서 다윗의 이런 결정은 일반인들이 받아들이기 힘든 것이었다. 그래서 아도니야가 왕이 된다고 생각하는 사람들 중에는 군대장관인 요압과 대제사장 아비아달이 있었다. 실권을 잡은 이들이 아도니야를 밀었고 대부분의 동생들도 이에 동의했다. 그들은 껄끄러운 솔로몬 지지파를 배제하고 왕위 즉위식을 가지려 했다. 솔로몬 파의 수장은 나단 선지자였고 그에게 동조하는 대제사장은 사독, 근위대장은 브나야와 용사들이었다. 왕위 쟁탈전은 긴박하게 벌어진다. 그 배경을 사진을 통해 보자.

아도니야가 왼쪽 골짜기 에느로겔에서 왕이 되려 할 때 솔로몬은 기혼 샘에서 왕위 즉위식를 거행한다.

아도니야는 다윗성 기혼 샘에서 불과 500m 떨어진 기드론 골짜기의 에느로겔 근처 소헬렛 바위 곁에 자리를 폈다. 소헬렛 바위가 어디인지 확실하지 않으나 에느로겔이 현재 회교 사원이 세워진 곳으로 추정되

/
다윗성에서 바라본 남쪽 기드론 골짜기
골짜기 중간 회교사원 탑이 있는 곳이 아도니야가 잔치를 한 에느로겔로 추정된다.

//
다윗성에서 본 기혼 샘 마당
솔로몬은 에덴동산 근원수로 추정되는 기혼 샘 앞에서 왕위 즉위식을 거행한다.

기에 그 근방이었을 것이다. 아도니야 지지자들은 큰 잔치를 벌이며 왕위 선포식을 준비했다. 다윗성에서 빤히 보이는 곳에서 잔치가 열렸기에 성에 있는 모든 이들이 보거나 들을 수 있었다.

이때 위기감을 느낀 나단 선지자는 솔로몬의 어머니 밧세바를 설득한다. 밧세바는 다윗에게 가서 아도니야가 왕이 되려 한다는 소식을 전하고, 다윗이 솔로몬에게 왕위를 물려 줄 것이라는 약속을 기억나게 한다. 나단 선지자는 이 말을 거든다. 심히 늙은 다윗왕은 마지막 지혜를 발휘해 선지자 나단과 제사장 사독, 근위대장 브나야로 하여금 왕위 즉위식을 거행하라고 명령한다.

먼저 다윗의 노새를 솔로몬에게 태워 왕이 됨을 표시하라 했다. 둘째 제사장

궁금해요

노새와 나귀

다윗이 탄 노새는 암컷이었다. 수컷 나귀와 암컷 말을 교배하여 태어난 노새는 생식 능력이 없으나 말과 나귀의 장점을 모두 가진 동물이다. 나귀보다는 더 크고 험한 산지를 잘 다니기에 왕국 초기에 왕이 타고 다녔다. 압살롬도 노새를 타다 머리가 나무에 걸려 죽임을 당했고, 솔로몬은 다윗의 노새를 타고 왕위에 올랐다. 예수님이 탔던 동물은 노새의 어머니 격인 나귀 새끼였다.

나귀와 나귀 새끼를 끌고 와서 자기들의 겉옷을 그 위에 얹으매 예수께서 그 위에 타시니 마 21:7

/
솔로몬은 나귀보다 큰 다윗의 노새를 타고 왕으로 입성했다.

//
나귀
다윗의 노새는 나귀의 수컷과 말 암컷이 교배하여 나온 잡종이다.

기혼 샘 입구
다윗성의 물 근원지다.

과 선지자가 솔로몬에게 기름을 붓고 뿔 나팔을 불어 '왕 만세'를 부르라고 하였다. 그들은 솔로몬을 기혼 샘으로 인도했다. 그리고 성막에서 취한 기름을 가져다 그 머리에 부었다. 백성은 소리를 지르고 그를 따라 올라갔다.

노새를 타고 왕위 즉위식을 행하는 솔로몬의 모습과 후에 오실 샬롬의 왕 예수님이 나귀를 타고 입성하는 모습이 겹친다. 둘의 입성 모두 동쪽에서 서쪽으로, 성막 혹은 성전이 있는 곳으로 향한다. 고대 전통에 의하면 솔로몬 때도 백성들이 종려나무를 흔들며 환영을 했으리라 추정된다. 예수님 때도 백성들이 종려나무를 흔들면서 환영했다. 조촐해 보이지만 이 의식은 왕이 되는 중요한 예식이었다.

다윗의 유언 왕상 2장

기혼 샘에서 500m 거리에 있던 아도니야 지지자들은 크게 부르는 소리가 솔로몬이 정식으로 왕이 되는 소리임을 알았다. 졸지에 거기에 있던 사람들이 반역자가 되었다. 아도니야는 성막으로 가서 제단 뿔을 잡고 생명보존의 약속을 구했다. 솔로몬이 왕이 되어 처리해야 할 첫 번째 일이 정적들을 어떻게 할 것인가였다. 이 일에 다윗은 유언적인 코멘트를 한다.

종려주일에 성전을 향해 가는 기독교인들
솔로몬 때도 이와 같이 동에서 서쪽의 성막으로 소리 높이며 행진하였을 것이다.

군대장관 요압은 다윗이 외삼촌임에도 다윗을 가장 힘들게 한 내부의 문제적 남자였다. 특히 사울의 군대장관 아브넬과 압살롬의 군대장관 아마사를 무방비 상태에서 죽인 일은 용서받기 힘들었다. 그는 솔로몬에게도 큰 위협이 될 수 있었다. 반면 다윗은 길르앗의 바르실래가 베푼 은총을 기억하여 그의 아들들에게 잘해 주기를 부탁했다. 다윗을 저주한 시므이는 지파 통합 차원에서 묵인해 주었지만, 다윗은 그를 죄 없다 여기지 말라고 부탁했다.

솔로몬은 이들을 지혜롭게 처리했다. 그 도화선은 아도니야였다. 그는 생명을 건지고도 만족하지 못한 채 다윗의 동녀 수넴 여인 아비삭을 아내로 구하였다. 밧세바는 이 부탁을 받고 솔로몬에게 말했지만 솔로몬은 듣자마자 이 행위가 헤렘이라는 왕권 도전임을 인식했다. 아가서는 솔로몬과 술람미 여인의 사랑 노래인데, 술람미는 수넴이다. 만일 술람미 여인이 아비삭이었다면 아도니야의 요구는 솔로몬을 더 분노하게 만들었을 것이다.

아도니야가 죽임을 당하자 다음 차례는 요압이었다. 요압도 제단 뿔을 잡았으나(왕상 2:28), 용서받지 못하고 성막에서 죽임을 당한다. 요압은 고의로 사람을

궁금해요

어? 왜 대제사장이 두 명인가요?

다윗의 통일왕국 시대에 기브온 산당 담당은 사독 제사장이었고(대상 16:39), 예루살렘 담당은 아비아달이었다. 두 명의 대제사장 제도는 특별한 경우였다. 이에 대하여 여러 의견이 있으나 사독이 유다와 북지파가 연합하면서 등장한 것을 볼 때 사독은 북쪽 제사장이 아니었을까 추정된다. 두 왕국의 연합으로 두 제사장이 되었으나 솔로몬왕 때 사독으로 정해진다.

죽였기에 성전으로 도망할지라도 용서받을 수 없었다(출 21:12-14).

시므이는 다윗성에 연금되었으나 자신의 종을 찾으러 허락 없이 가드로 내려갔다오는 바람에 죽임을 당했다. 함께 동조했던 아비아달은 고향 아나돗으로 쫓겨 가 몰락한 제사장 집안이 된다. 그 뿌리가 실로의 엘리 제사장이고 그의 미래는 예레미야 선지자다.

열왕기상은 다윗이 유언으로 정치적인 일을 부탁한 부분을 주로 다루지만 역대상에서는 종교적인 부탁을 주로 다룬다. 노쇠한 다윗은 죽기 전 이스라엘의 모든 고관들을 예루살렘에 소집하고 성전 건축에 대한 일을 발표한다. 자신이 성전 건축을 하려 했으나 전쟁으로 피를 많이 흘려 부적격하므로(대상 28:3) 하나님께서 '평화'라는 뜻의 솔로몬을 택해 성전 건축을 하려 하신다는 것이었다. 다윗은 비록 성전 건축을 직접 하지 못했지만 건축에 필요한 재료들과 설계도 그리고 성전제도 등을 모두 준비하였다. 다윗 시대 유적만 주로 발굴된 키르벳 케이야파(Qeiyafa)는 예루살렘에서 28km 떨어진 엘라 골짜기에 위치함에도 성전 모형이 두 개나 발견되었다. 이를 보면 다윗이 국가적으로 얼마나 성전 건축 준

/
성막 제단의 제단 뿔
아도니야는 반역에도 불구하고 제단 뿔을 잡음으로 즉결 재판에 넘어가는 일은 모면했다.

//
키르벳 케이야파 성문
두 개의 성문이 발견된 사아라임(쌍문)이라 추정되는 이곳에 다윗 시대로 추정되는 성전 모형이 두 개 발견되었다.

비를 잘 했는지를 알 수 있다. 다윗의 마지막 기도 중의 한 문장을 통해 그의 열심을 엿볼 수 있다.

> 13 우리 하나님이여 이제 우리가 주께 감사하오며 주의 영화로운 이름을 찬양하나이다 14 나와 내 백성이 무엇이기에 이처럼 즐거운 마음으로 드릴 힘이 있었나이까 모든 것이 주께로 말미암았사오니 우리가 주의 손에서 받은 것으로 주께 드렸을 뿐이니이다 대상 29:13-14

기브온 산당-일천 번제 왕상 3장

솔로몬은 다윗의 유언에 따라 주변 정리를 마쳤다. 이제 청산에서 벗어나 건설로 나가야 할 시기가 되었다. 새로운 시작을 위해 솔로몬은 큰 제단이 있는 곳으로 나갔다.

> 이에 왕이 제사하러 기브온으로 가니 거기는 산당이 큼이라 솔로몬이 그 제단에 일천 번제를 드렸더니 왕상 3:4

다윗성에서 기브온 산당까지는 직선거리 8.6km로 노새를 타고 3~4시간 걸린다. 가는 길에 골짜기와 산지가 있어 정확한 시간을 예측하기는 힘들지만 1000일(약 2년 반) 동안 오가는 일은 거의 불가능하다. 국정이 마비되기 때문이다. '산당이 크다'는 말을 참고한다면 한 번에 많은 제사를 드렸음을 알 수 있다.

최고의 제사를 드린 솔로몬에게 여호와께서 나타나셔서 "무엇을 줄꼬"라고 물으셨다(왕상 3:5). 솔로몬은 먼저 하나님께 감사드리고 자신의 사명인 재판에 대한 어려움을 말한 뒤 이를 위해 '듣는 마음과 선악 분별력'을 구하였다. 역대하 1:10에는 지혜와 지식을 구하였다고 나오는데 그 목적에 있어 둘은 같은 것을 구한 셈이다. 듣는 마음과 선악 분별력이 바로 지혜와 지식이다. 하나님은 이 마음이 너무 좋아 전무후무한 지혜를 주실 뿐 아니라 구하지 않은 부와 영광도 주셨다(왕상 3:13).

열왕기 저자는 이 일 후 솔로몬의 재판을 다룬다. 두 여자

기브온 산당
여호수아가 기도했던 곳에서 솔로몬도 사명을 위해 기도해 전무후무한 두 번의 기도가 있었던 곳이 되었다.

가 자신의 아이를 구분해 달라는 요구를 하자 솔로몬이 선악을 분별하는 지혜에 따라 어미의 모정을 사용해 진짜 어미를 찾아 주었다.

여기서,
묵상

솔로몬의 기도 제목은 지혜가 아니라 사명이었다

솔로몬이 기도한 기브온 산당은 나비 사무엘로 추정된다. 나비 사무엘은 과거 여호수아가 예루살렘 연합군을 치기 위해 지휘소로 사용했을 것으로 추정되는 장소다. 이곳에서 그는 해와 달을 머물게 하는 전무후무한 기도를 드렸다. 그런데 솔로몬은 다시 이곳에서 기도하여 전무후무한 지혜를 얻는다. 솔로몬의 기도 제목은 지혜가 아니라 사명이었다. 사명을 이루기 위한 도구가 필요했던 것이다.

솔로몬의 기도에 대하여 많은 이들이 지혜 자체에 초점을 맞추는 우를 범하곤 한다. 또한 진짜 지혜는 하나님의 말씀에 귀를 기울이는 것이다. 에덴동산에서 사탄은 하나님같이 된다는 유혹을 하여 하나님의 말씀보다 세상이나 자기 자신의 욕구에 귀를 기울이도록 해 참 지혜에서 떠나게 하였다. 그러나 솔로몬은 다시 하나님을 왕으로 인정하고 그분의 말씀에 귀를 기울여 그분의 말씀으로 선악을 분별하려고 하였다.

궁금해요

다윗과 솔로몬 정책 비교

솔로몬의 정치 스타일이 관리들을 임명하는 모습에서 드러난다. 다윗이 지파별로 관리를 임명했다면 솔로몬은 지역별로 관리를 임명했다는 차이가 있다(왕상 4:7-19). 솔로몬이 구분한 지역을 지도 사무엘하 2를 통해 볼 수 있다. 열왕기상 4장을 펴서 7절부터 나오는 열두 지방 관장들의 위치를 보라. 지파 색깔이 남은 곳도 있지만 대부분 무역으로 인해 재물의 정도에 따라 세금을 내게 했다. 지파별로 왕을 섬기면 강한 지파에게는 부담이 안 되지만 단이나 시므온같이 약한 지파에게는 큰 부담이 될 수밖에 없다. 경제적인 면을 고려해 세금을 내게 하는 정책은 지혜로웠다.

그러나 이상한 점은 세금 명단에 '유다' 지파가 빠져 있는 것이다. 다윗이 자신의 지파를 우대하지 않아 반란이 일어났음을 의식해서인지 유다 지파의 헤브론 지역은 세금을 내지 않았다. 이는 솔로몬 사후에 이스라엘 분열의 뿌리가 된다.

다윗과 솔로몬의 행정 비교

다윗	솔로몬
대상 27:16-22 이스라엘 지파를 관할하는 자(officers)는 이러하니라 르우벤 사람의 지도자는 시그리의 아들 엘리에셀이요 시므온 사람의 지도자는 마아가의 아들 스바댜요 레위 사람의 지도자는 그무엘의 아들 하사뱌요 아론 자손의 지도자는 사독이요 유다의 지도자는 다윗의 형 엘리후요 잇사갈의 지도자는 미가엘의 아들 오므리요 스불론의 지도자는 오바댜의 아들 이스마야요 납달리의 지도자는 아스리엘의 아들 여레못이요 에브라임 자손의 지도자는 아사시야의 아들 호세아요 므낫세 반 지파의 지도자는 브다야의 아들 요엘이요 길르앗에 있는 므낫세 반 지파의 지도자는 스가랴의 아들 잇도요 베냐민의 지도자는 아브넬의 아들 야아시엘이요 단은 여로함의 아들 아사렐이니 이들은 이스라엘 지파의 지휘관이었더라	**왕상 4:7-19** 솔로몬이 또 온 이스라엘에 열두 지방 관장을 두매 그 사람들이 왕과 왕실을 위하여 양식을 공급하되 각기 일 년에 한 달씩 양식을 공급하였으니 그들의 이름은 이러하니라 에브라임 산지(에브라임)에는 벤훌이요 마가스와 사알빔과 벧세메스와 엘론벧하난(에브라임)에는 벤데겔이요 아룹봇(에브라임)에는 벤헤셋이니 소고와 헤벨 온 땅을 그가 주관하였으며 나밧 돌(에브라임) 높은 땅 온 지방에는 벤아비나답이니… 다아낙과 므깃도와 이스르엘 아래 사르단 가에 있는 벧스안 온 땅(므낫세)은 아힐룻의 아들 바아나가 맡았으니 벧스안에서부터 아벨므홀라에 이르고 욕느암 바깥까지 미쳤으며 길르앗 라못(므낫세 반)에는 벤게벨이니 그는 길르앗에 있는 므낫세의 아들 야일의 모든 마을을 주관하였고 또 바산 아르곱 땅의 성벽과 놋빗장 있는 육십 개의 큰 성읍을 주관하였으며 마하나임(갓)에는 잇도의 아들 아히나답이요 납달리에는 아히마아스이니 그는 솔로몬의 딸 바스맛을 아내로 삼았으며 아셀과 아롯에는 후새의 아들 바아나요 잇사갈에는 바루아의 아들 여호사밧이요 베냐민에는 엘라의 아들 시므이요 아모리 사람의 왕 시혼과 바산왕 옥의 나라 길르앗 땅(므낫세 반)에는 우리의 아들 게벨이니 그 땅에서는 그 한 사람만 지방 관장이 되었더라

| 인구 조사와 솔로몬의 통치(남쪽) |

말씀을 저버린 지혜의 사람

성경	사무엘하 24장, 역대상 21장, 열왕기상 2-11장, 역대하 1-9장	**연대**	BC 10세기
역사적 배경	이집트 21왕조 사아문(BC 993-984)		
핵심 본문	솔로몬의 통치와 죽음, 여로보암의 봉기, 북이스라엘의 반기		
지도	사무엘하 2, 열왕기상 1		

사무엘하 2

다윗의 인구조사를 기반으로 솔로몬은 12지역에 장관을 세우고 지파색을 약화시켰으나 유다를 넣지 않아 화근이 되었다.

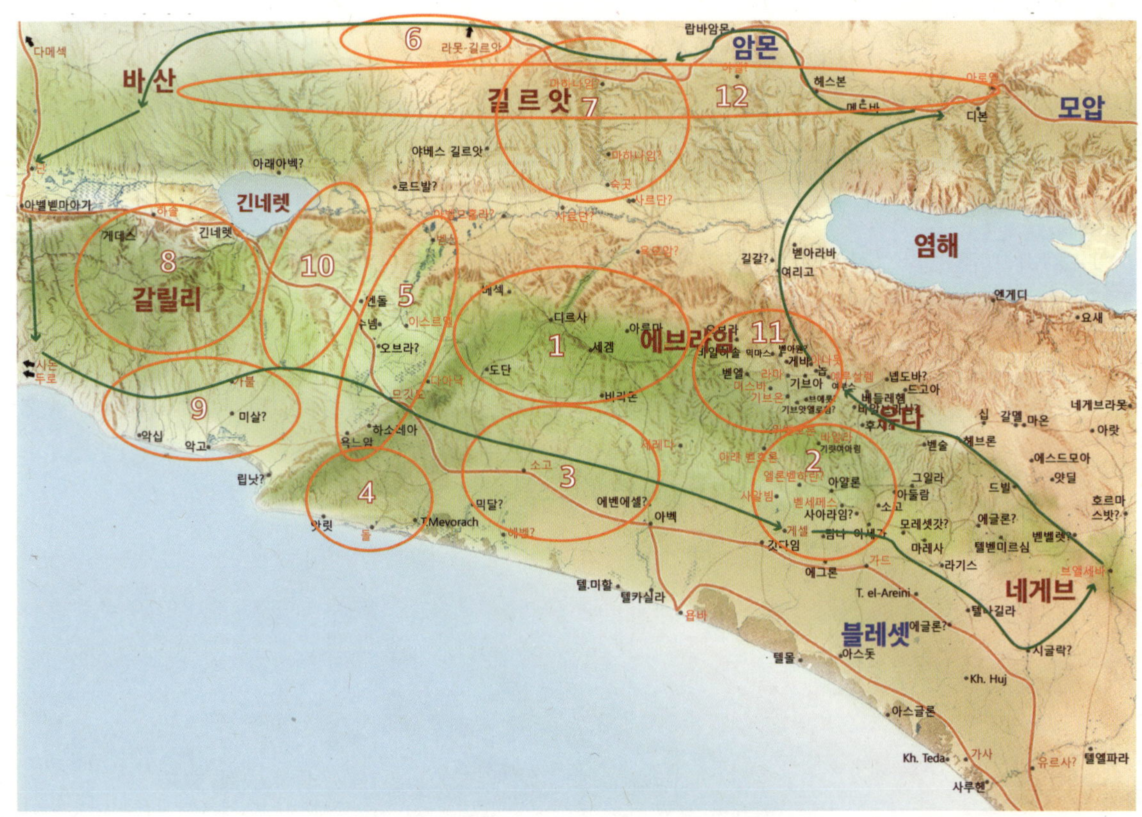

네게브: 강한 정부가 차지하는 땅

지도에서 네게브의 남쪽을 확인해 보라. 오늘날의 네게브는 유다 산지 남쪽에서 이집트 국경까지를 일컫는다. 그러나 성경에서 말하는 네게브(남방)는 오늘날 네게브의 북쪽 아랏과 브엘세바, 가사 부근까지를 말한다. 네게브 남쪽은 전체를 불모지로 분류할 수 없다 하더라도 성경에서는 광야로 부른다. 염해 남쪽 홍해까지 이르는 지구대는 아라바 광야라 부른다.

헤브론의 강우량은 포도와 유실수를 경작하기에 충분하다. 그러나 유다 산지의 남쪽으로 가면서 강우량은 급속도로 감소한다. 나무와 포도는 사라지고 잦은 가뭄으로 농작물 재배가 쉽지 않다. 더 남쪽 아라바에서는 매우 간헐적으로 내리는 스콜성 소나기 외에는 강수량이 거의 없다. 다말에서 가데스바네아에 이르는 도로 남쪽 광야는 해발 800m까지 융기되었다. 가데스바네아의 동쪽인 북서쪽 경사지에는 조금이나마 농작물을 재배할 수 있다.

이 지역은 먼 남쪽 시내반도 방향에서 오는 유목민과 아말렉 족속 같은 사막 습격자의 활동 무대였다. 그래서 산지나 요단 동편에서 강한 정부가 수립될 때만 안전이 보장되고 요새와 도시가 세워져 무역이 가능했다. 이런 시대가 바로 다윗과 솔로몬의 통치 기간이었다.

유다의 남쪽 도로를 차지한다는 것은 자동적으로 이집트와 에돔 간의 무역을 통제함을 의미한다. 지도 사무엘하 2에서도 다윗과 솔로몬이 해변길의 무역을 장악했음을 알 수 있다. 요단 동편 왕의 대로를 통제하기 위한 원정은 지도 사무엘하 1에서 다루었다. 홍해 항구와 그곳에 이르는 도로를 차지함으로 유다의 전반적인 계획이 완성되었다. 솔로몬은 동서 통치 계획을 완성함으로 많은 권세와 부를 누릴 수 있었지만 이 계획의 수립과 수립자는 다윗이었다.

이 시기에 도로를 따라 요새와 도시가 많이 건설되었다. 다윗과 솔로몬의 통치기에 유다의 남쪽 네게브(남방) 전역과 더 먼 남쪽까지 번영을 누렸다. 다윗은 도피생활을 하며 네게브의 중요성을 깨달았을 것이다.

이런 무역 통제가 번영의 원천이었다. 대제국 이집트마저도 예루살렘을 누를 수 없어 솔로몬과 정략결혼 관계를 맺을 정도였다. 네게브 주변의 무역로를 경

브엘세바에서 본 네게브
솔로몬은 남쪽을 개발하여 홍해 무역을 발전시켜 오빌의 금 등 큰 부를 얻을 수 있었다.

제 기반으로 삼던 에돔은 유다가 요단 동편 왕의 대로와 홍해 항구를 차지함으로 크게 위축되었다.

다윗의 인구조사를 기반으로 12지역 장관을 세우다

솔로몬이 지혜로 잘 통치했지만, 그렇지 못한 부분도 있었다. 구역을 나눠서 세금을 거두는 정책이 바로 그것이다. 다윗은 지파별로 세금을 거두었지만 헤브론을 예우하지 않아 유다 지파가 반란을 일으켰다. 또 북쪽의 약한 지파는 강한 지파와 똑같은 세금을 내려니 힘이 들어 불만이 고조되었다. 이런 상황을 파악한 솔로몬은 지파의 재정대로 세금을 매겼다.

그는 먼저 세겜 주변, 그다음으로 벧세메스 주변, 세 번째로 소고와 헤벨, 네 번째로 돌, 다섯 번째로 이스르엘 골짜기, 여섯 번째 라못길르앗, 일곱 번째 마하나임, 여덟 번째 갈릴리, 아홉 번째 가불 땅, 열 번째로 잇사갈 땅, 열한 번째 베냐민 지파 땅, 열두 번째 헤스본 땅 순으로 세금을 거두었다. 돈이 많은 지파 순으로 균등하게 나눈 것이다. 여기까지는 굉장히 좋은 정책이었다. 그러나 유다에는 세금을 걷지 않은 잘못을 범했다. 다윗 시절에 헤브론에서 반란이 일어났기에 이를 우려해서 유다를 면제시킨 것이다. 그러나 나머지 지파는 마음이 상했고, 상대적 박탈감을 느꼈다. 이것이 나중에 남북 분열의 씨앗이 되었다.

솔로몬의 초기 집권: 성전과 궁궐을 짓다 왕상 5-8장

모리아산-성전 건축

역대기 저자는 솔로몬이 지혜를 얻은 후 성전 건축에 힘썼음에 초점을 맞춘다. 솔로몬은 성전 건축을 위해 시돈 민족의 왕인 두로의 히람에게 도움을 청한다. 두로에는 레바논 백향목이라는 최고의 건축자재가 있을 뿐 아니라 뛰어난 건축가들이 많았기 때문이다. 레바논에서 벤 백향목은 뗏목을 만들어 바다에 띄우면 해류를 타고 남쪽 욥바까지 움직였다. 해상무역에 힘쓰던 히람도 당시 가장 강력했던 이스라엘과 협력하는 게 정치적으로 중요했기에 적극적으로 협력한다.

우리가 레바논에서 당신이 쓰실 만큼 벌목하여 떼를 엮어 바다에 띄워 욥바

/
솔로몬 성전이 세워졌으리라 추정되는 성전산 황금돔

//
레바논 산맥의 백향목은 성전 재료로 사용되었다.

> 로 보내리니 당신은 재목들을 예루살렘으로 올리소서 하였더라 대하 2:16

욥바에서 올라온 백향목과 예루살렘 주변에서 얻은 다듬은 돌들은 모리아산으로 모였다. 아브라함이 여호와 이레라 부른 모리아산과 다윗이 속전 대신에 그 땅을 사서 제사를 드린 아라우나 혹은 오르난 타작마당이 성전터가 되었다.

> 솔로몬이 예루살렘 모리아산에 여호와의 전 건축하기를 시작하니 그곳은 전에 여호와께서 그의 아버지 다윗에게 나타나신 곳이요 여부스 사람 오르난의 타작 마당에 다윗이 정한 곳이라 대하 3:1

솔로몬이 성전을 건축한 시기는 출애굽한 지 480년 후다. 그러나 이 연도가 40년을 한 세대로 하여 12세대라는 어림수를 말하는지 아니면 정확히 숫자상 480년인지에 따라 출애굽 시기가 결정된다. 본서에서는 문자 그대로 받아들였지만 12세대라는 해석도 유력한 주장으로 이스라엘 정부와 고고학자들이 이 해석을 따른다.

/
솔로몬이 세운 성전 앞에는 보아스와 야긴 기둥이 있었고, 제단 근처에 물을 받아 놓는 놋 바다가 있었다.

> 이스라엘 자손이 애굽 땅에서 나온 지 사백팔십 년이요 솔로몬이 이스라엘왕이 된 지 사 년 시브월 곧 둘째 달에 솔로몬이 여호와를 위하여 성전 건축하기를 시작하였더라 왕상 6:1

/
성막 왼쪽의 싯딤나무는 언약궤을 만드는 재료로 사용되었다.

//
성전산 동쪽 감람산의 감람나무는 솔로몬 성전 문의 목재 재료로 사용되었다.

BC 966+480=BC 1446(출애굽년도)

성막과 솔로몬 성전

성막이 확장된 것이 성전이다. 성막의 성소 크기는 길이 30규빗×넓이 10규빗×높이 10규빗의 직사각형 모양이었으나 솔로몬은 길이가 60규빗×넓이 20×높이 30규빗인 성전을 만든다(왕상 6:2). 터 길이는 2배를 늘이고 높이는 3배로 높였다. 거기다 주변에 부속건물이 덧입혀져 성전의 크기는 성막과는 비교할 수 없을 만큼 컸다. 그리고 특이하게도 성전 입구에 보아스와 야긴이라는 거대한 놋기둥을 세웠다.

> 이 두 기둥을 성전의 주랑 앞에 세우되 오른쪽 기둥을 세우고 그 이름을 야긴이라 하고 왼쪽의 기둥을 세우고 그 이름을 보아스라 하였으며 왕상 7:21

그 외에도 성소 안에 기구들도 많아졌고 각종 장식들이 더해졌다. 그중 눈에 거슬리는 것도 있었다.

> 그 바다를 소 열두 마리가 받쳤으니 셋은 북쪽을 향하였고 셋은 서쪽을 향하였고 셋은 남쪽을 향하였고 셋은 동쪽을 향하였으며 바다를 그 위에 놓았고 소의 뒤는 다 안으로 두었으며 왕상 7:25

큰 예식을 진행할 때 물두멍 정도로는 제사 때 사용하는 물을 감당할 수 없어 큰 저수조를 두었는데 이것을 '놋 바다'라고 불렀다(왕하 25:13). 그런데 이 놋 바

솔로몬의 상아 보좌
6층 계단 옆에는 사자가 하나씩 서 있었다.

다는 열두 마리 소가 받치는 형상을 하고 있었다. 후대에 여로보암이 단과 벧엘에 금송아지를 만들 때 사람들은 성전의 소 형상을 떠올리며 익숙하게 받아들였을 것이다.

성막의 그룹이라든지 기둥이 필요한 물건은 싯딤나무로 만들었는데 감람산을 앞에 두고 있는 예루살렘에서는 감람나무, 즉 올리브나무로 내소의 그룹이나 문짝을 만들었다. 가능하면 가까이 있는 재료를 사용했다.

솔로몬 궁전

성전과 함께 솔로몬의 궁전도 지어졌다. 성전은 7년 동안 지었지만 궁전은 13년이 걸렸다. 궁전은 성전보다 작았지만 더 화려했다. 다윗성에는 그리 넓은 터가 없었기 때문이다. 작지만 이곳에 이집트 바로의 딸 집도 건설하였다(왕상 7:8). 재판석이 화려해지고 궁전의 위용이 더해 갈수록 나라의 위상도 높아지는 듯하지만 초창기에 행하던 공평과 정직한 재판(창녀 출신의 두 여인 서민 재판)은 점점 멀어졌다.

솔로몬 성전 봉헌식

성전 봉헌식을 통해 알 수 있는 사실은, 성전의 중심은 여전히 '언약궤'라는 점이다. 성전의 중심에 하나님의 언약 말씀을 놓는 예식이 성전 봉헌식이었다.

> 이에 솔로몬이 여호와의 언약궤를 다윗성 곧 시온에서 메어 올리고자 하여 이스라엘 장로와 모든 지파의 우두머리 곧 이스라엘 자손의 족장들을 예루살렘에 있는 자기에게로 소집하니 왕상 8:1

헤롯의 성전
헤롯 성전은 솔로몬 성전을 기초로 만들었다.

솔로몬은 백성에게 연설하고 이어서 다음과 같이 기도한다.

> 33 만일 주의 백성 이스라엘이 주께 범죄하여 적국 앞에 패하게 되므로 주께로 돌아와서 주의 이름을 인정하고 이 성전에서 주께 기도하며 간구하거든 34 주는 하늘에서 들으시고 주의 백성 이스라엘의 죄

를 사하시고 그들의 조상들에게 주신 땅으로 돌아오게 하옵소서 왕상 8:33-34

이어서 성대한 봉헌식 제사를 드린다. 여호와께서도 다시 솔로몬에게 나타나사 경계하신다. 여호와의 명령대로 행하면 왕위를 지속하지만, 법도를 지키지 않으면 성전이라도 던져 버릴 수 있다는 부정적인 경고를 하신다. 이는 솔로몬의 환경이 타락하기 쉬운 상황이었음을 아셨기에 주신 말씀들이다. 솔로몬이 가까이했던 두로왕 히람은 바알 신을 섬기는 자였고, 부귀와 영화는 왕의 마음을 빼앗아 여호와를 떠나게 하는 요인이 될 수 있었다. 주변 나라의 칭송은 솔로몬을 교만하게 하고 여호와를 찾는 간절한 마음을 감소시키기에 충분했기 때문이다.

솔로몬 성전의 닮은 꼴, 아인다라 신전

1954년 솔로몬 성전과 깜짝 놀랄 만큼 유사한 신전이 시리아 북부에서 발견되었고, 1980년에서 1985년까지 추가 발굴되었다. 아인다라(Ain Dara) 신전은 지금까지 알려진 어떤 건물보다 열왕기에 묘사된 예루살렘 성전과 공통점이 많으나 그 동안 주목받지 못했다. 수세기 동안 성경을 읽는 사람들은 성전의 모습을 그려 보려고 애를 썼으나 솔로몬 성전의 흔적은 거의 찾을 수 없었다. 바벨론이 BC 586년 예루살렘을 완전히 파괴하였기 때문이다.

아인다라는 시리아와 터키 국경에 위치하며 알레포에서 북서쪽으로 약 64km, 텔 타야이낫트에서 북동쪽으로 약 80km 떨어져 있다. 면적이 약 60에이커(약 24만 2811m²) 정도로 큰 규모다. 아인다라 신전은 세 시대의 흔적을 가지고 있다.

첫 번째는 BC 1300-1000년에 건축된 흔적이다. 이때의 신전은 가로 약 20m, 세로 약 30m의 직사각형이고 현관, 큰방으로 가는 곁방(antechamber), 큰방, 가장 안쪽에 성소(성경에서는 '드비르' 즉 지성소로 표현된다)가 있는 구조다.

두 번째는 BC 1000-900년의 모습으로 바로 솔로몬 성전이 세워질 무렵의 것이다. 아인다라 신전은 기본적으로 솔로몬 성전과 같은 구조이나 건물 앞쪽에 현무암으로 된 턱(pier), 현관에서 낭실(廊室)로 인도하는 입구, 곁방에서 큰방으로 인도하는 입구를 가진 점이 솔로몬 성전과 다르다.

세 번째는 BC 900-740년으로 신전의 세 면을 둘러싸는 곁방이 추가로 건축되었다.

솔로몬 성전처럼 아인다라 신전은 넓은 돌로 포장된 뜰이 있었다. 뜰에는 거대한 백악암(chalk stone)으로 만든 의식용 대야가 있었던 것으로 보인다(큰 대야는 예루살렘 성전의 뜰에도 있었다. 왕상 7:23-26). 아인다라 신전에 새긴 부조와 조각품으로 보아 여신 이쉬타

시리아와 터키 국경 근처에서 발견된 아인다라의 신전은 솔로몬 성전과 거의 비슷하다.

출처: Monson, John M. (June 1999). "The Temple of Solomon: Heart of Jerusalem". In Hess, Richard S. & Wenham, Gordon J. Zion, city of our God. C. The Ain Dara Temple: A New Parallel from Syria. Wm. B. Eerdmans Publishing. pp. 12-19. ISBN 978-0-8028-4426-2. Retrieved 15 February 2011.

르에게 봉헌한 것으로 추정된다.

아인다라 신전과 솔로몬 성전의 유사한 점을 살펴보면 다음과 같다. 우선 위에서 언급한 바와 같이 삼실 구조, 즉 낭실(현관), 성소(큰방), 지성소를 갖추었다. 규모 면에서도 솔로몬 성전에서 사용된 왕실 1규빗을 52.2cm라고 본다면 성전은 세로 약 37m, 가로 약 10m이고 아인다라 신전은 가로 약 20m, 세로 약 30m 혹은 신전을 둘러싼 곁방까지 포함하면 세로 약 38m, 가로 약 32m로 거의 같은 크기다. 두 건물은 벽에 많은 부조를 새겨 장식하였다. 아인다라 신전에 새긴 꽃 모양, 백합화, 종려나무, 날개를 가진 생물, 사자 등은 "내외소 사방 벽에는 모두 그룹들과 종려와 핀 꽃 형상을 아로새겼고"(왕상 6:29)라고 성경에 묘사된 솔로몬 성전과 유사하다.

성경은 솔로몬 성전을 두로의 히람과 페니키아의 다른 건축자들이 지었다고 기록하고 있다. 아미하이 마잘은 성전을 가리켜 '대칭적인 시리아 신전 양식'(Symmetrical Syrian temple type)이라 부른다. 뜰과 현관, 두 개의 방, 조금 높이 올라간 내부의 방 혹은 지성소를 가지고 있으며 국내의 고유한 건축 양식과 국제적 건축 양식이 혼합된 구조라는 것이다. 예루살렘 성전은 가나안과 시리아 북부의 건축 양식을 갖춘 것으로 보인다. 장방형 구조는 시리아 양식이며 부조에 새긴 문양은 페니키아, 시리아, 이집트의 영향을 받은 것으로 추정된다. 결국 예루살렘 성전은 동시대에 건설된 특정 신전을 그대로 본뜬 것이 아니고 여러 나라의 건축 양식을 혼합하여 건축했다는 사실을 알 수 있다.

(번역: 이미숙)

솔로몬의 후반기 정책: 인간의 지혜로 망하다

병거성-하솔, 므깃도, 게셀 건축 왕상 9:15-28; 대하 8:3-18

스바의 여왕이 솔로몬을 찾아왔다. 그녀는 남쪽 홍해에서 아프리카 내륙으로 이어지는 무역권 때문에 방문한 듯하나 그가 가져온 예물과 솔로몬을 향한 칭송은 솔로몬을 충분히 교만하게 만들 만했다. 솔로몬은 오빌에서 금을 얻었다. 바다 무역을 도와준 사람들은 히람의 사공들이며 무역의 안전은 스바 사람이 확보해 주었기에 해마다 금 420달란트를 얻을 수 있었다(왕상 9:27-28).

솔로몬의 후반기 정책에서 타락의 기운을 본다. 솔로몬왕국은 점차 기울기 시

열왕기상 1
스바 여왕의 이동 경로

작하는데 몰락 원인은 다양하다.

첫째, 과도한 건축과 그에 따른 과도한 세금 문제였다.

솔로몬은 20년 동안 성전과 궁궐을 건설하고도 주변에 병거성까지 지었다. 이 때문에 재정이 부족하자 하나님이 선물로 준 땅인 갈릴리 20마을을 두로왕 히람에게 넘겨주기까지 한다(왕상 9:11). 이는 나라를 팔아먹은 행위다. 다행히 히람이 이를 돌려주었기에망정이지(대하 8:2), 솔로몬은 자신의 재산 대신 하나님이 선물로 주신 땅을 매각하는 매국 행위를 한 셈이다. 이미 건축으로 지쳐 있던 백성을 동원하여 또 건축한 도시가 하솔과 므깃도, 게셀이다. 이 도시들은 모두 해변길에 위치하여 솔로몬의 병거성으로 이용되었다.

솔로몬왕이 역군을 일으킨 까닭은 이러하니 여호와의 성전과 자기

왕궁과 밀로와 예루살렘성과 하솔과 므깃도와 게셀을 건축하려 하였음이라 왕상 9:15

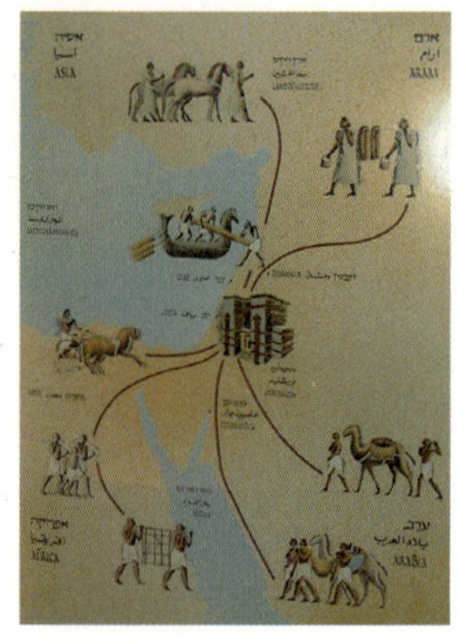

/
솔로몬 시대의 무역
솔로몬의 부는 대부분 무역에서 나왔다.(므깃도 전시관).

신명기 17:16에서는 병마를 많이 두지 말 것이요, 병마를 많이 얻으려고 백성을 애굽으로 돌아가게 하지 말라고 경고하였지만, 다윗처럼 군사력이 강하지 않았던 솔로몬은 보이는 병거성과 병거를 통해 자신의 군사력을 과시하려 하였다. 이 과정에서 병거성을 만드는 데 심한 노역이 따랐고, 직업군인이 필요한 병거부대를 유지하기 위해 세금이 무한대로 필요했다. 위 3개의 성을 발굴한 결과 동일한 성문 형태가 나왔는데 그 성들이 세워진 이래 최고로 화려하고 든든한 성문이 세워졌다. 특히 좌우 3개의 방을 가진 솔로몬식 성문은 가나안성보다 한 겹, 두 개의 방이 더 있는 문이었다. 이 성문에서 세금을 거두었다면 성문을 통과하는 동안 한 번 더 세금을 거두었을 수도 있다. 솔로몬이 강원도만 한 땅에서 얼마나 많은 세금을 거두었는지는 다음 구절을 통해 알 수 있다.

/
게셀성의 솔로몬식 성문
성문 입구에 6개의 방이 있어 튼튼했지만 많은 세금을 거두는 공간이 되었다.

솔로몬의 세입금의 무게가 금 육백육십육 달란트요 왕상 10:14
(34.3kgx666=222,843.8kg=10조 5천억/2010년 6월 기준)

이 세금은 건축뿐 아니라 솔로몬의 사치생활에도 쓰였다. 상아, 금 기물과 흔한 은들로 가득한 그의 궁전 생활은 과도한 세금을 통해 얻은 사치였고(왕상 10:16-21), 나라 땅을 팔아먹으면서 얻은 생활이었다.

멸망산-정략결혼, 산당 증가 왕상 10:1-13; 대하 9:1-12 32일

두 번째 가장 큰 실수는 우상숭배였다. 솔로몬은 주변 나라와 평화를 유지하는 정책으로 정략결혼을 했다. 정치적인 이유도 있지만 성경은 그가 많은 여인을 사랑함도 있었다고 한다(왕상 11:1). 정략결혼을 한 여인은 자신의 종교를 인정받고 자신의 신을 가져온다. 1000명에 이르는 아내들은 자기들의 신을 가져왔고, 솔로몬은 그들의 욕구를 만족시키기 위해 우상과 타협했다. 여인들은 왕의 마음을 돌아서게 하였다(왕상 11:3). 다윗성 앞의 산을 요시야 시대에 멸망산이라 하고 우상을 멸했

/
다메섹 박물관의 바알 신

는데, 이 모습을 보면 솔로몬의 후궁들이 가져온 신을 위해 다윗성 동쪽 산에 산당을 만들었음에 틀림없다. 그 신전들은 외교관 역할을 하여 후대에도 존속된다. 이방 여인들은 축제 때 신전을 방문하면서 남편 솔로몬을 초청하곤 했을 것이다. 젊어서 힘이 있을 때 솔로몬은 흔들리지 않았으나 나이가 들면서 여자들에게 끌려다녔다.

> 솔로몬의 나이가 많을 때에 그의 여인들이 그의 마음을 돌려 다른 신들을 따르게 하였으므로 왕의 마음이 그의 아버지 다윗의 마음과 같지 아니하여 그의 하나님 여호와 앞에 온전하지 못하였으니 왕상 11:4

백성들은 솔로몬이 우상 신전에 들락날락하는 행위를 어떻게 보았을까? 최소한 우상 신전에 대한 거부감을 낮추어 성전에서 예배하던 백성들도 이방 신전이나 산당에 가는 것이 자연스러워졌을 것이다. 결국 이 일로 하나님은 솔로몬의 대적을 일으키고 나라의 분열을 경고하신다(왕상 11:11).

여기서,
묵상

죄는 약점을 공략한다

솔로몬은 열왕기상 3장에서 하나님을 사랑하고 사람을 사랑하는 마음으로 하나님께 지혜를 구했고, 원하는 모든 것에 넘치도록 얻었다. 그런 솔로몬이 이렇게 쉽게 넘어질 수 있었던 이유가 무엇일까(왕하 11:1-3)? 솔로몬이 젊어서는 소견대로 하나님을 섬길 수 있었어도 늙어서는 아내들이 하는 말을 따르지 않을 수 없었다. 죄는 사람의 약한 부분부터 조금씩 무너뜨린다.

솔로몬은 불공정한 행정을 했으며, 자신의 것은 귀하게 여기지만 남의 것은 함부로 대했다. 이는 가불 땅을 히람에게 팔아 버리는 것으로 드러난다. 이는 왕위에 올라 지혜를 구할 때의 취지와 크게 어긋난

: 32일

오늘 읽을 분량

성경 왕상 10-11, 아 1-8, 잠 1-6

본서 26-31쪽

성경의 맥 잡기

1. 솔로몬의 무기 무역과 스바 여왕, 여인 사랑으로 인한 대적 출현
2. 솔로몬의 사랑 이야기(아가서)
3. 아들에게 주기 위한 잠언들

신구약 연결 포인트

1. 아가서는 성도와 그리스도의 사랑을 묘사한다.
2. 스바는 에티오피아 쪽이며 사도행전 에티오피아 간다게의 국고 맡은 내시와 연결된다.

묵상 가이드

1. 스바 여왕은 홍해 해상 무역 마찰과 관련해 솔로몬을 방문하였다.
2. 아가서의 술람미 여인은 수넴 여인 아비삭일 가능성이 크다.

다. 사람을 사랑하는 마음으로 지혜를 구하였지만 이제는 이웃이 아닌 자신을 사랑하는 이기주의자가 되었다. 이웃과 틀어진 관계가 하나님과의 틀어짐으로 전염되었다. 그는 이방 왕비의 말을 따라 우상을 섬김으로 하나님의 말씀을 저버렸다. 솔로몬의 은혜는 위에서 아래로 인간에게 미쳤으나 오염은 아래에서 시작하여 위의 관계를 깨뜨렸다.

다윗성 동쪽의 멸망산
솔로몬의 아내들은 이곳에 자신들의 신전을 세웠다.

몰락의 원인

이생의 자랑
- 과도한 건축 → 국토 넘김(왕상 9:10-11)
- 병거성(군사력 증강) → 심한 노역(왕상 9:15)
- 과도한 세금(왕상 10:14)

안목의 정욕
- 사치생활(왕상 10:16, 18, 21)

육신의 정욕
- 여인 사랑(왕상 11:1-3)
- 우상숭배(왕상 11:4)
- 나라 분열(왕상 11:10-11)

솔로몬의 대적

솔로몬이 죽기 직전에 이스라엘은 위협에 직면했다. 사울과 다윗 시대 이전의 불안정 상태가 다시 도래한 것이다. 솔로몬이 죄를 범하자 바로 사방의 적이 고개를 들었다. 북쪽에서는 기회만 엿보던 에브라임 지파의 여로보암이, 남동쪽에는 에돔의 하닷이, 동북쪽에서는 수리아의 르손이 대적하였다. 뿐만 아니라 애굽의 바로가 솔로몬의 적을 받아 주어 이스라엘의 분열을 준비하고 있었다. 주옥같은 잠언과 인생 교훈서인 전도서를 남겼던 솔로몬이 죽자 분열의 불씨는 바로 당겨졌다. 순식간에 사방에서 대적이 일어났다.

		초기	후기
하나님 관계	신앙 상태	하나님만 섬김	우상을 섬김 (왕하 11장)
사람 관계	만난 사람	창기를 재판함 (왕상 3장)	스바 여왕 (왕상 10장)
	집필 서적	잠언 (왕상 4:32)	전도서
	민심	모두 즐거워함 (왕하 4:20)	사방에 대적이 생김

솔로몬 죽음 이후: 분열의 조짐이 보이다 왕상 11:14-25

북쪽 지파의 반기는 심각한 문제였다. 그 지도자는 느밧의 아들 여로보암이었다. 일찍이 솔로몬은 여로보암이 야심 있고 신망할 만한 인물임을 알았다. 그래서 요셉 지파의 역군 감독으로 세웠다. 중요한 위치에 있던 여로보암은 요셉 지파가 유다 지파의 지배를 받는 데 분개하여 재빨리 힘을 길러 북쪽 지파 내에서 영향력을 확보하였다. 북쪽 지파의 독립 기운과 여로보암의 세력 확장은 예루살렘에 큰 위협이었다.

솔로몬의 병거성과 정치적인 대적들

● 병거성

□ 솔로몬의 대적

여로보암과 이집트 왕 시삭은 분명히 많은 일을 모의했을 것이다. 비록 두 사람이 계획한 기록이 남아 있지 않다 하더라도 상상하는 데 큰 어려움이 없다. 시삭은 분명히 북왕국의 독립을 부추겼으리라. 분열시켜서 정복하는 것이 시삭의 근본 전략이었다. 솔로몬의 죽음 후 분열주의자의 불꽃이 쉽게 타올랐고, 분열 후 북왕국은 여로보암, 남왕국은 르호보암이 다스렸다. 당연히 솔로몬 치하의 통일 왕국보다 약화되었다. 이집트의 후원은 이로써 결실을 맺었고 이런 정치적 음모가 통하자 두 왕국에 침략을 감행하였다.

다가오는 문제에 대한 몇 가지 암시가 열왕기상 11장에 나온다. 솔로몬을 힘들게 했던 인물은 다메섹의 르손과 에돔의 하닷, 그리고 요셉 족속의 역사를 감독하던 여로보암이었다. 특히 여로보암은 에브라임 지파 사람으로 여호수아의 영지였던 딤낫세라 옆 동네 스레다 출신이다. 유다의 독주에 불편한 감정을 가진 에브라임 지파는 여로보암이라는 여호수아 가문과 연계된 뛰어난 지도자를 얻게 되었다.

솔로몬은 이를 질투하고 위협을 느껴 그를 잡으려 했다. 여로보암은 이집트로 도망해 시삭의 보호 아래 솔로몬이 죽을 때까지 머문다. 이 기간에 수립된 은밀한 계획이 왕상 11:26-40에 자세히 언급된다. 이미 여로보암은 선지자를 통해 왕권을 약속받은 상태였다. 여로보암과 에돔의 하닷은 안전을 위하여 이집트로 도망했다. 솔로몬을 사위로 두었던 이집트에서 어떻게 망명자를 받아들였을까?

솔로몬의 정략결혼은 안타깝게도 결혼 후 얼마 지나지 않아 이집트의 왕조가 바뀌면서 물거품이 되었다. 솔로몬을 적대시하는 정권이 들어서며 오히려 위협이 되었고 솔로몬의 적들도 품어 주었다. 강성한 솔로몬과 전쟁을 벌이기는 부담스럽던 이집트 바로는 해변길과 네게브 주변의 도로를 장악하기 위해 때를 기다리며 준비하고 후원하였다.

여기서,
묵상

인간 지혜의 부작용

개관에서 보았듯이, 여호와는 하나님의 백성이 자신의 위치를 지켜 다윗처럼 살아가면 주변 강대국을 잠잠하게 만들어 번영과 평화를 누리게 하신다. 그러나 솔로몬의 후반기처럼 여호와를 떠나면 주변은 물론 멀리 있는 강대국조차도 끓는 가마처럼 만들어 위협적인 적이 되게 하신다.

인간적인 지혜를 사용한 결과 솔로몬의 후반기는 비참했다. 그는 정략결혼과 병거성, 무기무역(왕상 10:29)을 통해 돈을 벌었지만 그 열매는 너무 참혹했다. 정략결혼으로 우상의 산당이 자리 잡았고, 다음 세대에 이르러선 후궁

/
여호수아의 영지 딤낫세라에서 본 여로보암의 고향 스레다
둘의 고향이 가까운 것으로 보아 친인척 관계일 가능성이 높다.

//
게셀의 달력
아얄론 골짜기의 대표적인 도시 게셀은 해변길에서 산지로 오르는 초입에 있다. 여기서 가나안의 농업 달력이 발견되었다.

들의 나라들과 관계가 애매해졌다. 병거성 때문에 막대한 세금이 들어갔다. 거기에 무기무역으로 아람 다메섹 쪽이 강해져 솔로몬의 증손자인 아사왕 때에는 갈릴리를 정복해 왔다. 인간의 지혜는 부작용이 있지만 어리석게 보이는 하나님의 지혜는 합력하여 선을 이룬다.

왕국 분열 조짐

솔로몬 치하에서 누리던 안정과 경제적 번영이 북쪽 지파의 부(富)를 극대화시켰다. 부의 원천은 예루살렘이 통제하는 중요한 도로에 있었다. 이집트 역시 솔로몬의 치적에 어쩔 수 없이 해변길을 포기할 수밖에 없었다. 한때 이집트 군대가 해안 평야를 차지하고 게셀을 무너뜨렸다. 그러나 솔로몬의 강력한 권세에 게셀을 넘겨주게 되어 요새화하는 것을 지켜보았고, 그 관계가 이스라엘의 위상이 약화될 때까지 계속되었다.

> 전에 애굽왕 **바로가 올라와서 게셀을 탈취하여** 불사르고 그 성읍에 사는 가나안 사람을 죽이고 그 성읍을 자기 딸 솔로몬의 아내에게 예물로 주었더니
> 왕상 9:16

영화의 시절

이스라엘과 유다의 역사가 절정에 이르는 순간도 있었지만, 풍요로움과 안전은 순간에 날아갔다. 솔로몬의 영광은 대부분 다윗이 치밀하게 계획한 결과로 단지 단단한 가지 끝에 맺힌 열매였다. 네게브(남방)를 지키기 위해서는 아랏과 브엘세바가 중요하다. 이들 성읍에 남아 있는 고고학적인 유산이 이를 뒷받침한다. 몇 세기 후 가나안의 북쪽과 서쪽이 유다에게서 떨어져 나갔을 때 네게브(남방)는 유다의 남쪽 경계로서 더 중요해졌다.

모든 것이 통일 이스라엘의 힘이었다. 다윗 시대와 같은 반역의 메아리는 솔로몬의 통치 동안 들을 수 없었다. 솔로몬의 죽음 뒤에 뒤따른 분열의 움직임을 보건대 문제는 잠복해 있을 뿐이었다.

지도 그리기

사무엘하 2
열왕기상 1

부록에서 지도를 찾아 그리세요

잠언

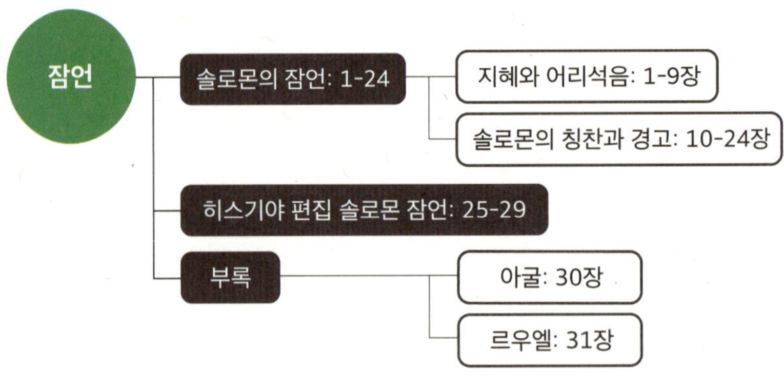

역대하 1-9장은 솔로몬의 치적이 기록되어 있다. 솔로몬의 이야기와 그가 남긴 잠언, 전도서, 아가서를 읽고 진정한 지혜가 무엇인지 묵상해 보자.

: 33일

오늘 읽을 분량

성경 대하 1-4, 잠 7-18

본서 32-34쪽

성경의 맥 잡기

1. 솔로몬의 지혜와 부귀영화, 성전 건축
2. 지혜의 잠언들

신구약 연결 포인트

1. 성막, 성전, 계시록의 새 예루살렘으로 발전하는 성전
2. 솔로몬의 성전은 모리아산, 여호와 이레(하나님이 준비하리라)의 장소로 예수님을 예비하는 곳이다.

묵상 가이드

1. 대하 3:1은 솔로몬 성전 위치를 정확히 알리고 있다.
2. 잠언에서 음녀의 길, 지혜와 명철의 중요성, 삶의 지혜 언급

33 · 34일

잠언 또한 역사와 지리와는 거리가 있지만 솔로몬의 삶을 이룬 배경을 아는 것은 솔로몬의 잠언을 이해하는 데 도움이 될 것이다. 사실 솔로몬뿐 아니라 다른 사람들의 잠언도 포함되어 있지만 주로 솔로몬의 잠언을 히스기야 신하들이 편집하였다.

이것도 솔로몬의 잠언이요 유다왕 히스기야의 신하들이 편집한 것이니라 잠 25:1

솔로몬은 기브온 산당 기도 후 전무후무한 지혜와 총명을 얻었다. 두 창기의 아들을 재판하는 장면에서 그의 지혜가 어떠한지가 드러나지만 잠언을 통해서도 그의 지혜를 알 수 있다. 열왕기상 4장에서는 그의 지혜를 이렇게 언급한다.

29 하나님이 솔로몬에게 지혜와 총명을 심히 많이 주시고 또 넓은 마음을
주시되 바닷가의 모래같이 하시니 **30** 솔로몬의 지혜가 동쪽 모든 사람의 지
혜와 애굽의 모든 지혜보다 뛰어난지라 **31** 그는 모든 사람보다 지혜로워

서 예스라 사람 에단과 마홀의 아들 헤만과 갈골과 다르다보다 나으므로 그
의 이름이 사방 모든 나라에 들렸더라 32 그가 잠언 삼천 가지를 말하였고 그
의 노래는 천다섯 편이며 33 그가 또 초목에 대하여 말하되 레바논의 백향목
으로부터 담에 나는 우슬초까지 하고 그가 또 짐승과 새와 기어다니는 것과
물고기에 대하여 말한지라 34 사람들이 솔로몬의 지혜를 들으러 왔으니 이는
그의 지혜의 소문을 들은 천하 모든 왕들이 보낸 자들이더라 왕상 4:29-34

욥이 살던 동쪽은 지혜자가 사는 지역으로 이미 알려진 듯하다. 그런데 솔로몬은 그곳 동방박사보다 더 뛰어났다고 한다. 시편에서 하나씩 소개한 에스라 사람 에단(89편)과 헤만(88편)의 지혜보다 나았다고 한다. 잠언 3천 가지, 노래 1005편에 달한다. 솔로몬이 특히 좋아한 것이 정원의 식물들과 동물들이다. 지금도 흔적이 남아 있는 다윗성 남쪽 모서리 실로암 연못 근처가 솔로몬이 만든 정원으로 추정된다. 솔로몬 시대 다윗성 아래 기드론 시내는 멋진 정원이자 농경지로 사용되었을 것이다.

일반적으로 잠언은 비유적인 표현을 많이 사용한다. 25장에는 '~같이', '~처럼'이 11번이나 사용되었다. 뿐만 아니라 풍자적인 언어도 사용해서 "아름다운 여인이 삼가지 아니하는 것은 마치 돼지 코에 금고리 같으니라"(11:22), "미련한 자의 입의 잠언은 술 취한 자가 손에 든 가시나무 같으니라"(잠 26:9) 같은 표현도 있다. 은유적인 표현으로는 "지혜 있는 자의 교훈은 생명의 샘이니"(잠 13:14), "지혜는 진주보다 귀하니 네가 사모하는 모든 것으로도 이에 비교할 수 없도다"(잠 3:15) 등이 있다. 이런 비유 언어에서 자주 사용하는 소재는 열왕기상 4장에서 언급한 대로 식물이다.

/
솔로몬 시대의 다윗성
성 주변에는 기혼 샘을 이용해 농경지뿐 아니라 가장 남쪽에는 솔로몬 정원을 만들었으리라 추정된다.

//
남쪽 힌놈의 골짜기에서 바라본 다윗성 방향
정원의 한 부분을 엿볼 수 있다.

///
홍해에서 난 진주
귀한 보석으로 지혜에 비유된다.

: 34일

오늘 읽을 분량
성경 대하 5-9, 잠 19-31
본서 32-34쪽

성경의 맥 잡기

1. 성전에 언약궤 안치와 성전 건축
2. 여호와의 나타나심과 스바 여왕, 솔로몬의 영광

신구약 연결 포인트

1. 예수님과 사도들은 솔로몬의 이름이 붙여진 행각에서 복음을 전했다.
2. 스데반의 설교에서 솔로몬이 성전 건축했음을 언급한다(행 7:47).

묵상 가이드

1. 성전 건축 후 기도는 성전에 관한 이스라엘의 사상을 나타낸다.
2. 솔로몬의 잠언 마지막에는 동물이 많이 언급된 아굴과 현숙한 여인을 언급한 르우엘 왕의 잠언

숯불 위에 숯을 더하는 것과 타는 불에 나무를 더하는 것같이 다툼을 좋아하는 자는 시비를 일으키느니라 잠 26:21
무화과나무를 지키는 자는 그 과실을 먹고 자기 주인에게 시중드는 자는 영화를 얻느니라 잠 27:18

동물은 아굴의 잠언에서 대거 사용된다.

게으른 자여 개미에게 가서 그가 하는 것을 보고 지혜를 얻으라 잠 6:6
24 땅에 작고도 가장 지혜로운 것 넷이 있나니
25 곧 힘이 없는 종류로되 먹을 것을 여름에 준비하는 개미와
26 약한 종류로되 집을 바위 사이에 짓는 사반과
27 임금이 없으되 다 떼를 지어 나아가는 메뚜기와
28 손에 잡힐 만하여도 왕궁에 있는 도마뱀이니라 잠 30:24-28
31 사냥개와 숫염소와 및 당할 수 없는 왕이니라 잠 30:31
아비를 조롱하며 어미 순종하기를 싫어하는 자의 눈은 골짜기의 까마귀에게 쪼이고 독수리 새끼에게 먹히리라 잠 30:17

/ 개미와 개미집

/ 왕궁도 자유롭게 들어갈 수 있는 도마뱀

/ 메뚜기는 수천만 마리가 질서 있게 움직인다.

// **고라신의 사반** 바위 위에 집을 짓는다.

// **독수리와 그 새끼**

// **시글락의 양치기 개** 주인을 보호하고 들짐승에게는 사냥개 역할을 한다.

전도서

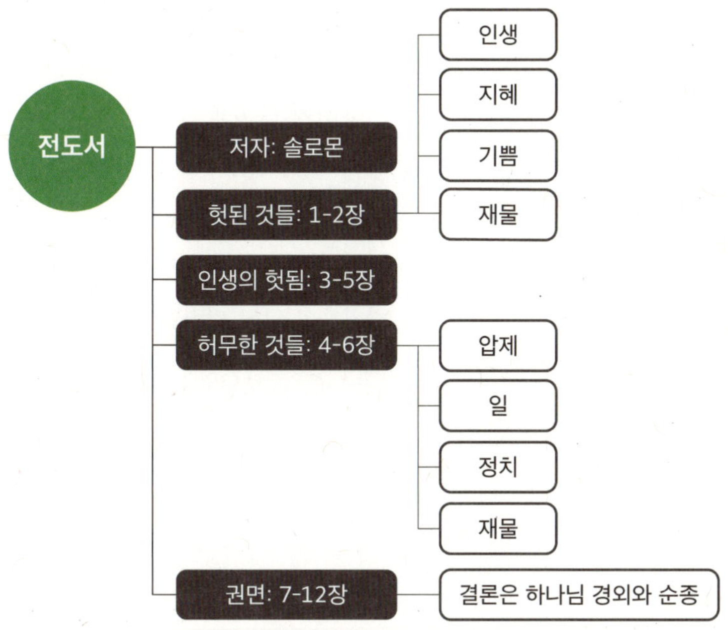

인생 배경이 잠언과 크게 다르지 않지만 솔로몬의 인생 후반기에 모든 일을 성취한 후에 기록했을 것이다. 전도서는 남자로 보면 갱년기에 찾아오는 허무감이랄까, 그는 해아래 행하는 모든 것에 대한 헛됨을 초반부터 강하게 표현하고 있다.

> 전도자가 이르되 헛되고 헛되며 헛되고 헛되니 모든 것이 헛되도다 **전1:2**

인생의 허무를 말하는 중에도 강물이 흘러 바다로 내려가는 것(전 1:7)이라든지, 수목을 기르는 삶(전 2:5-6), 하나님의 집(전 5:1) 같은 표현과 자신이 부를 누리게 된 바다를 통한 무역도 언급하고 있다. 그가 살면서 겪은 것들을 기초로 자신의 소견을 밝히고 있다.

너는 네 떡을 물 위에 던져라 여러 날 후에 도로 찾으리라 전 11:1

떡을 물에 던지는 행위는 해상무역을 위해 투자한 자신의 삶, 특히 오빌의 금을 얻게 된 일을 연상하게 한다. 솔로몬이 다른 왕과 달랐던 점은 해변길과 홍해 무역을 연결하여 부를 극대화했다는 것이다. 홍해 무역과 관련해 스바 여왕이 직접 찾아왔던 일을 기억해 보라(왕상 10:1). 솔로몬은 산전수전을 겪은 후 중년의 나이에 다윗성 지붕에서 아버지 다윗의 무덤으로 지는 석양을 바라보며 삶의 허무함을 느꼈을지도 모른다. 그는 자신도 아버지 다윗과 같이 언젠가 하나님 앞에 서는 순간이 있을 것을 생각하며 다음과 같이 전도서의 결론을 내리고 있다.

13 일의 결국을 다 들었으니 하나님을 경외하고 그의 명령들을 지킬지어다
이것이 모든 사람의 본분이니라 14 하나님은 모든 행위와 모든 은밀한 일을
선악 간에 심판하시리라 전 12:13-14

/
홍해 엘랏의 배
솔로몬은 해상무역을 통해 금과 은, 수많은 유익을 얻었다.

//
다윗과 솔로몬의 무덤으로 알려진 다윗성의 무덤 터

///
예루살렘의 일몰
전도서는 솔로몬 인생 말기에 기록되었을 것으로 추정된다.

아가서

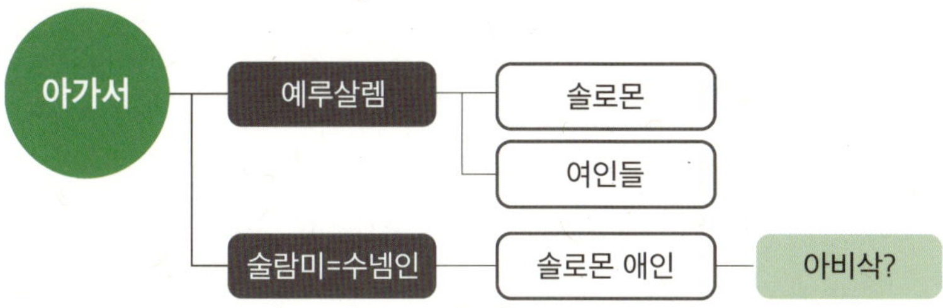

솔로몬의 사랑 이야기를 소재로 성도가 주님을 사랑하는 마음을 화답 형식으로 표현한 시가서다. 솔로몬의 사랑 대상은 술람미 여인으로 이스르엘 골짜기 수넴성 출신의 여인을 말한다. 다윗은 늙어서 몸을 따뜻하게 하기 위해 수넴 여인 아비삭을 아내로 맞았지만 동침하지는 않았다. 다음 왕인 솔로몬은 자동적으로 왕의 후궁들을 헤렘으로 받게 되는데 아도니야는 수넴 여인 아비삭을 탐내다 왕에게 속한 헤렘을 침범하는 반역죄에 연루되어 죽임을 당했다. 이런 배경으로 보건대 수넴 여인 아비삭이 술람미 여인일 가능성이 크다. 수넴은 블레셋이 사울왕과 전쟁할 때 진을 쳤던 곳이자, 엘리사 때 수넴 여인이 선지자를 잘 대접하여 아들을 낳았지만 얼마 후 죽자 엘리사에게 간청하여 부활을 경험한 장소이기도 하다.

솔로몬은 자신의 사랑과 애인을 최고의 감각적인 요소를 사용하여 표현한다. 이스라엘에서 아름다운 식물은 다 등장할 뿐 아니라 동물, 풍경 등 다양한 요소들을 예술적인 감성을 사용하여 표현했다. 이스라엘의 다양한 아름다움을 엿볼 수 있는 장이 될 것이다.

식물

나의 사랑하는 자는 내게 엔게디 포도원의 **고벨화** 송이로구나 아 1:14

나는 사론의 수선화요 골짜기의 **백합화**로다 아 2:1

고벨화나무
광야에서 흰색 꽃을 피워 아름다움의 상징이 되곤 한다.

예루살렘의 감람산 백합화 들판

레바논의 백향목
겨울에도 항상 푸르고 곧다.

종려나무

베들레헴의 포도

무화과 열매

다리는 순금 받침에 세운 화반석 기둥 같고 생김새는 레바논 같으며 백향목처럼 보기 좋고 아 5:15

네 키는 종려나무 같고 네 유방은 그 열매송이 같구나 아 7:7

내가 말하기를 종려나무에 올라가서 그 가지를 잡으리라 하였나니 네 유방은 포도송이 같고 네 콧김은 사과 냄새 같고 아 7:8

무화과나무에는 푸른 열매가 익었고 포도나무는 꽃을 피워 향기를 토하는구나 나의 사랑, 나의 어여쁜 자야 일어나서 함께 가자 아 2:13

동물

내 사랑하는 자는 노루와도 같고 어린 사슴과도 같아서 우리 벽 뒤에 서서 창으로 들여다보며 창살 틈으로 엿보는구나 아 2:9

우리를 위하여 여우 곧 포도원을 허는 작은 여우를 잡으라 우리의 포도원에 꽃이 피었음이라 아 2:15

내 사랑 너는 어여쁘고도 어여쁘다 너울 속에 있는 네 눈이 비둘기 같고 네 머리털은 길르앗산 기슭에 누운 염소 떼 같구나 아 4:1

내 사랑아 너는 어여쁘고 어여쁘다 네 눈이 비둘기 같구나 아 1:15

이스라엘의 사슴

얍복강변에 누운 염소 떼

비둘기
그 눈을 주목하라.

헤스본의 여우
포도를 좋아해 포도원의 담을 헐고 들어온다.

지명

너는 동산의 샘이요 생수의 우물이요 레바논에서부터 흐르는 시내로구나 아 4:15

내 사랑아 너는 디르사같이 어여쁘고, 예루살렘같이 곱고, 깃발을 세운 군대같이 당당하구나 아 6:4

너희가 어찌하여 마하나임에서 춤추는 것을 보는 것처럼 술람미 여자를 보려느냐 아 6:13

목은 상아 망대 같구나 눈은 헤스본 바드랍빔 문 곁에 있는 연못 같고 코는 다메섹을 향한 레바논 망대 같구나 아 7:4

내 신부야 너는 레바논에서부터 나와 함께하고 레바논에서부터 나와 함께 가자 아마나와 스닐과 헤르몬 꼭대기에서 사자 굴과 표범 산에서 내려오너라 아 4:8

머리는 갈멜산 같고 드리운 머리털은 자주 빛이 있으니 왕이 그 머리카락에 매이었구나 아 7:5

/
헤스본의 우물
우물은 브엘로 주로 겨울에 물을 보관해 여름에 사용하는 곳이다.

//
헤스본의 아치
과거 헤스본 성문의 샘이 아름다웠다.

///
마하나임에서 발견된 하트 모양의 기둥석

/
디르사의 계곡
다른 지역보다 풍요로운 수목을 가진다.

//
엔파라
샘은 아인으로 물이 솟아 나오는 곳이다.

/
눈 쌓인 레바논 산맥

//
갈멜산 무크라카에서 바라본 갈멜산 능선

| 왕국 분열과 시삭의 이스라엘 원정 |

심판의 땅으로 변해 가는 가나안 35일

성경 열왕기상 11-14장, 역대하 10-12장 **연대** BC 10세기 후반

역사적 배경 이집트 22왕조 시삭 1세, 앗수르 아닷니라리 2세 통치

핵심 본문 분열된 이스라엘, 여로보암의 죄, 시삭의 침공

지도 열왕기상 2, 열왕기상 3

: 35일

오늘 읽을 분량

성경 왕상 12, 대하 10-11, 전 1-12

본서 40-44쪽

성경의 맥 잡기

1. 르호보암의 결정으로 인한 왕국 분열
2. 솔로몬의 헛됨의 노래, 전도서가 현실화되다.

신구약 연결 포인트

1. 르호보암의 왕국 분열을 예수님이 예루살렘에서 세겜(수가)으로 가심으로 복음으로 연결했다.

묵상 가이드

1. 왕하에 비하여 대하는 르호보암의 공적을 기린다.
2. 솔로몬의 모든 보물이 애굽 시삭이 와서 가져감으로 전도서의 헛됨이 부각된다.

지파 상호간의 경쟁심과 적개심이 이스라엘을 남북 왕국으로 갈라놓았다. 왕국 분열은 세겜에서 우연히 일어난 것이 아니라 수세기 동안에 잠재된 것이다. 분열의 요소는 다윗의 강한 군대와 지혜로운 행동, 솔로몬의 강압 정치하에서 잠복되어 있었다.

세겜-왕국 분열: 식물 국가가 되다 왕상 11:41-43, 12장, 13:33-34; 대하 9:29-31

때가 되었다. 솔로몬이 죽고 아버지만 못한 아들 르호보암은 북쪽 지파의 신임을 묻기 위하여 세겜에 이르렀다. 사마리아에서 세겜의 정치, 종교적 중요성이 다시 드러난다. 세겜의 위치는 지리적으로 둘째가라면 서러운 입지다. 그러므로 르호보암이 예루살렘에 기초를 둔 왕조를 확인받으러 세겜으로 간 것이 그리 놀랄 만한 일은 아니다.

르호보암의 어리석은 결정은 북쪽 지파가 분열할 만한 충분한 명분을 주었다. 그렇게 하지 않았어도 여로보암을 중심으로 한 반예루살렘파는

다윗왕조에서 벗어날 구실을 찾았을 것이다. 핵심을 요약하면 다음과 같다.

왕국의 분열

수도: 여로보암은 세겜을 수도로 삼았다. 시삭이 침공할 때 세겜은 정복되었고 이후 수도를 디르사로 옮겼다. 이는 디르사가 세겜보다 안전하고 요단 동편 길르앗과 산지를 연결하기에 편리한 장소이기 때문이다. 아직 지파를 완전히 장악하지 못한 여로보암은 동쪽에도 행정수도를 두었는데 마하나임 북쪽에 위치한 부느엘(브누엘)이었다(왕상 12:25). 상대적으로 마하나임이 안전하지만 부느엘은 산지 쪽으로 길이 열려 동쪽으로 나가는 데 용이했다.

도로: 예루살렘에서 독립할 때 이스라엘은 북쪽과 요단 동편, 해변길의 통제권을 얻었다. 이스라엘이 산지의 세겜과 요단 동편의 부느엘(브

여로보암이 수도로 삼은 세겜
중앙에 여호수아가 세운 돌을 연상케 하는 세운 돌이 있다.

니엘) 두 행정도시를 두어 여러 면에서 유익을 얻었을 것은 명백하다. 이들은 상업과 무역의 도로인 동시에 적의 침입로이기도 했다. 그러므로 시삭의 원정은 도로를 따라 위치한 도시를 대상으로 이루어졌다(지도 열왕기상 2 참조). 이로써 이스라엘의 정치력과 경제적 이익이 격감되었다. 도로 주변의 방어와 이용이 약 200년 동안 북이스라엘의 주요 관심사였다. 이런 면에서 이스라엘은 블레셋, 베니게(페니키아), 아람, 암몬, 모압과 가까이 지내는 정책을 취하였다.

종교: 여로보암은 고의로 유다의 종교에 비협조적이었다. 사실 여로보암에게는 선택의 여지가 없었다. 이는 1) 유다에 대한 지도력의 약속(창 49:8-12; 왕상 11:39) 2) 예루살렘에 기반을 둔 왕조의 정통성(대하 11:14의 레위인) 3) 북쪽 지파 동맹과 에브라임에 대한 욕망 등에 따른 자신의 입지 때문이다. 여로보암의 종교적인 선택은 유다왕조를 계속 따르거나 위험을 감수하거나 둘 중 하나였다. 그는 후자를 택하였다. 그를 용서하지는 못해도 그의 딜레마를 이해해야 한다.

여로보암은 예루살렘의 지배를 벗어나기 위하여 북쪽의 종교 변화가 필요함을 알았다. 그는 북왕국 양 끝이자 오랜 역사적 종교적 전통을 가진 벧엘과 단에 제단을 세웠다(왕상 12:27-29). 단은 북쪽의 대문이며 잘못된 종교적 열정을 가졌던 곳이고(삿 18장), 벧엘은 아브라함과 야곱이 제단을 쌓았던 곳이다. 그러나 종교적인 변질을 시도한 여로보암의 죄가 북이스라엘의 가장 뿌리 깊은 죄이고 왕을 평가하는 기준으로 남아 있음을 기억하라. 벧엘에 세운 제단은 여로보암이 북왕국의 남쪽을 보호하기 위한 특별한 의미가 있었다. 벧엘의 빼어난 종교적 전통과 전략적인 위치가 남쪽 중심지로서 충분했다. 이것은 베냐민 지경을 계속 통

벧엘 지역은 북이스라엘의 남쪽 경계로 국경 역할을 했기에 북쪽 지파가 예배하러 가는 길을 막고 예배하도록 이곳에 금송아지를 세운다.

아벡의 해변길
이집트 시삭은 이스라엘이 약화된 틈을 타 침략해 솔로몬이 차지했던 해변길을 완전히 접수한다.

제하려는 유다의 정책에 정면으로 도전하는 것이었다. 유다는 가능한 한 벧엘로 오르는 길을 차지하려 하였다. 벧엘에 있는 여로보암의 건물은 곧 벌어지게 될 베냐민 전투의 신호탄이며, 여로보암과 르호보암 사이에 항상 전쟁이 있었다는 말씀의 배경이다(왕상 14:30). 에브라임 산지의 벧엘과 베냐민 중앙 고원의 라마 사이에서 일어나는 분쟁은 피할 수 없는 것이었다.

국제관계: 남북 간의 분쟁으로 가장 이익을 보는 쪽은 어디인가? 오랜 싸움은 북쪽 이스라엘에게도, 예루살렘에 기초를 둔 유다에게도 이익이 되지 못했다. 그 승자는 이집트였다. 이집트의 기본 정책은 분열시킨 다음 정복하는 것이다. 이스라엘의 분열로 국력이 약화되자 이집트는 위상을 강화하고 다시 영향력을 행사하여 해안과 남쪽 무역로에서 어떤 유익을 얻으려 하였다. 남북 왕조 모두 내전으로 계속 힘을 소진한 것이 이집트를 유리하게 하였다. 이집트는 힘들이지 않고 어부지리(漁父之利)

열왕기상 3:
시삭의 유다 남쪽 침공
성경에는 예루살렘 침공만 나오지만 비문에는 남쪽 네게브 침략을 자세히 기록하고 있다.

효과를 보았다.

시삭의 정복 활동은 많은 것을 생각하게 한다. 어떤 불균형에도 불구하고 통일 이스라엘은 정치적 안정과 지역적 확장, 막대한 경제적 이익을 누렸다. 이는 분열될 때 결코 얻을 수 없는 것들이다. 시삭이 원정한 후 이스라엘 주변의 군소 국가가 봉기하여 이익을 나눌 것을 이구동성으로 주장하였다. 일시적인 이스라엘의 번영기를 포함한 지중해 동부 지방의 국지적 분쟁이 앗수르의 디글랏빌레셀 3세가 등장할 때까지 2세기(약 BC 930-730년) 동안 계속되었다. 특히 두 세기의 첫 50년은 이스라엘과 유다가 베냐민 산지와 요단 동편 가도, 해변길의 접근을 두고 매우 긴장 상태에 있었다.

: 36일

오늘 읽을 분량

성경 왕상 13-22, 대하 12-19

본서 44-89쪽

성경의 맥 잡기

1. 북왕국의 여로보암과 금송아지와 애굽왕 시삭의 침공
2. 여로보암과 아비야의 국경 분쟁, 아사의 국경 확정
3. 엘리야의 갈멜산 대결과 아합의 죽음

신구약 연결 포인트

1. 변화산에 나타난 선지자는 모세와 엘리야였다.
2. 엘리야가 소년을 살린 사렙다에 예수님도 방문하여 수로보니게 여인의 딸을 고쳐 줌

묵상 가이드

1. 북이스라엘의 취약점은 성전의 부재였기에 벧엘과 단에 금송아지 신전을 만들었다.
2. 분열 후 국경이 정해지지 않아 아사까지 전투를 하다 아사가 미스바와 게바에 국경성을 세웠다.
3. 엘리야의 갈멜산 대결은 이스라엘에 의식전환을 가져왔다. 엘리야의 회복은 소명의 회복이었다.

분열 왕국-애굽 시삭 정복 왕상 14:21-31; 대하 11:5-12:15 36일

솔로몬의 죽음(BC 930년)과 함께 한 시대가 마감되었다. 다윗이 애써 건설한 왕국이 허무하게 무너졌다. 지파의 시기심 때문에 내전이 20년 동안 계속되었다. 이집트의 바로조차 이스라엘이 그렇게 급속하게 쇠퇴하리라 예상하지 못했다. 바로는 가나안 땅의 해변길을 통제하고 있는 남유다와 북이스라엘을 원정할 목적으로 군대를 소집했다.

시삭이 유다를 약화시키기 위하여 공격한 세 경로가 있다.

첫 번째는 블레셋을 경유해서 해변길을 따라 게셀과 아얄론 골짜기를 향하는 것이다. 이는 해안 평야에 이집트의 영향력을 다시 재건하기 위한 의도이며, 예루살렘을 회복시키고 욥바를 예루살렘을 위한 항구로 유지하려는 어떤 희망도 분쇄하려는 조치였다. 솔로몬과 바로의 딸이 결혼 동맹을 맺었지만 이는 이집트가 이스라엘의 힘을 억제할 수 없을 때 필요한 외교적 수단이었을 뿐이다. 그러나 이미 살펴본 바와 같이 결혼 동맹은 끝났다.

두 번째는 유다가 다윗 시대에 새로 획득한 베냐민 산지였다. 솔로몬이 분리된 행정구역으로 지속시킬 때도 베냐민 산지는 예루살렘의 북쪽 방어선으로 조직되었다. BC 11세기 블레셋처럼 이집트도 베냐민 산

지의 전략적인 가치를 잘 알고 있었다. 베냐민 산지와 서쪽 접근로에서의 군사 행동은 상부 이집트 나일강변 카르낙 신전 벽에 새긴 시삭의 비문에 잘 나타난다. 게셀, 루부티(Rübuti), 아얄론, 기랴여아림(기랴다임으로 추정), 벧호론, 기브온 등 6개 지명이 그것이다. 만약 이에 대한 판독이 정확하다면, 시삭은 솔로몬이 일찍이 요새화한 도시 중 세 곳을 점령한 셈이다. 이 비문에 예루살렘은 기록되지 않았다. 르호보암이 예루살렘의 모든 보물을 내주었기 때문이다.

여로보암이 동쪽 행정도시로 삼은 부느엘은 마하나임 옆 도시이자 야곱이 기도했던 장소다.

> **25** 르호보암왕 제오년에 애굽의 왕 시삭이 올라와서 예루살렘을 치
> 고 **26** 여호와의 성전의 보물과 왕궁의 보물을 모두 빼앗고 또 솔로몬
> 이 만든 금 방패를 다 빼앗은지라 **27** 르호보암왕이 그 대신 놋으로
> 방패를 만들어 왕궁 문을 지키는 시위대 대장의 손에 맡기매 **28**왕이
> 여호와의 성전에 들어갈 때마다 시위하는 자가 그 방패를 들고 갔다
> 가 시위소로 도로 가져갔더라 **왕상 14:25-28**

세 번째는 네게브(남방)와 에시온게벨을 향한 접근로였다. 시삭의 비문에 지명이 70여 개나 있다. 이는 가나안 남쪽을 자세히 알려 주는 자료다. 이들 대부분은 주거지가 아니고 극소수의 주민이 유랑하던 광야라 현재 소수의 지명만 확인되었다. 그러나 지명이 다수 기록된 것으로 보아 시삭의 원정에서 중요한 몫을 차지했음이 확실하다.

시삭의 주 목적은 다윗과 솔로몬이 BC 10세기에 주도한 유다의 무역 독점(지도 열왕기상 1 참고)을 깨뜨리는 것이었다. 이집트는 유다의 남쪽 네게브(남방)에서 에시온게벨까지의 요새와 정착지를 파괴하였다. 시삭의 비문에서 이미 확인된 중요한 지명 가운데 하나는 두 번이나 언급된 아랏이다. 한 아랏은 강한 요새라고 비문에 쓰였다. 이는 겐 족속과 관계

아랏 요새

솔로몬은 아랏성 같은 요새를 통해 남쪽 무역을 진행했으나 이집트는 이곳을 얻어 남쪽 무역을 차지한다.

된 네게브 동쪽의 잘 알려진 아랏이다. 다윗과 솔로몬은 1300년 전에 사라진 초기 청동기시대의 성채 위에 요새를 건설했다. 다른 아랏은 여라무엘(Jerahmeel)의 아랏으로 불리는 예로함(Yeroham) 집의 아랏이다. 동쪽 네게브 분지의 또 다른 중요한 중심지다.

소 형상

여로보암의 죄는 금송아지를 만든 것이다.(대영박물관)

여로보암의 정책: 자기를 위해 말씀을 왜곡시키다 왕상 12:25-13:32

왕상 12:25-33은 다시 한 번 읽을 만큼 중요한 부분이다.

> 25 여로보암이 에브라임 산지에 세겜을 건축하고 거기서 살며 또 거
> 기서 나가서 부느엘을 건축하고 26 그의 마음에 스스로 이르기를 나
> 라가 이제 다윗의 집으로 돌아가리로다 27 만일 이 백성이 예루살렘
> 에 있는 여호와의 성전에 제사를 드리고자 하여 올라가면 이 백성
> 의 마음이 유다왕 된 그들의 주 르호보암에게로 돌아가서 나를 죽이
> 고 유다의 왕 르호보암에게로 돌아가리로다 하고 28 이에 계획하고
> 두 금송아지를 만들고 무리에게 말하기를 너희가 다시는 예루살렘
> 에 올라갈 것이 없도다 이스라엘아 이는 너희를 애굽 땅에서 인도하
> 여 올린 너희의 신들이라 하고 29 하나는 벧엘에 두고 하나는 단에
> 둔지라 30 이 일이 죄가 되었으니 이는 백성들이 단까지 가서 그 하
> 나에게 경배함이더라 31 그가 또 산당들을 짓고 레위 자손 아닌 보통
> 백성으로 제사장을 삼고 32 여덟째 달 곧 그 달 열다섯째 날로 절기
> 를 정하여 유다의 절기와 비슷하게 하고 제단에 올라가되 벧엘에서
> 그와 같이 행하여 그가 만든 송아지에게 제사를 드렸으며 그가 지은
> 산당의 제사장을 벧엘에서 세웠더라 33 그가 자기 마음대로 정한 달
> 곧 여덟째 달 열다섯째 날로 이스라엘 자손을 위하여 절기로 정하고
> 벧엘에 쌓은 제단에 올라가서 분향하였더라 왕상 12:25-33

룩소 카르낙 신전 벽의 시삭 비문

큰 거인이 도시 이름이 적힌 수많은 사람들을 잡아가고 있다. 작은 사람은 정복 도시 목록이다.

벧엘의 중요성은 열왕기상 13장에서 계속 언급된다. 유다의 선지자는 벧엘에 가서 여로보암에게 경고했다. 제단이 갈라지기도 하고 여로보암의 손이 말랐다 다시 펴지기도 했다(왕상 13:1-5). 그러나 그는 돌이키지 않았고 사마리아의 노선지자는 저주를 선포한 하나님의 사람까지 타락

시켜 죽게 하였다. 사마리아의 배교가 앞으로 어떻게 벌어질지 알 수 있는 사건이다.

여로보암의 죄는 자신의 권력을 위해 우상의 전을 만든 것이 첫째이며, 둘째로는 이를 합리화하기 위해 초막절을 7월 15일에서 8월 15일로 바꾼 것이다. 이에 레위인이 반발하자 제사장들도 자신에게 동조하는 자들로 대치하였다. 왕이 하나님이 된 셈이다.

이스라엘 전역에 흩어져 거룩함의 역할을 했던 레위인들은 여로보암의 이 정책으로 유다로 이동하였다(대하 11:14). 결국 말씀을 맡은 레위인이 없어지자 북이스라엘은 장기적인 위기에 봉착했다. 죄를 범해도 기준을 제시하고, 다시 돌이키고 싶어도 돌아갈 곳을 잃은 민족이 되어 버렸다. 선지자가 아무리 나타나도 말씀으로 바로잡을 레위인들이 없었기에 돌아올 수 없는 강을 건넌 민족이 되었다. 그래서 북이스라엘은 포로 후에도 돌아올 수 없었다. 기준이 사라진 민족이 되었기 때문이다. 말씀은 신앙의 최후 보루요, 고향 같은 것이다.

시삭의 침략

지도 열왕기상 3은 시삭의 남쪽 침략에 초점을 맞추고, 지도 열왕기상 2는 예루살렘 지역과 북쪽 지역이 시삭에 의해 어떻게 무참히 짓밟혔는지를 보여 준다.

> 시삭이 유다의 견고한 성읍들을 빼앗고 예루살렘에 이르니 대하 12:4

사진에서 보듯 시삭은 상부 이집트 카르낙 신전 벽에 원정을 기록하였다. 이는 약 500년 전 투트모스 3세가 가나안에서 승리한 기념으로 세운 유명한 비문에서 130m 정도 떨어져 있다. 비록 부분적으로 파괴되었지만 여기에 기록된 이름 중에 이스라엘과 유다 주위의 중요한 지명과 도로가 언급되어 있다. 도시 목록을 보면 시삭이 원정에서 의도한 바가 무엇인가가 확실해진다. 바로 주요 무역로 통제였다.

이런 중에도 여로보암은 수도를 어디로 옮길까 고심했다. 세겜은 교통이 편리하고 좋은 농경지와 종교적 전통을 가졌지만 방어가 힘들어 공격받기 쉬운 곳이다. 디르사는 위치적으로 더 안전하면서도 해안 도로에서 그리 멀지 않다. 그러나 시삭 원정 후 바로 천도했는지는 알려지지 않는다. 왕상 14:17에는 여로보암

열왕기상 2:
시삭의 유다 북쪽 침공
시삭은 먼저 유다를 치고 이어서 이스라엘을 침공했다.

이 아내를 실로에 보냈고 거기서 선지자 아히야의 충고를 듣고 디르사의 집으로 돌아왔다고 하였다. 그러므로 여로보암의 디르사 천도는 열왕기상 14장보다 먼저 이루어졌다.

원정 순서

비록 시삭의 원정 순서가 정확히 알려지지 않았다 하더라도 비문의 도시 목록에 따르면 북왕국에 큰 충격이었음에 틀림없다. 이집트는 세 개의 주요 권역에 위치한 도시들을 침으로 여로보암의 북왕국을 약화시켰다.

① 산지에 위치한 디르사, 부느엘(브니엘), 아마도 세겜 등 행정 중심지들
② 이스르엘 골짜기에 위치한 벧산 계곡을 잇는 도로 근처 도시들

③ 해변길을 따라 소고에서 세겜까지 이르는 도로와 남북 무역로에 있는 도시들

북왕국은 이때 잃은 것을 어느 정도 회복했을지라도 내적인 정치 혼란으로 악화되었다. 그러나 디르사 천도가 분위기를 바꾸고 강한 나라로 성장하는 기틀을 마련해 주었다. 북왕국은 요단 동편과 벧엘에서 라마, 게셀 주위로 확대되었다. 그럼에도 불구하고 북쪽은 통제하기 어려웠다. 특히 아람에서 하솔과 벧산을 경유하여 이스르엘 골짜기까지 이르는 도로가 그러했다.

지도 열왕기상 2에서 주변 국가와 도시를 주의 깊게 보라. 주요 도로를 따라 추정되는 문제 지점을 예상해 보라. 만일 당신이 이스라엘왕이라면 무역과 상업을 위하여 어디에 우선순위를 두겠는가? 다시 말해서 어떻게 시삭의 원정으로부터 나라를 회복해 나가겠는가?

/

여로보암의 두 번째 수도, 디르사에서 본 북동쪽 골짜기

디르사는 세겜보다 외졌지만 여차하면 동쪽으로 도망칠 수 있는 안전한 요새였다.

왕국 분열의 교훈

유다의 위대했던 영화가 솔로몬의 죽음 후 르호보암왕 15년에 삽시간에 사라졌다. 르호보암은 자신의 지역에 성곽이 있는 도시를 세웠다.

> **5** 르호보암이 예루살렘에 살면서 유다 땅에 방비하는 성읍들을 건축하였으니 **6** 곧 베들레헴과 에담과 드고아와 **7** 벧술과 소고와 아둘람과 **8** 가드와 마레사와 십과 **9** 아도라임과 라기스와 아세가와 **10** 소라와 아얄론과 헤브론이니 다 유다와 베냐민 땅에 있어 견고한 성읍들이라 대하 11:5-10 .

위 도시들을 포함한 역대기의 기록이 그 신빙성을 인정받지 못하다가 한국 고고학팀이 2013~2016년 라기스에서 르호보암 시대의 성벽을 발굴하는 성과를 올렸다. 발굴을 주도했던 강후구 박사는 이 성벽에서 나온 올리브 씨앗의 반감기를 조사한 결과 르호보암 시대가 확실함을 확인했고, 이로써 르호보암 시대의 최초 발굴지가 되었다. 이 도시는 시삭의 침공을 예견한 르호보암의 방비였는지, 아니면 소 잃고 외양간 고치

//

라기스 발굴 현장

강후구 박사(노란 옷)는 르호보암 시대의 성벽을 발견하여 역대하 11:9의 신빙성을 증명했다.

/
르호보암의 방어 전략
초록색 점이 르호보암이 무장한 도시들이다.

듯 시삭의 침공 후 남쪽 방비를 했는지는 알 수 없지만 유다에게 남쪽 방어가 중요해졌음을 알려 준다. 솔로몬 시대의 병거성이 게셀, 므깃도, 하솔이었다면 유다의 병거성은 쉐펠라 남쪽 요새인 라기스였다.

르호보암 시대의 최고 유적은 라기스 성벽과 함께 룩소에 있는 카르낙 신전의 시삭 비문이다. 이때부터 확실한 기록들이 역사에 등장하기 시작한다. 주변 나라가 이스라엘을 언급함은 이스라엘이 강대국의 영향 아래 들어오고 있음을 말해 준다. 하나님이 보호하실 때 안전했던 가나안 지역이 이제는 시험의 땅, 심판의 땅으로 변해 가고 있었다. 여호와께서는 그들의 번영이 자신의 힘이 아닌 하나님의 은혜였음을 다시 깨닫기 원하셨다.

지도 그리기

열왕기상 2
열왕기상 3

부록에서 지도를 찾아 그리세요

| 남유다와 북이스라엘의 국경 분쟁, 구스의 유다 위협 |

적들의 위협, 완화 정책

성경 열왕기상 15-16장, 역대하 13-16장

연대 BC 930-880

역사적 배경 아닷니라리 2세(BC 911-891) 통치, 애굽 오솔콘 2세(BC 874-850)

핵심 본문 남과 북의 국경 분쟁, 바아사 등극

지도 열왕기상 4

왕국의 분열로 북쪽을 잃어버린 유다는 몇 가지를 심각하게 고려하지 않으면 안 되었다. 북이스라엘과 이집트가 유다의 안전을 심각하게 위협하였으므로 르호보암과 이후의 왕들은 이런 위협을 완화하기 위한 정책을 펼쳤다. 불과 반세기 동안(BC 930-880) 왕국의 분열과 시삭의 침공,

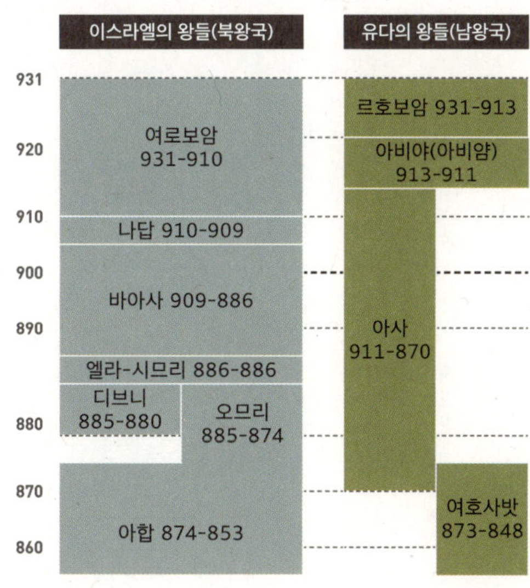

분열왕국 초기의 남북 왕들

구스의 위협 등이 일어났다. 이때 유다는 세 명의 왕이, 이스라엘은 일곱 명의 왕(북쪽에는 다섯 왕조가 등장)이 나라를 다스렸다.

미스바와 게바–아사의 국경 결정 왕상 15:9-24; 대하 15:6-16:6

열왕기상 4
아비야와 여로보암의 국경 전쟁과 아사왕의 마레사 전쟁

범례
● **초록 점**
유다 르호보암의 요새화
● **빨강 점**
유다 아비야의 이스라엘 공격
□ **초록 사각**
아사의 요새화 도시

스마라임 산지-아비야/여로보암 전쟁 ① 왕상 15:1-8, 대하 13장

이제 BC 900년 전후에 일어난 사건으로 눈을 돌려 보자. 첫 번째로 기록된 움직임은 르호보암의 아들 아비야(때로는 아비얌)가 3년 통치(BC 913-911) 동안 행한 일이다. 적절한 외교, 군사 활동으로 탐내던 벧엘 북쪽 일부까지 유다 수중에 들어왔다.

아비야 통치 동안 이스라엘과 유다 사이는 긴장의 연속이었다. 여로보암과 아비야 사이에 전쟁이 계속되었다(왕상 15:7). 어떤 점에서 아비야는 다메섹과 동맹 관계였다(왕상 15:19). 이런 외교는 아비야 때 당연한 것이었다. 아비야는 이

스라엘이 북쪽과 요단 동편에 몰두하게 만들어 유다에 신경 쓰지 못하도록 하였다.

아비야와 유다의 군대는 베냐민 산지 지대를 거쳐 벧엘을 공략할 만큼 힘이 갖추어졌다고 느꼈을 때 스마라임 산 곁, 벧엘의 바로 남쪽에서 여로보암의 군대와 만난다. 지도 열왕기상 4에서 볼 수 있듯이 이 지점에서 남-북 능선은 동쪽과 서쪽 양쪽에서 깊게 침식되어 올라온 협곡에 의하여 폭이 좁아진다. 베냐민 전쟁에서 아비야는 베냐민 산지 북부와 벧엘의 북쪽과 동쪽 접근로 및 인근 도시인 여사나, 에브론/에브라인까지 점령했다. 이는 북쪽 왕국과 디르사에 있는 여로보암의 지지자들에게 큰 충격이 아닐 수 없었다.

> 아비야가 여로보암을 쫓아가서 그의 성읍들을 빼앗았으니 곧 벧엘과 그 동네들과 여사나와 그 동네들과 에브론과 그 동네들이라 대하 13:19

역대하 13장에 나타난 베냐민 전쟁에서 아비야가 전쟁에 앞서 가진 연설이 얼마나 주위를 사로잡으며 여로보암의 비정통성을 신랄하게 비난하는지를 보라. 연설은 최근 일련의 사건과 다윗의 성업에 기초한 종교적인 면에 강조점을 두었다.

> 이스라엘 하나님 여호와께서 소금 언약으로 이스라엘 나라를 영원히 다윗과 그의 자손에게 주신 것을 너희가 알 것 아니냐 대하 13:5

지리적인 면은 연설과 밀접한 관계를 가진다. 아비야는 전쟁의 목표점인 종교 중심지 벧엘을 향하여 눈을 돌렸다. 그러나 종교적인 강조는 베냐민 산지를 관할할 수 있는 벧엘의 정치와 경제적인 면에 대한 관심을 포함한다.

에브론으로 추정되는 에브라임으로 향하는 길
아비야는 전쟁하여 여로보암에게서 동쪽 에브론을 넘어 벧엘까지도 빼앗았었다.

블레셋의 깁브돈
여로보암의 아들 나답과 바아사의 아들 엘라는 부친들이 산지를 통한 남진이 실패하자 해변길을 통한 남진을 시도한다.

전쟁 결과

시삭의 원정 때 모든 것을 상실한 유다는 북쪽으로 세력을 확장해야 했다. 아비야가 진격한 남쪽 에브라임의 도로는 이스라엘이 유다를 침략하기에 쉬운 장소였다. 아비야는 그 사실을 알았기 때문에 선제공격을 감행했다. 베냐민과 벧엘을 잃은 이스라엘은 상황을 타개할 다른 계획을 해변길을 따라 모색한다. 여로보암의 아들 나답은 산지에서 실패한 전쟁을 서쪽 해변길로 우회하여 쉐펠라를 진입하기 위해 깁브돈을 공격한다. 그러나 이미 카리스마를 보여 주는 데 실패한 여로보암 가문은 북쪽 지파의 신뢰를 잃고 첫 반역에 직면하여 무너진다.

마레사-아사왕: 구스 군대 물리침, 북왕국 바아사 등극 ② 왕상 15:9-34, 대하 14-16장

구스 사람 세라의 침략 대하 14:9-15

유다의 아비야가 죽자 아들 아사가 왕이 되었다(BC 910년). 아사 통치 동안 적어도 두 개의 위협이 서쪽에 존재했다. 하나는 깁브돈(아얄론 골짜기 근처)에서 블레셋에 대항한 이스라엘의 원정이었다(왕상 15:27). 유다에게 벧엘을 잃은 여로보암은 지지 세력에게 상당한 실망감을 안겨 주었다. 아마 잇사갈의 바아사가 여로보암의 아들 나답과 가족을 살해한 것도 이런 영향이 아닌가 싶다. 바아사의 반역은 이스라엘이 블레셋의 북쪽 깁브돈을 공략할 동안 이루어졌다.

> 이에 잇사갈 족속 아히야의 아들 바아사가 그를 모반하여 블레셋 사람에게 속한 깁브돈에서 그를 죽였으니 이는 나답과 온 이스라엘이 깁브돈을 에워싸고 있었음이더라 왕상 15:27

지도 열왕기상 4는 벧엘을 빼앗긴 이스라엘이 영향력을 회복하기 위해 어떤 조치를 취했는가를 보여 준다. 이스라엘은 정면 공격보다 측면 공격을 택했다. 그들은 해변길을 따라 벧엘과 베냐민 산지 지대를 회복할 계획을 가졌다. 북부 쉐펠라에서 베냐민 산지 지대로 쉽게 접근할 수 있다. 그러므로 이스라엘이 깁브돈을 취하려 한 것은 베냐민 전쟁의 연속이었다. 깁브돈을 점령하면 해변길을 따라 이스라엘의 힘이 강해져 아얄론 골짜기와 베냐민 산지를 쉽게 침략할 수 있다. 이는 유대의 취약한 측면을 공격하여 지역적 우위를 점하려는 뛰어난 정치적 술수다. 깁브돈 전쟁은 이스라엘 역사에서 에브라임 남쪽 경계가 중요함을 재차 강조한 것이었다. 이 전략은 블레셋과 시삭의 초기 원정에서 이미 살펴보았다. 열왕기상 16:15-16에서 다시 깁브돈을 공격한다. 다행히도 BC 909년 여로보암의 아들 나답왕이 깁브돈에서 바아사에게 암살당하여 예루살렘의 아사는 큰 압력을 떨쳐 버릴 수 있었다.

위협 중에 있던 아사는 내부 문제를 정리했다. 솔로몬의 영향으로 이방신들이 많이 들어왔고 그 주범이 정략결혼을 한 왕비들이었다. 솔로몬은 자신의 왕위를 르호보암에게 넘겼고 그의 어머니 나아마는 암몬 여인이었다(왕상 14:21). 아비야의 어머니는 아비살롬의 딸 마아가였다. 그녀는 가증스러운 아세라 상을 만들어 여호와 신앙에 큰 장애가 되었는데, 손자인 아사왕이 그녀의 위를 폐하였고 그 우상을 찍어 기드론 시내에 던졌다.

> 아사왕의 어머니(할머니) 마아가가 아세라의 가증한 목상을 만들었으므로 아사가 그의 태후의 자리를 폐하고 그의 우상을 찍고 빻아 기드론 시냇가에서 불살랐으니 대하 15:16

내부 문제를 정비하던 중 유다에 대한 두 번째 서쪽 위협이 쉐펠라의 남서쪽 모서리에서 왔다. 구스 사람 세라가 위협한 것이다. 세라의 기원은 이집트의 제27 리비아 왕조의 바로라고 추정하기도 하고, 남쪽 아라비아에서 온 대규모 유목민 군대의 지도자라고 추정하기도 한다. 이 일로 쉐펠라에 대한 유다의 통제권이 크게 위협당했다. 역대하 14:9의 백만(1000에레프) 군사는 아마도 1000분대이거나 많은 수를 말한다(NIV).

이때 아사는 방어선을 마레사 근처에 구축했다. 그는 하나님이 구원자가 될 것이라고 믿었다. 그의 신앙고백을 보라.

> 아사가 마주 나가서 마레사의 스바다 골짜기에 전열을 갖추고 아사가 그의 하나님 여호와께 부르짖어 이르되 여호와여 힘이 강한 자와 약한 자 사이에는 주밖에 도와줄 이가 없사오니 우리 하나님 여호와

아세라 신은 바알 신의 여신으로 취급되었다.

스바다 골짜기의 마레사
아사왕은 이곳에서 위대한 기도로 구스 군대 100만을 쳐부순다.

여 우리를 도우소서 우리가 주를 의지하오며 주의 이름을 의탁하옵고 이 많은 무리를 치러 왔나이다 여호와여 주는 우리 하나님이시오니 원하건대 사람으로 주를 이기지 못하게 하옵소서 하였더니 대하 14:10-11

마레사 전쟁에 대한 결과는 대하 14:9-15에 잘 나타난다. 구스 사람을 쫓아가 이른 그랄은 해변길과 동쪽에서 오는 무역로가 만나는 서쪽 네게브의 중요한 장소다.

라마-바아사 공격

유다에서는 아사가, 이스라엘에서는 바아사가 다스릴 동안 두 나라 사이에 국경 문제를 놓고 외교, 군사 분쟁이 계속되었다.

디르사의 새로운 왕조의 왕 바아사는 능력을 증명할 필요가 있었다. 열왕기상 15:19은 바아사가 다메섹왕과 새로운 조약을 맺은 것을 알려 준다.

> 나와 당신 사이에 약조가 있고 내 아버지와 당신의 아버지 사이에도 있었느니라 내가 당신에게 은금 예물을 보냈으니 와서 이스라엘의 왕 바아사와 세운 약조를 깨뜨려서 그가 나를 떠나게 하라 하매 왕상 15:19

이 약조는 바아사가 북쪽의 위협에서 벗어나 남쪽 문제에 집중할 수 있도록 했다. 어떻게 바아사가 벧엘을 재탈환했는지는 모른다. 다만 아비야처럼 벧엘에 만족하지 않고 베냐민 산지 지대의 중요한 교차로인 라마까지 세력을 확장하였다.

라마-아사의 외교전

이스라엘이 유다가 벧엘을 차지한 것을 참을 수 없었듯이 유다는 중앙 베냐민 산지 중심지인 라마를 잃고 고립되는 것을 용납할 수 없었다. 열왕기상 15:16-22은 유다의 외교, 군사적 움직임을 간략하게 정리하였다. 성경은 바아사의 움직임을 다음과 같이 잘 요약하였다.

> 아사와 이스라엘의 왕 바아사 사이에 일생 동안 전쟁이 있으니라 이스라엘의 왕 바아사가 유다를 치러 올라와서 라마를 건축하여 사람을 유다왕 아사와

아사왕의 선물을 받은 아람왕은 단을 치고 '다윗의 집'이라는 글자를 남겼다. 다윗이 현존했던 인물로 확인되는 귀중한 자료다.

텔 단의 성문
성문 앞 동쪽 마당에서 하사엘의 비문을 발견했다.

왕래하지 못하게 하려 한지라 왕상 15:16-17

아사는 외교전으로 국면을 타개했다. 그러나 이것은 전체 이스라엘에게 큰 올무가 되었다. 어부지리(漁父之利)를 얻은 다메섹의 아람왕국은 기회를 놓치지 않고 이스라엘뿐 아니라 유다를 괴롭히는 세력이 된다.

여기서, 묵상

신앙으로 시작하여 세상 방법으로 끝맺을 것인가?

신앙으로 구스 사람 세라의 전쟁을 승리로 이끌었던 아사가 사람의 방법으로 문제를 해결하였다. 솔로몬이 산당을 만들어 정책상 이방신을 인정한 것과 마찬가지다. 산당을 없애지 않은 것도 인간적인 방법으로 전쟁을 치르겠다는 소지를 남겨 둔 것이었다. 다른 나라의 도움을 받아 어려운 국면을 모면한 결과는 어떠했는가? 결국 다메섹이 동족의 땅인 갈릴리를 차지하고 말았다. 이를 기회로 다메섹이 강대국으로 발돋움하였다.

우리도 똑같은 교훈이 있다. 신라가 삼국을 통일할 때 당나라의 도움을 입어 백제와 고구려를 쳤다. 그 결과 우리 민족의 영역은 극도로 축소되고 사대주의가 팽배해졌다. 일제에서 해방될 때도 마찬가지다. 아사의 판단 착오로 후손은 아람의 다메섹왕에게 많은 고난을 당했다(이스라엘은 왕하 6:24-33, 유다는 왕하 15:37). 신앙으로 시작하여 세상적인 방법으로 끝을 맺을 것인가? 하나님은 결과보다 과정을 중시하신다. 악한 열매는 사람을 괴롭게 할 뿐이다.

바아사와 아사의 전쟁
아사는 다메섹에 은금을 주어 바아사가 라마에서 물러가게 한 후 게바와 미스바에 성을 지어 국경을 확정했다. 동쪽 여리고는 북이스라엘에게 주고 남쪽 벧호론 길은 유다가 차지한다는 결정이었다.©구글어스

게바-미스바 국경 결정

외교적인 술수로 바아사가 북쪽을 방어하기 위해 물러가자 아사는 동쪽에는 게바에 성을 세우고 산지 능선에는 미스바에 성을 세웠다. 게바에 성을 세웠다는 것은 여리고로 내려가는 길을 북이스라엘에게 내주었다는 의미다. 이는 동쪽을 포기하는 정책이다. 미스바를 건설한다는 것은 벧엘을 북이스라엘의 경계로 인정하고 서쪽으로 내려가는 벧호론 길을 유다가 차지하겠다는 결정이다. 동을 내주고 서를 얻어 해변길로 나가는 통로를 얻겠다는 아사의 정책은 신의 한 수였다. 남북이 모두 인정할 수밖에 없는 국경이 결정된 셈이다. 모두 베냐민 산지를 필요로 했지만 국경 문제로 계속 싸울 수 없던 남북은 이 결정으로 화친하고 남쪽과 북쪽으로 뻗어 갈 명분을 얻었다.

결국 베냐민 산지는 유다에게 돌아왔다. 다윗의 호의와 정책 이후 수없는 전쟁 끝에 예전 에브라임 산지에 속해 있던 베냐민 산지를 유다 지역에 속하게 만든 것이다. 지도 열왕기상 4에서 마지막으로 조정된 경계와 지도 사사기 6의 베냐민 지경을 비교하여 보라. 유다가 북쪽으로 나간 것이 명백하다. 미스바를 포함한 베냐민 산지는 예루살렘의 통제에 들어갔다.

예루살렘에 있던 여부스 요새는 다윗에게 정복되었고 베냐민에 대한 기본 정책도 완료되었다. 유다 지파는 예루살렘과 북쪽을 확고히 손안에 넣었다. 에브라임은 베냐민을 잃었으나 벧엘은 유지할 수 있었다. 이렇게 해서 에브라임 산지 라마와 벧엘 사이가 어느 정도 안정되었다. 그러나 베냐민의 전쟁과 그 접근은 쉽게 잊히지 않았고 유다와 이스라엘 간에 긴장 관계는 지속되었다. 그러므로 거의 2세기 후에 선지자 이사야에 의하여 베냐민 전쟁의 메아리를 듣게 되는 것도 놀랄 만한 일이 아니다.

> 에브라임의 질투는 없어지고 유다를 괴롭게 하던 자들은 끊어지며 에브라임은 유다를 질투하지 아니하며 유다는 에브라임을 괴롭게 하지 아니할 것이요
> 사 11:13

이사야의 다른 예언과 같이 이 약속은 일어날 수 없거나 일어나기 매우 힘든 문제를 말하고 있다. 위 예언에서 보듯이 이스라엘과 유다 사이의 적대감, 베냐민을 향한 우월권의 다툼은 에브라임 남쪽 경계를 이해하는 기본 요소 중 하나다.

BC 880년까지 요약과 복습

베냐민 산지를 차지하기 위한 전쟁이 재개될지라도 BC 930년부터 880년까지의 유다와 이스라엘 관계를 정리할 필요가 있다. 이스라엘이 여리고를 얻고 유다는 베냐민 산지를 장악했다. 소모적인 국경 전쟁은 마무리되고 BC 880년 무렵 북왕국을 새로운 오므리 왕조가 다스리면서 경쟁보다는 협력의 시대로 나아간다. 특히 아합과 여호사밧은 인척관계를 맺으면서까지 협력한다. 이스라엘과 유다의 협력은 BC 841년까지 거의 반세기 동안 지속되었다.

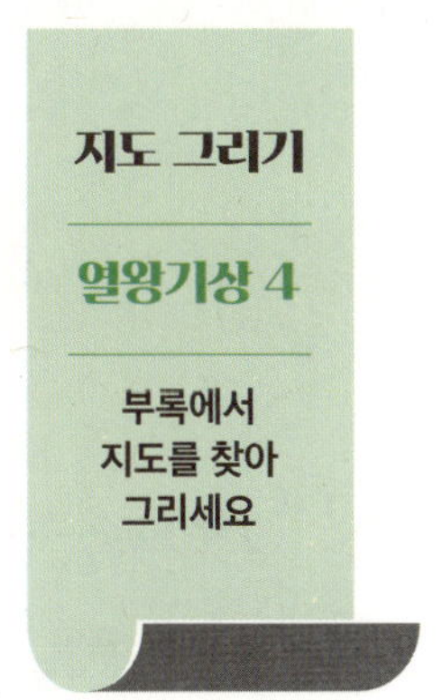

배교의 길을 간 오므리 왕조

성경 열왕기상 15-16장, 역대하 16장 **연대** BC 9세기

역사적 배경 앗수르 아슈르나시르팔 2세 통치

핵심 본문 오므리 왕조의 등장, 사마리아 천도, 베니게 동맹

지도 열왕기상 6

열왕기상 6:
아사왕의 요청으로 다메섹은 단과 깃네렛을 거쳐 이스라엘로 쳐들어왔다. 한편 이스라엘은 베니게와 동맹을 맺어 활발히 무역했다.

사사기에서 북쪽 갈릴리 지형과 이스르엘 골짜기 등을 보면서 하솔에 대하여 알아보았다. 여기서는 이들 지역과 요단 동편 '왕의 대로' 사이를 연결하는 중요한 지역을 다루게 된다. 이스라엘은 이 도로를 몹시 탐냈다. 그런데 북동쪽에서 온 아람이 이 계획을 방해하기 시작했다. 다메섹왕은 아람 연합의 우두머리였다. 이스라엘과 아람 사이는 BC 9세기 중반에 이르러 심각한 군사 대결 양상으로 변한다. 다메섹은 이스라엘의 방어를 깨뜨리고 요단 동편 왕의 대로와 해변길 일부를 차지하였다. 지도 열왕기상 6과 열왕기하 2는 BC 9세기 안에 일어난 사건을 보여 준다.

북쪽 도로의 중요성

여로보암의 북쪽 통치와 오므리 왕조의 통치 사이에 수년간 정치 혼란이 있었는데 이런 현상은 북왕조의 특징이기도 하다. 예루살렘의 북쪽에 위치한 벧엘과 라마에서 유다와 이스라엘이 영토 분쟁을 하는 중에 유다가 다메섹왕의 도움을 요청했다. 다메섹은 단과 긴네렛을 거쳐 이스라엘로 쳐들어왔다. BC 9세기 초 이스라엘 북쪽인 단과 하솔, 긴네렛을 경유하여 다메섹이 이스라엘 영토로 침입했는데, 이로써 북쪽 도로의 중요성이 증명되었다.

> 벤하닷이 아사왕의 말을 듣고 그의 군대 지휘관들을 보내 이스라엘 성읍들을 치되 이욘과 단과 아벨벧마아가와 긴네렛 온 땅과 납달리 온 땅을 쳤더니 왕상 15:20

이욘 폭포
벤하닷이 정복한 이욘은 단과 함께 중요한 요단강의 근원이다.

아벨벧마아가에서 북동쪽으로 이어지는 계곡은 지도 열왕기상 6에서 볼 수 있듯 중요한 접근로다. 이욘은 아벨벧마아가에 근접한 계곡을 관할한다. 이욘이라는 이름이 두 침입(왕상 15:20; 대하 16:4)에 언급된 대로 아람 군대는 이욘을 거쳐 남진했다. 다메섹에서 가능한 또 다른 도로는 골란에서 단 쪽으로 내려오지 않고 헤르몬산의 바로 남쪽으로 진군하는 길이다. 단 지역은 갈릴리에 이르는 관문이라 부를 수 있다. 그래서 야곱은 단의 역할을 이렇게 유언하였다.

> 단은 길섶의 뱀이요 샛길의 독사로다 말굽을 물어서 그 탄 자를 뒤로

훌라 분지에서 본 북쪽
왼쪽인 서쪽에는 상부 갈릴리가 있으며 오른쪽인 동쪽에는 바산 고원이 장막을 치고 있다.

떨어지게 하리로다 창 49:17

단 지파가 아람에게 점령당한 지 300여 년 후에 예레미야는 이 길을 통하여 새로운 정복자 바벨론이 이스라엘 땅으로 침입하여 들어올 것을 예언했다.

> 단에서 소리를 선포하며 에브라임 산에서 재앙을 공포하는도다 너희는 여러 나라에 전하며 또 예루살렘에 알리기를 에워싸고 치는 자들이 먼 땅에서부터 와서 유다 성읍들을 향하여 소리를 지른다 하라 렘 4:15-16
> 그 말의 부르짖음이 단에서부터 들리고 그 준마들이 우는 소리에 온 땅이 진동하며 그들이 이르러 이 땅과 그 소유와 성읍과 그중의 주민을 삼켰도다 렘 8:16

단의 남쪽은 훌라 분지(Hulah Basin)의 습지대다. 북쪽의 헤르몬 산(2814m)에서 훌라 분지 전체를 조망할 수 있는데, 동쪽은 해발 약 750m의 상부 골란 급경사지와 접하고, 서쪽은 더 급경사인 상부 갈릴리에 둘러싸여 있다. 아프리카와 아시아를 오가는 수많은 철새들이 훌라 분지를 거쳐 간다. 바야흐로 철새들의 천국이라고 할 수 있다.

단 주위에서 샘이 터져 나와 훌라 분지로 흐르고 주변에서도 샘이 나와 흐르는 물이 남쪽에서 현무암으로 된 로쉬피나층을 만나 배수가 원만히 이루어지지 않으면서 습지를 만든다. 상부 요

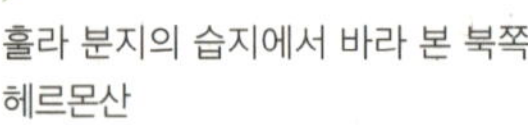

훌라 분지의 습지에서 바라 본 북쪽 헤르몬산

단강이 갈릴리 바다로 흘러들기 위해서는 최소한 두 번의 병목을 통과해야 한다. 이로 인해 훌라 분지의 도로는 상부 갈릴리 산지 기슭에 바싹 붙어 남북으로 협소한 도로가 발달할 수밖에 없다. 훌라 분지의 남쪽에 위치한 하솔은 이런 전략 지대를 관할하는 곳이다. 하솔은 북쪽으로 가는 해변길을 관장할 뿐 아니라 동쪽 골란 고원으로도 갈 수 있는 지점이다. 하솔 옆을 지나는 해변길은 로쉬피나층을 가로질러 해저 200m인 갈릴리 바다에 이른다.

BC 9세기 초에 다메섹왕이 정복한 도시 목록에 하솔이 언급되지 않았다 하더라도, 고고학적 증거는 솔로몬이 건축한 하솔이 이 당시 파괴된 흔적을 보여 준다. 후에 이스라엘왕 아합이 다메섹 주도하에 연합한 아람 연합군의 위협에서 이스라엘을 방어하기 위하여 하솔을 재건하고 더욱 요새화하였다.

사마리아-오므리 수도 왕상 16장

아합의 아버지인 오므리는 디르사에서 단지 6년을 치리했음에도 정치적 업적이 상당하다. 첫째로 이스라엘의 수도를 중요한 해변길에 쉽게 접근할 수 있고 방어가 용이한 사마리아로 옮겼다. 이 조치로 이스라엘과 베니게의 무역이 증가했다. 베니게는 지중해의 해상권을 잡고 있던 나라다. 우리가 성경에서 가볍게 보는 두로와 시돈이 페니키아(베니게) 문명을 일으킨 주인공으로 로마와 대결할 만큼 힘이 있던 카르타고(BC 814년)를 식민지로 개척한 민족이라는 것을 알아 둘 필요가 있다. 카르타고의 한니발 장군도 두로와 시돈 말인 페니키아어를 사용하던 가나안 민족의 후손이다. 오므리의 아들인 아합은 아버지의 정책을 이어서 북이스라엘의 경제를 절정에 이르게 하였는데 열왕기상 16장은 이를 반영한다.

오므리 왕조는 유다 다윗왕조와 우호 관계를 도모할 뿐 아니라 동맹까지 맺는다. 이 시기를 요약하면 다음과 같다.

오므리가 옮긴 이스라엘의 세 번째 수도 사마리아
'지키다'라는 이름 뜻 그대로 안전하면서도 해변길에 접근하기 쉽다.

/

디르사의 폐허
디르사는 시므리의 파괴로 황폐화된 후 오므리가 정권을 잡았을 때 수도를 옮긴다.

//

사마리아성
오므리는 수도를 해변길에 가까운 사마리아에 두어 적극적인 정치 전략을 사용한다.

오므리 왕조의 배경

BC 880년 디르사에서 또 하나의 반란이 일어났다. 바아사의 아들 엘라가 왕의 병거 절반을 관장하던 시므리(Zimri)에게 살해된 것이다(왕상 16:8-13). 7일 천하 동안 시므리는 전(前) 왕의 가족과 걸림돌이 되는 모든 사람을 제거한다. 이 반란은 아마도 베냐민에서 에브라임의 입지를 약화시킨 지도력에 대한 신뢰 상실이 원인이었을 것이다.

남유다의 아사는 바아사보다 전술 면에서 앞섰고, 북이스라엘은 이로 인해 베냐민 지경을 잃게 되었다. 다메섹과 맺은 디르사의 약조는 지켜지지 않았고 다메섹-예루살렘의 조약 합의에 의해 이스라엘의 조약은 파기되었다. 이것은 다메섹이 노리던 북쪽 지파의 땅과 요단 동편에 새로운 압력으로 작용했다. 잠시 동안 이스라엘은 해변길에 있던 블레셋 도시 깁브돈을 공격하면서 모습을 전쟁터에 나타낸다. 여로보암이 벧엘 지역에서 패하고 그의 아들 나답이 우회하여 깁브돈을 친 것 같은 전략을 사용했다. 바아사가 죽고 그의 아들 엘라는 여로보암의 집안과 같은 길을 걷는다. 베냐민 지역의 회복을 원했던 북쪽 지파가 바아사 집안에 실망하자 군대장관들이 바아사의 아들을 살해하고 새로운 왕을 추대한 것은 그리 놀라운 일이 아니다.

상황을 가까이에서 지켜본 사람은 이스라엘의 군대장관 오므리였다. 디르사의 반란 소식이 깁브돈에 이르렀을 때 오므리의 군대는 즉시 그를 왕으로 추대했다. 그러나 오므리가 북쪽의 단일 지도자가 되기 위해선 디브니와 5년에 걸친 내전을 치러야 했다.

오므리와 아합의 일어남과 이스라엘의 외교력 향상

바아사로부터 시작된 내전은 이스라엘을 극도로 약화시켰다. 오므리가 정권을 장악하자 시급히 주어진 과제는 국가의 재건과 외교력 강화였다. 이런 과제에 대한 대응은 오므리가 상황 판단과 정치 기교에 뛰어난 인물임을 증명한다.

오므리는 먼저 수도를 옮기기로 결정했다. 여로보암이 시삭에게 패하여 내륙 깊숙이 들어간 디르사는 새 시대에 적합하지 않았다. 이성계가 천도하듯 새 시대는 새 수도를 요구했다. 오므리는 해변길과 쉽게 접근할 수 있는 서쪽 사마리아를 수도로 택했다. 군사적인 경험과 깁브돈에서의 전투가 해변길의 중요성을 인식하게 했다. 블레셋의 위협에서 벗어난 이스라엘은 사마리아에서 해변길로 접근할 수 있었으며, 다메섹이나 예루살렘과 마찰 없이 해변길의 교역상 이익을 취할 수 있었다.

두 번째 국제적인 문제를 정리했다. 주변 국가와 동맹을 맺는 것은 그 시대에 가장 중요한 과제였다. 어떤 경우 두 국가의 이익이 한 곳에 집중되어 잦은 충돌을 일으키기 때문이다. 예를 들어, 왕의 대로를 따라 세력을 확장하려던 다메섹은 수년 전 예루살렘의 요구에 의하여 바아사왕과 맺은 약조를 깨고 이스라엘의 뒤통수를 쳤다. 이스라엘은 또한 해변길에 위치한 깁브돈의 블레셋과도 이해관계에서 충돌했다.

이스라엘은 동쪽의 다메섹과 서쪽의 블레셋과 상충되는 관심을 가지고 있었기에 다른 쪽의 안전을 확보해야 했다. 오므리는 남쪽 유다와의 국경이 어느 정도 확정되자 유다와 호의적인 관계를 가진다. 그래서인지 오므리 왕조 동안(BC 885-841년) 이스라엘과 유다 사이에 어떤 군사적 충돌도 기록되지 않았다. 반대

두로성
두로는 원래 섬으로 시돈 족속이 만든 베니게의 수도였다.

바알 상
두로왕 엣바알의 딸 이세벨이 이스라엘을 종교적으로 타락시킨다. (대영박물관)

로 이스라엘과 유다왕이 다메섹의 아람 사람들과 모압에 대항한 다양한 군사 원정에 협력했다. 베냐민 지역을 염두에 둔 국경 전쟁에 두 나라 모두 힘을 소진하고 나서야 서로 협력할 필요를 깨닫게 되었다. 적어도 라마와 벧엘 사이에는 평화가 있었다.

이스라엘 동맹 중 중요한 변화는 베니게(페니키아)와 동맹을 맺은 일이었다. 과거 다윗과 솔로몬 시대에 우호적인 관계였던 두로왕이 통치하는 베니게는 분열왕국 시대에 침묵하다가 오므리 시대에 이르러 북이스라엘과 정략결혼까지 하면서 밀접한 관계를 가진다. 오므리의 아들 아합이 시돈왕의 딸 이세벨과 결혼하면서 지중해 항구와 이스라엘이 통제하는 해변길을 연결하여 해양 무역의 길이 열렸다. 침체에 빠진 이스라엘 경제를 위한 적절한 조치였다. 경제적인 큰 이익에도 불구하고 정략결혼을 통해 베니게의 종교, 경제, 문화의 침투가 시작되었다.

세 번째 요단 동편 안정을 위해 일차적으로 모압을 통제해야 했다. 이스라엘에게 지중해 시장이 열렸고, 이 때문에 이스라엘왕은 요단 동편 왕의 대로로 연결하는 교역로를 통제하는 데 시선을 돌렸다. 북쪽 교역로는 다메섹의 관심과 상충되었기에 요단 동편의 모압을 통제하는 것이 우선 목표가 되었다. 이세벨과 결혼한 아합의 시대에 이스라엘이 요단 동편 모압 쪽으로 세력을 확장했다는 것은 벧엘 사람 히엘이 요단 동편에서 오는 교통요지인 여리고를 여호수아의 저주로 자식들을 잃으면서까지 재건한 것을 통하여 알 수 있다(왕상 16:34).

주변의 상황과 아합의 요단 동편 정치 관계를 이해하지 않고는 왜 이 구절이 갑자기 성경에 삽입되었는지 알 수가 없다. 엘리야와 엘리사의 사역은 이스라엘이 벧엘, 여리고, 요단 동편을 관할하고 있었음을 시사한다(왕상 17:1-7; 왕하 2장). 중요한 정보는 아합이 죽은 후 모압이 이스라엘을 배반했다는 구절에서 찾을 수 있다(왕하 1:1, 3:4-5). 그래서 오므리 집안의 통치하에서 이스라엘의 관심은 경제, 정치적으로 중요한 요단 동편 가도를 가능한 한 폭넓게 통제하는 데 있었다. 이것은 이스라엘이 다메섹과 그와 동맹한 요단 동편 국가와 계속되는 전쟁을 피할 수 없었다는 의미다.

위에서 열거한 여러 요소를 잘 조합하는 것이 이스라엘왕 오므리 집안의 과제였다. 세상적인 면에서 보면 오므리 왕가의 업적은 대단했다. 당시 어느 누구도 나라를 이끄는 오므리 왕가의 능력에 대해 의문을 가지지 않았다. 그 시대의 번영과 성공에 대하여 왈가왈부하는 것이 어려울 수 있으나 새로운 시대를 만들기 위해 수단과 방법을 가리지 않았다는 점은 큰 잘못이다. 목적이 수단을 정당화하지는 못한다. 이 시대에 모세의 말씀이 마음에 와 닿는다. 풍요롭지만 배교의 길로 가고 있는 자들은 마음에 이 메시지를 명심해야 한다.

12 네가 먹어서 배부르고 아름다운 집을 짓고 거주하게 되며

13 또 네 소와 양이 번성하며 네 은금이 증식되며 네 소유가 다 풍부하게 될 때에

14 네 마음이 교만하여 네 하나님 여호와를 잊어버릴까 염려하노라…

18 네 하나님 여호와를 기억하라 그가 네게 재물 얻을 능력을 주셨음이라…

19 네가 만일 네 하나님 여호와를 잊어버리고 다른 신들을 따라 그들을 섬기며 그들에게 절하면 내가 너희에게 증거하노니 너희가 반드시 멸망할 것이라 신 8:12-14, 18-19

여기서, 묵상

풍요와 신앙

누구나 문제가 있을 때 계획을 세우고 해결하려 한다. 오므리가 위기에 처한 이스라엘을 구하기 위하여 한 행동은 무엇인가? 또 그 결과는 어떠했나? 나는 어떤 방법으로 문제를 해결하려 하는가? 목적과 수단의 위치가 바뀔 때 타락한다. 수단인 부로 생명을 살 수 없다. 풍요로울 때 신앙을 지키는 것이 어려움을 예수님은 '낙타가 바늘귀에 들어가는 것'과 같다고 말씀하셨다. 요한계시록의 라오디게아 교회도 부요함이 큰 올무가 되었다(계 3:17). 풍요할수록 재물이 하나님이 주신 하나님의 것임을 인정하는 '가난한 마음'이 요구된다.

심령이 가난한 자는 복이 있나니 천국이 그들의 것임이요 마 5:3

| 엘리야의 사역 |

주만 위해 싸우는 하나님의 사람

성경 열왕기상 17-19장 **연대** BC 9세기 중엽

역사적 사건 앗수르 살만에셀 3세 통치

핵심 본문 아합 통치, 엘리야와 바알 선지자의 갈멜산 대결

지도 열왕기상 5

열왕기 기자는 오므리 왕조 시대에 초점을 맞춰 기술했다. 오므리 왕가는 짧은 기간에도 불구하고 열왕기에 최고로 많은 이야기를 남겼다. 이 왕조의 경제 발전이 절정에 달할 시기에 여호와 신앙은 최고의 위기에 직면한다. 시대가 인물을 낳는다. 왕이 제 역할을 못하고 종교적인 위기를 맞자 위대한 선지자가 등장한다. 적어도 시대가 인물을 특징짓는다. 사람이 보기에는 최고로 영화로운 시대인 것 같으나 하나님 보시기에는 최악이었다. 오므리의 아들 아합 시대에는 하나님이 징계로 비와 이슬을 금할 정도로 최악의 시대였다. 엘리야가 여호와를 섬기는 자가 자기 외에 모두 죽었다고 고백할 만큼 암흑기였다.

엘리야의 등장과 시대 상황

BC 9세기에 엘리야는 이스라엘에서 가장 뛰어난 선지자였다. 수세기 후 그는 변화산에서 선지자의 대표격으로 예수님을 만나 대화를 나누었다. 그만큼 그는 중요한 인물이었다. 엘리야 이름의 의미는 '나의 하나님은 여호와다'(엘리 אלי〈나의 하나님〉+야 יה〈여호와〉)이며 많은 사건에 관계했다. 사역은 열왕기상 후반부에서 열왕기하 전반부까지 기록되었다. 이

기간 동안 이스라엘의 안정과 경제 성장은 요단 동편 무역로와 지중해 시장 사이의 유리한 지리적 위치를 유효적절하게 이용했기에 가능했다.

이스라엘과 유다의 동맹은 요단 동편 길르앗, 모압, 메드바 고원을 지배하는 열쇠였으며, 아람 사람들의 팽창을 감시하는 능력을 갖게 하는 군사외교와 경제의 기초가 되었다. 아합이 시돈의 베니게 해상 도시와 제휴한 것은, 이스라엘이 베니게 상선을 이용하여 지중해 시장에 좋은 값으로 수출할 수 있음을 의미했다. 베니게와 이스라엘의 무역 동맹은 양국의 관심사였다. 이런 관계 때문에 아합이 시돈의 공주 이세벨과 결혼하는 일이 벌어졌다. 이 결혼은 이스라엘의 무역을 유익하게 하는 데 결정적이었으며 이스라엘의 경제를 풍요롭게 하는 지름길이었다. 베니게가 경제 번영을 위해 필연적임에도 불구하고 열왕기 기자는 이런 동맹을 매우 부정적인 면에서 바라본다.

열왕기상 5
엘리야의 사역

1. 이스라엘의 동쪽 무역로 개발은 요단 동편 국가 특히 아람과 충돌을 초래했다. 이스라엘은 꾸준히 통치권을 넓혀 갔다.

2. 시돈의 공주 이세벨은 자신이 들여온 종교와 문화적 영향력을 이스라엘에 행사했다. 이것은 북왕조의 왕들이 이스라엘의 하나님을 떠나게 하는 주요 원인이 되었다. 바알과 아세라 숭배는 공적인 제의로 인정되었고, 왕비 이세벨의 상에서 먹는 바알 선지자가 450명, 아세라 선지자가 400명이나 될 정도로 가나안 종교가 급속히 성장했다(왕상 18:19).

30 오므리의 아들 아합이 그의 이전의 모든 사람보다 여호와 보시기에 악을
더욱 행하여 31 느밧의 아들 여로보암의 죄를 따라 행하는 것을 오히려 가볍
게 여기며 시돈 사람의 왕 엣바알의 딸 이세벨을 아내로 삼고 가서 바알을 섬
겨 예배하고 32 사마리아에 건축한 바알의 신전 안에 바알을 위하여 제단을
쌓으며 33 또 아세라 상을 만들었으니 그는 그 이전의 이스라엘의 모든 왕보
다 심히 이스라엘 하나님 여호와를 노하시게 했더라 왕상 16:30-33 .

3. 배교 기간에 누린 이스라엘의 경제 성장과 물질적 풍요는 부패의 원인이 되었고 탐욕의 시대로 특징지어졌다. 사람들은 타인에게 관심이 없었다. 아합에게 경고한 엘리야의 말이 배교의 태도를 잘 반영한다.

네가 죽이고 또 빼앗았느냐 왕상 21:19

수세기 전 모세가 이 땅에서 일어날 경제, 정치, 종교적 측면을 함축적으로 경고했다(신 8:16-20).

엘리야의 예언 ❶ ❷ 왕상 17장

엘리야와 관계된 많은 사건이 있지만 그중에서도 가장 극적인 '갈멜산 대결'은 반드시 짚고 넘어갈 사건이라 하겠다. 이 사건은 열왕기상 17:1부터 시작된다.

길르앗에 우거하는 자 중에 디셉 사람 엘리야가 아합에게 말하되 내가 섬기는 이스라엘의 하나님 여호와께서 살아 계심을 두고 맹세하노니 내 말이 없으면 수년 동안 비도 이슬도 있지 아니하리라 하니라 왕상 17:1

엘리야는 요단 동편 길르앗 출신으로, 에브라임 지파 사람들이 무시했던 땅의 사람이다. 입다의 전쟁 때 오고간 대화가 그것을 증명하고 요단강 양편에 생긴 방언 차이가 그러하다. 예수님 당시에 갈릴리 사람들이 방언 때문에 차별받던 것과 비슷하다. 어떻게 보면 야당 지역에서 태어나고 자란 엘리야가 경제 번영에 여념이 없던 아합에게 나타나 수년 동안 가뭄이 들 것이라고 선포한 것이다.

엘리야의 고향 디셉은 요단 동편 산골 동네다.

하나님이 타락한 이스라엘을 다스리시는 방법이 몇 가지 있었다. 사사 시대처럼 주변 적들이 이스라엘을 침략하여 괴롭히거나, 보다 심각하여 여호와의 종교가 거의 마비되었을 때는 이스라엘 땅에 가뭄이 들게 하는 것이었다. 요단강은 농사에 이용할 만한 수량을 보유했으나 한탄강처럼 계곡의 낮은 곳에 위치하기에 펌프 시설이 없던 고대에는 쓸모없는 강이나 다름없었다. 이스라엘이 이용할 수 있는 물은 오직 샘이었다. 그렇기에 신명기 8장에서 모세는 물의 근원으로 가나안 땅의 강보다 샘과 작은 시내를 더 강조했다(신 8:7-8).

이런 지형과 기후이기에 겨울철 우기에 비가 오지 않으면 샘이 말라 여름을 나기 힘들고, 농산물뿐 아니라 사람들의 생활에도 심각한 타격을 입는다. 아브라함이 가뭄을 만나 이집트로 이동한 것도 이런 이유에서다. 하나님은 심각한 종교적 타락으로 인해 비를 멈추셨고 더욱 타락했을 때는 장성한 나무를 자라게 하는 이슬조차도 내리지 않으셨다. 이는 이미 예언된 재앙이었다.

> 너희는 스스로 삼가라 두렵건대 마음에 미혹하여 돌이켜 다른 신들을 섬기며 그것에게 절하므로 여호와께서 너희에게 진노하사 **하늘을 닫아 비를 내리지 아니하여** 땅이 소산을 내지 않게 하시므로 너희가 여호와께서 주신 아름다운 땅에서 속히 멸망할까 하노라 신 **11:16-17**

갈릴리의 밀밭
이스라엘의 겨울 농업은 밀과 보리다.

가뭄 재앙은 3년 반 동안이나 계속되었다. 이때 엘리야는 자

신의 고향으로 피신했다가 타락의 근원지인 두로와 시돈 지방 가운데 위치한 사르밧으로 간다. "호랑이를 잡으려면 호랑이 굴로 가라"는 말이 있듯 엘리야는 한 과부를 만나 공양받고 여호와 신앙의 가정으로 확고히 만들어 놓는다. 이 믿음의 뿌리가 보이지 않게 지속되어 약 800년 후 예수님이 오셨을 때 수로보니게(시리아+베니게) 여인에게 이어진 것이 아닐까(막 7:24-30)?

예루살렘의 아침 이슬
해변의 이슬이 산지에 촉촉이 내려 여름 동안 버티게 만든다.

엘리야의 그릿 시냇가로 추정되는 펠라의 시냇물

가뭄이 심해지자 아합왕이 솔선해서 샘을 찾으러 나선다. 이상하게도 식량이 부족했다는 언급이 없다. 이것은 필시 지중해 무역과 해변길 무역으로 공물을 쉽게 들여올 수 있었기 때문일 것이다. 샘을 찾은 것은 다만 말과 노새를 먹일 꼴과 물까지 수입할 수는 없었기 때문이다.

> 아합이 오바댜에게 이르되 이 땅의 모든 물 근원과 모든 내로 가자 혹시 꼴을 얻으리라 그리하면 말과 노새를 살리리니 짐승을 다 잃지 않게 되리라 하고-왕상 18:5

갈멜산-엘리야와 바알 선지자의 대결 ③ 왕상 18장

이런 가운데 엘리야는 아합과 대면하고 갈멜산에서 정식 종교 대결을 요청한다. 풍요로움에 빠져 바알 신앙에 심취해 있던 이스라엘이 바알 신과의 대결에서조차 지거나 비기면 완전히 여호와 신앙과 결별할 위기에 있었다. 엘리야가 백성의 의향을 물을 때 이런 태도가 확실히 나타난다.

> 엘리야가 모든 백성에게 가까이 나아가 이르되 너희가 어느 때까지 둘 사이에서 머뭇머뭇 하려느냐 여호와가 만일 하나님이면 그를 따르고 바알이 만일 하나님이면 그를 따를지니라 하니 백성이 말 한마디도 대답하지 아니하는지라 왕상 18:21

엘리야는 바알 선지자들의 뒷말을 없애기 위해 물을 가져와 제단에 붓게 한다. 물은 바다에 가까운 갈멜산의 특성상 마르지 않는 샘이 있었을지 모르지만 분명히 백성이 가져온 물주머니도 헌수로 드려졌을 것이다. 최고 귀한 물이 드려졌다.

그리고 엘리야는 하나님이 하나님 되심과 엘리야가 그의 선지자 됨을 나타내 달라는 기도를 간절히 했다.

엘리야의 기도
백성의 정성스런 물이 부어진 후 강력한 기도의 응답이 있었다.

> 저녁 소제 드릴 때에 이르러 선지자 엘리야가 나아가서 말하되 아브라함과 이삭과 이스라엘의 하나님 여호와여 주께서 이스라엘 중에서 하나님이신 것과 내가 주의 종인 것과 내가 주의 말씀대로 이 모든 일을 행하는 것을 오늘 알게 하옵소서 왕상 18:36

하나님은 제물과 나무는 물론 그 아래 제단 돌과 물, 흙까지 태우셨다. 주님의 마음에 맞는 기도에 하나님은 폭탄 같은 불을 보내어 응답하신다.

> 이에 여호와의 불이 내려서 번제물과 나무와 돌과 흙을 태우고 또 도랑의 물을 핥은지라 왕상 18:38

여기서, 묵상

간절한 기도에 응답하시다

사람들은 머뭇거리고 있었다. 어디가 이기든 손해 볼 것이 없다고 생각한 것일까? 전에 이스라엘을 구원한 하나님을 깡그리 잊어버리고 오직 이익만을 추구하고 있었다. 현대에도 세상과 신앙 사이에서 양다리를 걸치는 사람이 이와 같지 않을까? 풍요의 시대는 사람을 간사하고 배은망덕하게 만들어 놓았다.

참된 신의 응답은 달랐다. 간절한 기도가 있자마자 내려온 불은 엘리야가 요구한 불을 훨씬 능가한 힘을 가졌다. 이 불은 제물만을 태운 것이 아니라 제물과 나무와 제단의 돌과 아래의 물, 흙을 모두 태웠다. 갈멜산의 돌은 주변 지역과 달리 강한 석회암이라 잘 부서지지 않는데 이 불 앞에는 견디지 못했다. 간절한 기도에 하나님은 응답하여 간구보다 넘치도록 부어 주신다. 차고 넘치도록 부으신다. 이것은 솔로몬의 기도에서도 증명되었다. 지혜와 지식을 구하는 기도에 부귀와 명예도 허락하신 하나님이시다.

> 이에 여호와의 불이 내려서 번제물과 나무와 돌과 흙을 태우고 또 도랑의 물을 핥은지라 왕상 18:38

상황은 완전히 역전되었다. 바알 선지자들이 모두 잡혀 갈멜산 북동쪽 기손 시내에서 참수되었다. 이 결과 아합의 아들들의 이름도 '여호'람, 아하시'야' 등 여호와의 약자인 '여호-'와 '-야'가 들어갔다. 이를 볼 때 여호와 신앙이 이스라엘의 토착신앙으로 깊이 뿌리박게 된 것 같다. 농사의 신을 바알로 여기던 이스라엘이 농업까지도 주관하시는 여호와를 신뢰하게 된 것이다.

기손강은 두로와 시돈에서 이스라엘로 오려면 반드시 거쳐야 한다. 바알 선지자를 갈멜산에서 죽일 수도 있었던 엘리야가 기손강까지 데리고 내려간 것은 이방 신에게 이정표를 세우려 함이 아니었을까?

"이 무덤을 보아라. 이곳은 여호와의 땅이다. 바알의 선지자와 무리들아 네 땅으로 물러가라" 라고….

/
갈멜산 아래 기손강
직선으로 난 가운데 길 아래 짙은 곡선이 기손 시내로 바알 선지자들을 죽인 곳이다.

//
엘리야의 칼
엘리야는 대결을 통해 바알 선지자들을 죽이고 백성들로 하여금 여호와의 신앙을 지키게 했다.

///
갈멜산 바위
갈멜산의 돌은 강석회암으로 불에 녹기 힘들었지만 하나님의 불에는 타 버렸다.

/
지중해의 구름
엘리야는 기도할 때 구름이 보이자 비가 올 것을 예감하고 피하라고 했다.

//
갈멜산에서 본 이스르엘 골짜기
지평선 가운데 산이 모레산이고 오른쪽 산이 길보아산으로 그 아래 이스르엘이 있다. 아합은 마차로 달리고 그 앞에 엘리야가 달렸다. 비가 오면 마차는 속도가 느릴 수밖에 없다. 이 육상 경기는 지구력 경기였다. 몸이 가벼운 마라토너 엘리야의 승리였다.

엘리야의 기도: 그는 왜 손바닥만 한 구름을 기다렸나?

승리 후에 나오는 에피소드도 지리 감각 없이는 이해하기 힘들다. 엘리야는 근본 문제가 어느 정도 해결된 것을 보고 바다에서 구름이 일어나는가를 확인하라고 했다. 이스라엘의 비는 모두 지중해가 있는 서쪽에서 불어오는 바람에서 유래한다. 동쪽에 부는 동풍은 덥고 건조하여 모든 것을 말려 버려 사막으로 만든다.

> 42 아합이 먹고 마시러 올라가니라 엘리야가 갈멜산 꼭대기로 올라가서 땅에 꿇어 엎드려 그의 얼굴을 무릎 사이에 넣고 43 그의 사환에게 이르되 올라가 바다 쪽(서쪽)을 바라보라 그가 올라가 바라보고 말하되 아무것도 없나이다 이르되 일곱 번까지 다시 가라 왕상 18:42-43

손바닥만 한 구름으로 비가 오리라 직감한 엘리야는 아합에게 빨리 겨울 궁전 이스르엘(도시)로 돌아가라고 했다. 비가 내리면 병거가 달리기 힘든 이스르엘 골짜기의 지형 특성을 염두에 둔 배려였을 것이다. 실제로 빗속의 아합 병거보다 여호와의 권능으로 허리를 졸라맨 엘리야가 앞섰다. 비가 오는 중에 병거는 달리기 힘들었기에 속도보다는 지구력의 문제였다.

로뎀나무: 갑작스러운 신앙의 침체기 ④ 왕상 19:1-8

이렇게 대승을 거둔 엘리야는 아합과 함께 이스르엘로 들어갔다. 그런데 그곳에서 뜻밖의 소식을 들었다. 이세벨이 자신의 고향 선지자를 죽인 엘리야를 곧 죽이려 한다는 것이다. 조금 전까지만 해도 위대한 신앙의 승리를 거둔 엘리야가 그 여운이 채 가시기도 전에 침체의 늪으로 빠져들었다. 그는 남쪽으로 멀리

/
엘리야는 이세벨의 위협에 브엘세바 남쪽으로 도망하여 로뎀나무 밑에서 죽기를 청했다.

//
로뎀나무 아래 있는 엘리야에게 하나님은 물과 음식을 제공하고, 잠을 주어 지친 몸을 회복하게 했다.

도망쳤다. 아합과 동맹 관계를 맺고 있던 유다도 안전치 못하다 생각하여 수백 km 떨어진 브엘세바 아래 광야로 갔다. 내리쬐는 따가운 햇볕에 몸 둘 곳이 없어 작은 관목인 로뎀나무에 쭈그려 죽여 달라고 호소한다. 약한 자와 함께하시는 하나님은 이때도 응답하셨다. 광야는 응답의 장소였다. 이삭과 모세에게 그리했던 주님이 엘리야에게도 응답하셨다.

여기서, 묵상

엘리야는 왜 쉽게 침체되었나?

엘리야가 어째서 그렇게 쉽게 침체기에 빠져든 것일까? 한 가지 고려할 점은 엘리야가 호렙산에서 외친 하소연이다.

> 9 엘리야가 그곳 굴에 들어가 거기서 머물더니 여호와의 말씀이 그에게 임하여 이르시되 엘리야야 네가 어찌하여 여기 있느냐 10 그가 대답하되 내가 만군의 하나님 여호와께 열심이 유별하오니 이는 이스라엘 자손이 주의 언약을 버리고 주의 제단을 헐며 칼로 주의 선지자들을 죽였음이오며 오직 나만 남았거늘 그들이 내 생명을 찾아 빼앗으려 하나이다 왕상 19:9-10

엘리야는 갈멜산 대승을 거둔 후에도 자신이 혼자라고 느꼈다. 갈멜산 승리가 어떤 사람도 여호와 신앙으로 돌리지 못했다고 생각했다. 큰 승리 후 아무도 변화하지 않는 것을 보고 엘리야는 신앙적으로 지쳤고, 그래서 쉽게 침체기에 빠져들었다. 어떤 기적으로도 사람을 변화시킬 수 없음을 본 것이 아닐까. 많은 기독교인이 변하지 않는 주위 사람을 보고 실망하고 침체의 늪에 빠진다. 이때 어떻게 해야 할까(왕상 19:11-21)? 하나님은 엘리야를 로뎀나무 아래에서 먹이고 재우셨다. 음식과 잠은 지친 영육을 조금 회복케 했다. 하나님은 그를 호렙으로 불러 부드럽고 세미한 음성으로 그의 사명을 새롭게 하셨다. 엘리야는 다시 사명을 받고 사명의 길을 간다.

호렙산-엘리야의 세 가지 사명 ⑤ 왕상 19:8-18

엘리야는 천사의 음식을 의지하여 40주야를 걸어 시내산으로 알려진 호렙산에 도착한다. 그는 한 굴에 들어갔다. 여호와께서 왜 여기 있느냐고 물으실 때 엘리야는 자신이 만군의 하나님 여호와께 열심이 유별하나 이스라엘이 언약을 버리고 선지자들을 죽여 자신만 남았다고 했다. 여호와는 크고 강한 바람으로 산을 가르고 바위를 부수는 바람을 보내셨다. 그러나 거기에 계시지 않았다. 지진이 나고, 불이 지나도 그중에 계시지 않았다. 세미한 소리가 있는데 그중에 임하셨다.

너무 조용한 광야, 숨소리 하나도 놓칠 수 없는 적막한 광야이기에 세미한 바람 소리 하나도 놓칠 수 없었다. 그곳이 시내 광야의 호렙산이었다. 이렇게 고요한 중에 다시 사명이 주어졌다. 먼저 다메섹에서 하사엘에게 기름을 부어 아람 왕으로 삼으라 하신다. 그리고 님시의 아들 예후에게 기름을 부어 이스라엘왕으로 삼는 사명을 주시고, 마지막으로 아벨므홀라 사밧의 아들 엘리사에게 기름을 부어 선지자로 세우라고 하신다. 아합과 그의 추종자들을 하사엘이 치고 이어 예후, 그리고 엘리사가 죽일 것임을 선언하신다.

/ **호렙산(시내산) 바위**
바위를 부수는 바람에도 하나님은 계시지 않았다.

// **호렙산 일출**
세미한 음성 중에 임하신 하나님은 엘리야에게 사명을 주셨다.

/

아벨므홀라 지역
사명을 받은 엘리야가 먼저 엘리사를 세우러 온 아벨므홀라는 요단강 북쪽 부근이다.

엘리사 부름 ⑥ 왕상 19:19-21

히브리어 표현에는 마지막에 말한 것을 먼저 놓는 수미쌍관법(A-B// B′-A′)이 많다. 엘리야는 먼저 요단강 근처에 있는 아벨므홀라의 엘리사를 찾는다. 열두 겨릿소를 끌 정도면 부유한 농부라 추정할 수 있다. 엘리사는 부름을 받았을 때 한 겨릿소를 잡고 부모와 고향 사람들에게 식사를 대접한 후 선지자의 길을 간다(왕상 19:20-21).

에필로그

엘리야의 갈멜산 사건을 마무리 지으면서 아쉬운 면을 하나 이야기해야겠다. 갈멜산 대결을 위해 엘리야는 바알 선지자와 아세라 선지자를 불렀다. 그리고 그 결과로 바알 선지자가 모두 죽었다. 그러면 아세라 선지자는 어떻게 되었을까? 이 상황은 얼마 후 벌어지는 예후의 혁명에서도 마찬가지로 일어났다. 아세라 선지자는 어딘가로 종적을 감추어 버린다. 이스라엘의 영향이 미치던 시내 광야 동편 쿤틸렛 아즈룻에서 '여호와와 아세라'라는 비문이 발견된 것은 충격으로 다가온다. 이스라엘 사람들은 바알 대신에 여호와를 대치했을 뿐 아세라는 여신으로 남겨두었던 것이다. 예후 혁명 후에도 아들 여호아하스왕이 사마리아에 아세라 목상을 두었다는 것은 혁명 당시에 아세라를 없애지 않았다는 의미가 아닐까 싶다.

> 그들(예후의 아들 여호아하스와 이스라엘)이 이스라엘에게 범죄하게 한 여로보암 집의 죄에서 떠나지 아니하고 그 안에서 따라 행하며 또 사마리

//

시내산 만남의 장소
모세, 엘리야, 예수님을 뜻하는 나무가 심겨진 호렙산 중턱 수도원

남쪽 쿤틸렛 아즈룻 (kuntillet ajrud)에서 발견된 항아리에서 그림과 함께 "사마리아의 여호와와 아세라의 이름으로 당신을 축복했노라"라는 글이 기록되어 있다. 그만큼 혼합 신앙이 팽배했음을 알 수 있다.

아에 아세라 목상을 그냥 두었더라 왕하 13:6

여기서, 묵상

여호와만 섬기는가?

여호와를 믿는 신앙은 당시 근동에 널리 퍼져 있던 일신교가 아니다. 자기 신을 인정하고 다른 신도 인정하는, 그 지역에 가면 그 지역 신을 섬겨야 한다는 일신교가 아니라 유일신교다. 다른 신은 모두 거짓 신이며 부신이라고는 존재하지 않는다. 이런 신앙이 일신교에 물들어 버렸다. 혼합 종교가 되어 버린 것이다. 하나님은 이것을 용납하지 않으셨기에, 이 신앙의 위험을 아셨기에 이스라엘을 먼저 멸망시키고 정통 신앙을 가진 유다를 세우신 것이 아닐까? 오늘날을 사는 우리는 세상의 여러 신과 타협하고 있는 뉴에이지 운동, 다원주의를 보고 이런 혼합주의 신앙의 위협을 새삼스레 느낀다.

지도 그리기

열왕기상 5

부록에서 지도를 찾아 그리세요

| 이스라엘-아람-시돈 관계 |

세상 의지자 vs. 하나님 의지자

성경 열왕기상 20-22장, 역대하 18장, 20:31-21:1 **연대** BC 9세기

역사적 사건 앗수르 살만에셀 3세 통치, 카르카르 전투(BC 853)

핵심 본문 아합왕 통치, 아람과 이스라엘의 아벡 전투, 나봇의 포도원, 여호사밧과 아합의 라못길르앗 전쟁, 아합의 죽음

지도 열왕기상 6

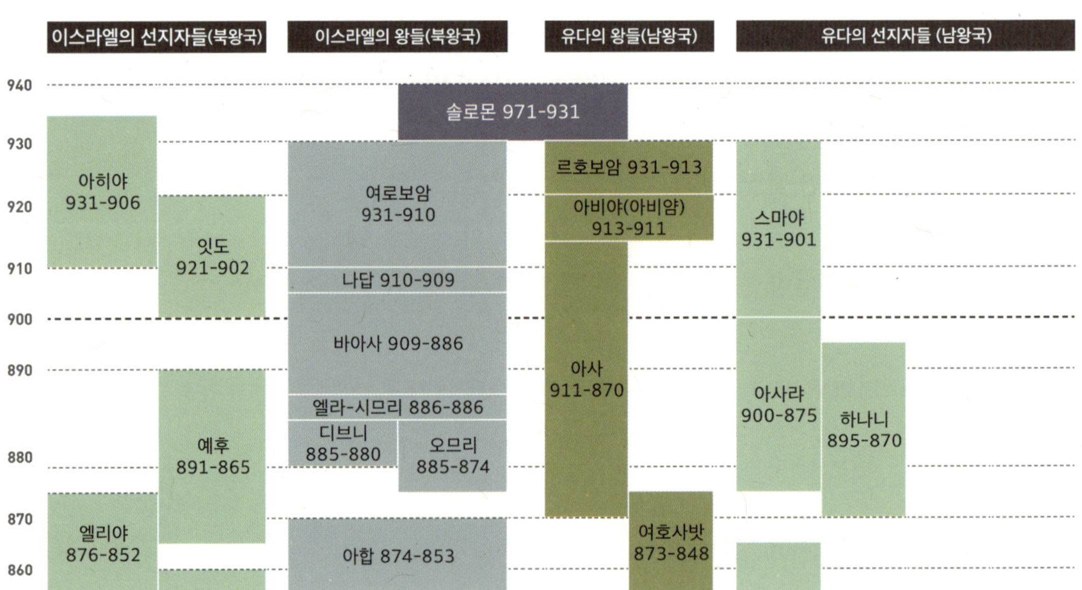

열왕기상의 왕들과 선지자들

삼각 관계

이제 다시 북이스라엘 정치 상황으로 돌아가 보자. 아합이 다시 주인공으로 등장한다. 이스라엘의 최초 전략은 요단 동편 왕의 대로와 베니게를 연결하는 무역로를 확보하려 했던 것이 틀림없다. 그럼에도 불구하고 이스라엘과 베니게의 상업적, 정치적 제휴는 아람의 관심과 부딪치게 되었다. 이스라엘의 일부 내전은 다메섹을 강화시켰고, 이것은 다메섹왕이 아람인을 지휘 아래 둘 수 있도록 했다. 다메섹은 아람인을 연합하여 요단 동편에서 세력을 확장했다. 이 확장이 요단 동편 왕의 대로를 따라 이루어졌으므로 이스라엘과 부딪치게 되었다.

경제적이고 정치적인 관심 때문에 아람은 베니게와 이스라엘의 동맹과 군사적인 충돌을 할 수밖에 없었다. 이스라엘 주변 국가에서 흔히 볼 수 있는 역사적 실례다. 서로간의 목표가 분명해졌다. 오직 진실하신 주 하나님을 예배하는 신앙을 회복하고 보존하려는 엘리야의 사역은 이런 상황에서 전개된다.

이 시기에 이스라엘의 수도 사마리아가 다메섹왕에게 포위되었다(왕상 20:1). 이때(BC 856년) 다메섹왕은 이스라엘의 심장부를 꿰뚫을 수 있었다. 아사왕의 요

열왕기상 6
이스라엘과 아람의 전쟁

남서쪽에서 본 사마리아성

산지 위 흰색 부분이 성문으로 아람 군대는 나무가 있는 곳에 진을 쳤을 것이다.

구에 의하여 단에서 긴네렛까지 침략한 아람이 벤하닷이 소집한 32명의 왕들과 함께 이스라엘의 심장부인 사마리아까지 오는 데 30년도 걸리지 않았다.

이스라엘과 아람 왕상 20:1-21

아람왕은 아합에게 완전한 항복을 요구했고, 아직도 힘이 있는 아합 신하들은 항복보다 항전을 택했다.

> 13 한 선지자가 이스라엘의 아합왕에게 나아가서 이르되 여호와의 말씀이 네가 이 큰 무리를 보느냐 내가 오늘 그들을 네 손에 넘기리니 너는 내가 여호와인 줄을 알리라 하셨나이다 14 아합이 이르되 누구를 통하여 그렇게 하시리이까 대답하되 여호와의 말씀이 각 지방 고관의 청년들로 하리라 하셨나이다 아합이 이르되 누가 싸움을 시작하리이까 대답하되 왕이니이다 왕상 20:13-14

소수의 군대가 성문에서 나오는 것을 보고 얕잡아본 아람왕은 먹고 마시다가 기습작전에 당했다. 그들은 얼마 지나지 않아(BC 855년경) 벧산에서 하부 골란에 이르는 도로를 따라 도망갔다. 이 도로는 야르묵강 하류를 지나 북쪽으로 향하면 나타나는 아래와 위 아벡을 지나 하부 골란 고원 쪽으로 향하다 왕의 도로와 만난다. 이 지역은 대체로 경사가 완만하여 일부 낭떠러지를 제외하고는 비옥한 경사지가 야르묵강과 요단 계곡까지 내려간다. 지도에서 북동쪽 부분을 가장 잘 볼 수 있다. 만일 아람이 야르묵강을 통과했다면 남쪽으로 벧산까지 진군했을 것이다. 벧산 계곡은 하롯 계곡과 이스르엘 골짜기까지 가는 길을 제공한다. 짧은 기간이지만 아람이 이 지역을 정복하여 이스라엘 북쪽의 경제적 견고함을 무너뜨렸다.

아람의 재도전 왕상 20:22-34

무참히 깨진 아람은 자기 나름대로 실패의 원인을 이렇게 분석한다.

> 23 아람왕의 신하들이 왕께 아뢰되 그들의 신은 산의 신이므로 그들이 우리보다 강했거니와 우리가 만일 평지에서 그들과 싸우면 반드시 그들보다 강할

/
아래 아벡인 엔게브 키부츠
넓은 평지에서 전투하면 이길 것으로 생각한 아람은 아벡에서 전투를 준비한다.

//
위 아벡
아람은 쫓겨 위 아벡에 갔지만 성이 무너져 2만 7천 명이 죽었다.

> 지라 **24** 또 왕은 이 일을 행하실지니 곧 왕들을 제하여 각각 그곳에서 떠나게 하고 그들 대신에 총독들을 두시고 **25** 또 왕의 잃어버린 군대와 같은 군대를 왕을 위하여 보충하고 말은 말대로, 병거는 병거대로 보충하고 우리가 평지에서 그들과 싸우면 반드시 그들보다 강하리이다 왕이 그 말을 듣고 그리하니라 왕상 20:23-25

사마리아성이 있는 산지에서 패배한 아람은 여호와를 산의 신으로 생각하고 자신들이 유리한 평지로 유인하여 이스라엘과 대결한다. 갈릴리 바다 동쪽 아래 아벡은 이런 전쟁을 하기에 적합한 장소다. 현재 엔게브 키부츠가 자리 잡고 있는 아래 아벡에서 전쟁이 벌어졌다. 수적으로 절대적으로 밀리는 이스라엘은 선지자의 말을 믿고 일곱째 날 전투에서 아람 보병 10만 명을 죽였다. 남은 자 2만 7천 명이 위 아벡으로 도망했으나 성벽이 무너져 다 죽었다.

대패한 아람왕 벤하닷은 아합에게 항복 의사를 보냈다. 아합은 왕의 인자와 위용을 보이면서 잃었던 북쪽 지역을 회복하려는 의도가 있었는지 벤하닷의 항복을 받고 그를 살려 준다. 일찍이 사마리아에서 아람이 요구한 것처럼 이스라엘이 유리한 입장일 때 다메섹왕은 경제적 양보를 해야 했다. 이 양보는 이스라엘이 다메섹까지도 무역을 확대하는 기회를 제공했다. 그러나 이 일로 선지자는 아합이 큰 대가를 지불하리라고 예언했다(왕상 20:42).

공동 전선

BC 9세기 중엽(BC 853) 앗수르가 북방을 위협함으로 레반트 국가는 국지전을 멈추고 공동 전선을 수립했다. 성경은 열왕기상 22:1에 다음과 같이 언급한다.

/
살만에셀 3세 비문
아합은 벤하닷과 앗수르의 남하에 대항하여 카르카르에서 공동 전선을 펼쳤다. 살만에셀은 '이스라엘왕 아합이 병거 2000대와 보병 1만 명을 거느렸다'고 기록했다. (대영박물관).

아람과 이스라엘 사이에 전쟁이 없이 삼 년을 지냈더라 왕상 22:1

이스라엘과 아람은 북쪽 멀리에서 오는 앗수르의 살만에셀 3세를 방어하려고 주변 국가와 군사 동맹을 맺는다. 아합은 앗수르에 맞서 카르카르에 막강한 군대를 보낸다. 앗수르왕 살만에셀 3세(Shalmaneser III)가 남긴 기록을 보면, 당시 아합왕은 2000대의 전차와 1만 명의 군사를 지휘했다고 한다. 동맹은 앗수르를 일시적이나마 저지시킬 만큼 성공했지만 큰 위협이 물러가자마자 지방 세력 간에 다시 분쟁이 일어났다.

이스르엘-나봇의 포도원 쟁탈 왕상 21장

외부 문제에서 성공적인 성과를 거둠으로써 아합은 아마 국내적으로 인정받는 지도자가 되었을 것이다. 그는 강한 듯하지만 유약한 심성을 가진 자였다. 이스르엘 사람 나봇에게 포도원이 있었다(왕상 21:1). 사마리아에 왕궁도 있지만 이스르엘 골짜기의 이스르엘성은 또 하나의 왕궁이었다. 고고학 발굴 결과에 의하면, 이곳에는 아합의 병거성이 있었다. 이스르엘은 요단 동편과 북쪽으로 뻗어나가기 위한 전진기지 역할을 했다. 솔로몬이 므깃도를 병거성 삼았다면 아합은 므깃도와 함께 그보다 동쪽에 있는 하롯 샘 근처 이스르엘도 새롭게 요새화했다. 궁전 기능으로 보면 이곳은 병거성이자 겨울궁전 역할도 했다. 사마리아가 산지에 있다면 이스르엘은 평지에 있어서 겨울에 좀 더 온화하기 때문이다.

아합은 동북쪽의 아람을 향한 확장 정책에 신경 쓰는 만큼 이스르엘에 있는 시간이 많았다. 그러다 성 앞에 펼쳐진 이스르엘 골짜기의 아름다운 포도원을 보았다. 나봇의 포도원이었다. 지금도 이스르엘성에서 북동쪽을 보면 완만한 평지에 포도원이 조성되어 있다. 포도원에는 주로 샘이 있어 아름다운 기운을

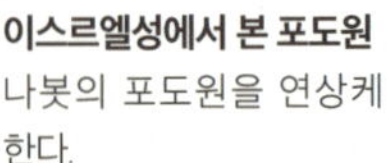

/
이스르엘성에서 본 포도원
나봇의 포도원을 연상케 한다.

//
이스라엘 포도
포도원은 샘이 있어 아름다운 풍경을 자아낸다.

더한다.

아합은 아름다운 나봇의 포도원을 사거나 맞바꾸기 원했지만 나봇은 전통법을 근거로 조상의 유산을 넘기는 것이 여호와께서 금하신 일이라며 거절했다. 아합은 이 일로 침상에 누워 곡기를 끊었다. 자초지종을 들은 그의 아내 이세벨은 기가 막혔다. 두로왕의 공주 이세벨은 장로와 귀족들을 협박하여 나봇에게 누명을 씌워 죽이고 그 밭을 왕에게 바친다. 나봇에게는 하나님과 왕을 저주했다는 죄를 뒤집어씌웠다.

성경 서기관은 하나님을 저주하는 단어 자체를 쓰지 못해 원어에는 하나님을 축복했다는 말로 되어 있다. 아합은 일어나 나봇의 포도원을 취했다. 엘리야는 아합이 무죄한 피를 흘림으로 "아합에게 속한 자로서 성읍에서 죽은 자는 개들이 먹고 들에서 죽은 자는 공중의 새가 먹으리라"고 그의 죽음을 예언했다. 그러자 아합은 의외의 일을 행한다. 옷을 찢고 베로 몸을 동이고 금식하며 굵은 베에 누웠다. 겸비한 모습은 하나님의 마음을 움직여 재앙을 다음 세대로 미루게 했다(왕상 21:29). 후에 나타날 예후는 이 예언을 철저히 이루는 심판자가 된다.

열왕기상 6
아합의 죽음

요단 동편의 주도권 왕상 22:1-28; 대하 18:2-27

BC 9세기 말에 유다와 이스라엘은 요단 동편의 북쪽과 남쪽의 원정을 위해 여러 번 협력했다. 모압이 독립 후 영토를 확장하는 동안 다메섹은 입지를 더욱 강화해 나갔다. 이스라엘과 유다 모두의 관심은 아람의 위협과 모압의 민족적 적개심으로부터 영토를 지키는 일이었다.

유다와 이스라엘이 군사 협력을 한 실례는 BC 853년 후반에 벧산에서 동쪽으로 이어지는 요단 동편 도로를 차지하기 위한 협력이다. 그 배경은 길르앗의 북쪽 언저리 왕의 대로와 해변길에서 오는 동서도로가 만나는 라못길르앗이다. 라못길르앗의 전략적 중요성은 교통의 요지라는 점이다. 하부 골란을 지나는 아벡도로처럼 라못길르앗의 도로는 전략적 중심지인 벧산을 보호한다. 아합이 벤하닷을 포로로 잡았을 때 라못길르앗을 돌려받는 협상이 이루어졌으리라 본다. 그러나 살만에셀 3세가 공격할 때까지도 아람 군대가 철수하지 않았다. 이스라엘은 아람의 팽창 정책을 막고 요단 동편을 다시 관할하는 한편 북쪽과 요단 동편의 이스라엘 지파를 보호하고자 했다. 이 전쟁은 이스라엘과 유다의 연합 작전이 요구될 만큼 경제적·정치적으로 대단히 중요했다.

유다왕 여호사밧은 이스라엘왕 아합과 함께 이 문제를 의논하려고 사마리아에 왔다. 열왕기상 22:3에 나타난 아합의 유명한 연설은 이를 반영한다.

> 길르앗 라못(라못길르앗)은 본래 우리의 것인 줄을 너희가 알지 못하느냐 우리가 어찌 아람의 왕의 손에서 도로 찾지 아니하고 잠잠히 있으리요 왕상 22:3

사마리아에서 있었던 인상적인 만남과 비극적인 대화는 열왕기상 22:2-28에서 읽을 수 있는 것처럼 매우 흥미롭다. 여호사밧은 아합의 요구를 거절하지 못했으나 선지자들에게 물어보고자 했다. 아합은 선지자 400명을 모았다. 수장과 같은 시드기야는 철로 뿔을 만들어 아람 사람을 찔러 진멸하라고 예언한다. 그러나 선지자의 무리가 어용에 가까움을 본 여호사밧은 반대파인 미가야의 예언도 들었다. 그는 하늘 보좌의 모습을 보고 설명했다. 아합을 죽게 하기 위하여 한 영이 거짓말하는 영을 선지자들에게 넣고 그를 꾀어 죽게 하리라는 환상을 말했다. 미가야는 감옥에 갇혔고 전쟁은 그대로 진행된다. 그러나 찜찜한 아합은 왕복을 여호사밧과 바꾸어 입었다. 그것도 소용없었다. 아람 군사가 우연히 쏜 화살이 아합왕의 갑옷 틈새 솔기를 맞추어 중상을 입혔다. 아합왕은 전쟁이 맹렬해 밖으로 나가지도 못한 채 과다출혈로 죽는다.

이 결과 요단 동편에서 아람이 남쪽으로 확장하려는 것을 저지하는 시도는 실패했고, 아람의 침투에 무방비 상태가 되었다. 이것은 또한 남쪽 멀리 있는 모압 민족을 고무시켜 요단 동편에서 이스라엘과 유다의 입지를 모두 약화시켰다.

여호사밧 왕상 22:41-50; 대하 20:31-21:1

아사왕 때부터 국경이 결정된 뒤 남과 북은 협력한다. 심지어 왕족 간의 결혼이 성사되기도 하여 여호사밧의 아들 여호람은 아합의 딸 아달랴와 결혼한다. 여호사밧은 이스라엘과 화평을 이루었다. 그 결과 권세와 부가 최고조로 달했다. 에돔 지역까지 다스렸으며, 남쪽 끝 홍해에서 선박을 제조하고 오빌의 금을 구하려 했다. 솔로몬과 같은 시도를 한 것인데, 이 일은 배가 뜨자마자 파선하여 뜻을 이루지 못했다. 그는 정직히 행하고 동성연애자들도 쫓아냈다. 그러나 솔로몬 이후 더 많아진 산당을 없애지 못해 여전히 죄악의 뿌리가 남아 있는 상태에서 아합 집안이 침투해 그의 아들 여호람의 시대에는 쇠락의 길로 가게 되었다.

여기서, 묵상

오늘의 적이 내일의 우방이 되고, 내일의 우방은 다음의 적이 되었다. 하나님을 성실히 섬기던 여호사밧도 자신의 필요에 따라 무엇이든지 양보하는 세속 정치와 보조를 같이하였다. 세상 사람과 믿는 사람이 서로 협력할 수 있다고 보는가? 협력하면 어느 정도까지 가능하다고 보는가? 상반된 의견을 제시

/
라못길르앗
야르묵강 상류에 위치한 라못길르앗은 왕의 도로에서 해변길로 향하는 동서도로의 요지이자 북진의 교두보였다. 현재도 시리아와 요르단의 국경지대다.

//
아합왕은 변장까지 하고 싸웠으나 우연히 날아온 화살이 갑옷 빈틈에 들어가 과다출혈로 사망한다.

하는 다음 성구를 보라.

> 이 말은 이 세상의 음행하는 자들이나 탐하는 자들이나 속여 빼앗는 자들이나 우상 숭배하는 자들을 도무지 사귀지 말라 하는 것이 아니니 만일 그리하려면 너희가 세상 밖으로 나가야 할 것이라 고전 5:10
>
> 너희는 믿지 않는 자와 멍에를 함께 메지 말라 의와 불법이 어찌 함께하며 빛과 어둠이 어찌 사귀며 고후 6:14

하나님을 믿지 않는 사람과 연합한 인물을 몇 명 적어 본다. 그들의 장단점을 생각해 보라. 특히 후손에게 미친 결과가 무엇이었는가? 예) 에서, 솔로몬, 여호사밧 등

길르앗라못-아합의 죽음 왕상 22:29-40; 대하 18:28-34

이스라엘과 유다의 연합 전선이 실패로 끝났다. 아합은 죽었다. 그의 죽음은 주변 전체에 큰 영향을 미쳤다. 성경은 아합의 죽음을 기점으로 열왕기상과 열왕기하로 나누는 듯한 인상을 줄 정도다. 열왕기하를 이렇게 시작한다.

> 아합이 죽은 후에 모압이 이스라엘을 배반했더라 왕하 1:1

아합은 이스라엘과 유다, 이스라엘과 베니게를 이어 주는 동맹을 주도하던 중추적인 인물이었다. 그는 북동쪽 아람과 적대 관계를 가지고 북서 베니게와 남쪽의 유다와 동맹 관계를 맺었다. 이 힘으로 동남쪽의 모압을 자신의 수하에 묶어 둘 수 있었다. 모압이 절대 복종할 수밖에 없는 강력한 힘을 가졌던 왕이 아합이었다.

> 모압왕 메사는 양을 치는 자라 새끼 양 십만 마리의 털과 숫양 십만 마리의 털을 이스라엘왕에게 바치더니 왕하 3:4

지도 열왕기상 6에 표시된 사건은 BC 9세기 초와 중반에 일어났다(BC 890-850년). 이 사건은 북쪽과 북동쪽 도로가 주로 이용되었다. 도로의 관문(단과 하솔 경유, 하부 골란의 아벡 경유, 라못길르앗 경유, 하부 길르앗의 로드발 경유)은 이스라엘의 정치, 경제적 안전을 위해 매우 중요했다. 이 일대에서 아람의 정책은 요단 동편 가도를 따라 남쪽으로 세력을 확장하는 것으로, 첫 단계가 골란과 길르앗을 관할하는 것이었다. 이스라엘의 약화가 외적으로나 내적으로 아람의 목표 달성을 도와주었다.

이 중요한 무대의 통제에 대해 더 확실히 알기 위하여 지도를 펴고 전체 윤곽을 잡아 보라. 그리고 어떻게 도로가 여러 지리적 어려움에도 불구하고 이곳을 통과하는지 주의 깊게 보라.

오늘날 요르단이 길르앗 영역(야르묵강 남쪽과 요단강 동쪽)을 차지하고 있다는 것도 생각하라. 현대 시리아는 지도의 북동쪽 모서리를 차지하고 있다(시리아는 지도 밖의 북쪽과 북동쪽에 더 많은 땅을 차지하고 있다). 상부 갈릴리 북쪽의 절반과 이욘의 북쪽 계곡은 레바논에 속해 있다.

1948년(독립 전쟁) 이래 이스르엘 골짜기, 벧산 계곡, 상하부 갈릴리 일부, 훌라 분지(하솔과 단 지역 포함)가 현대 이스라엘의 영토가 되었다. 20세기 후반의 사건과 분쟁을 과거 사건과 비교해 보면 누구나 역사의 교훈을 되새기게 된다.

아합왕의 장단점

장점	단점
경제 부흥	타협
정치 안정	스스로 팔림 (왕상 21:25)
평화주의	우상숭배
긍휼	탐욕
겸비	책임 전가

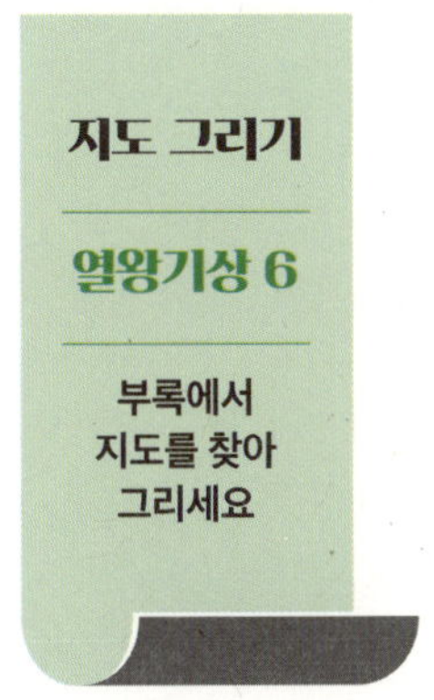

역사와 묵상

01 솔로몬은 왕이 되어 다윗의 유언대로 상벌을 확실히 했다. 특히 정치적인 숙청을 완수하여 나라를 안정시킨 후 기브온 산당으로 간다. 솔로몬이 구한 기도 제목은 하나님의 말씀을 듣는 귀와 선악을 분별하는 분별력이었다. 이것은 하나님 마음에 맞았고 그에게 전무후무한 지혜가 주어진다. 같은 장소에서 여호수아가 해와 달을 머물게 하는 전무후무한 기도를 드렸다. 둘 다 주어진 사명을 이루기 위한 간절함으로 최고의 응답을 받을 수 있었다. 내게 주어진 사명을 이루기 위한 기도제목은 무엇인가?

02 잠언에서 솔로몬은 각종 지혜를 말하고 있다. 특히 자연만물들로 지혜를 비유하고 은유도 한다. 경험하지 않아도 간접 경험으로 알 수 있는 일들이 많다. 인생은 더욱 그렇다. 솔로몬 말기에 기록한 전도서를 보면 마음이 짠하다. 모든 영화를 다 누려 본 사람이 모든 것이 헛되고, 인생 자체가 헛되다고 말하고 있다. 그리고 결론적으로 하나님을 경외하고 그의 명령을 지키라고 말한다. 솔로몬은 왕이 되었을 때 기브온 산당에서 보인 태도로 다시 돌아온 셈이다. 솔로몬의 전도서처럼 돌고 돌아 처음으로 돌아온 경험은 없는가?

03 아가서는 성도와 하나님, 특히 예수님과의 사랑을 표현한다. 솔로몬은 동물과 식물, 풍경 등을 사용하여 사랑하는 자의 아름다움을 표현한다. 어떤 표현이 아름답게 느껴지는가? 우리가 표현할 수 있는 최고의 비교를 통해 주님의 아름다움을 노래해 보자. 또한 성도 간에, 가족 간에 아가서의 언어를 채용하여 그리스도의 사랑을 표현해 보자.

04 가장 강한 지파의 땅, 장자권을 받은 요셉 지파가 주도권을 잡고, 이스라엘을 통치하던 땅, 유다와 경쟁하던 땅 에브라임 산지는 하나님의 언약궤를 품고 있다가 잘못 간수하여 유다에게 돌아가게 했다. 그것도 모자라 여로보암의 금송아지 죄로 물들더니 결국 혼혈의 땅, 더러운 땅으로 변질되었다. 그러나 그곳에 예수님께서 찾아와 수가성 여인에게 복음의 씨를 뿌리셨다. 빌립은 세례의 물을 주었고 베드로와 요한은 성령의 꽃을 피웠다. 이후로 사마리아 산지는 이방으로 나가는 복음의 통로가 되었다. 버림받은 곳은 없다. 회복하지 못할 곳도 없다. 누구든지 어느 곳이든지 성령님이 오실 수 있는 축복의 통로가 될 수 있다.

05 세겜에 모인 이스라엘은 솔로몬의 세금 부과를 문제 삼아 왕국 분열을 결정했다(왕상 12:1). 왕이 된 여로보암은 종교적인 문제를 해결하기 위해 단과 벧엘에 금송아지를 세웠다(왕상 12:29). 이에 대한 하나님의 징계는 혹독했다. 자신을 보호해 주던 애굽의 시삭이 쳐들어와 유다에 이어 북쪽 지역을 침공하여 모든 부와 영화를 가져갔다. 북이스라엘이 끝까지 버릴 수 없었던 금송아지는 '여로보암의 죄'가 되었다. 나 자신의 위치를 지키기 위해 합리화하는 금송아지는 무엇인가?

06 북이스라엘은 수도를 세 번 옮긴다. 종교와 지역의 중심지 세겜은 시삭의 침공으로 위험한 수도라 판단되어 더 깊숙하고 안전한 디르사로 옮겼다(왕상 15:21). 그러나 적극적인 외교정책을 펴던 아합의 부친 오므리는 해변길에 가까운 사마리아로 수도를 옮긴다(왕상 16:24). 피하든 나서든 지키는 이는 하나님이시다.

07 왕국의 분열과 함께 시작된 국경전쟁은 여로보암과 아비야, 바아사와 아사 사이에 계속되었다. 결국 미스바와 게바가 국경으로 정해졌고, 베냐민 지역을 남유다가, 동쪽 여리고는 북이스라엘이 차지했다. 아비야왕은 작은 힘을 가졌지만 하나님을 의지하여 국경전쟁을 이긴다(대하 13장). 아사왕은 쉐펠라 마레사에서 전적으로 하나님을 의지하여 대승을 거두었지만, 바아사와의 전쟁에서는 다메섹왕의 힘을 의지했다(왕상 15:18). 그 결과 다메섹은 갈릴리를 쳤고 후에 남쪽까지 괴롭히게 되었다. 세상을 의지한 결과가 어떠한가?

분열왕국시대

최고 전성기를 구가하던 아합이 죽자 이스라엘이 급격히 약화되어 역사적으로 새로운 국면을 맞게 되었다. 엘리야를 중심으로 종교 혁신 운동이 일어났지만 이스라엘은 온전히 돌이키지 않았다. 하나님이 위임한 왕이 제 역할을 하지 못하자 하나님은 선지자를 보내 바로잡고자 하셨다. 회개하지 않으면 멸망한다고 외쳤음에도, 숱한 전쟁과 위협 속에서도 이스라엘은 돌아오지 않았다. 북이스라엘은 금송아지를, 남유다는 산당을 끝까지 포기하지 못했다. 결국 북이스라엘과 남유다는 멸망했지만 하나님은 희망의 그루터기를 남기셨다.

PART 5

역사서 Ⅳ

열왕기하 · 역대하2 / 선지서

열왕기하 / 역대하2

개관 37일

아합의 죽음 이후 성경에서 가장 복잡한 시대가 시작된다. 왕들의 이야기인 열왕기서에서 왕들이 제 역할을 못하자 선지자들이 나선다. 엘리야는 신구약을 잇는 세례 요한처럼 열왕기상과 열왕기하를 연결하는 인물이다. 북쪽의 부패가 심하여 하나님은 엘리야와 엘리사를 보내 북이스라엘을 돌이키려 하신다. 그러나 그것도 한계가 있었다.

북이스라엘은 말씀을 맡은 제사장과 레위인을 쫓아냈기에 선지자가 말씀을 선포해도 신앙을 지키고 발전시킬 수 있는 직분자들이 없었다. 아합 집안의 위력은 대단했다. 북쪽을 바알 신앙으로 물들인 것도 부족하여 남유다의 여호람과 결혼한 아합의 딸 아달랴는 예후가 나타나 북왕국의 아합 자손을 몰살할 때 남쪽의 왕권을 잡기도 했다. 이어진 왕들의 역사는 너무 복잡하다. 거기다 이 시대부터 수많은 고고학 자료와 역사 기록이 쏟아져 나온다. 역사 자료와 함께 왕들의 역사를 보는 것도 좋지만 정말 많은 시간이 필요하다.

그래서 열왕기하는 이렇게 보는 것이 좋다. 먼저 엘리야와 엘리사의 이야기가 9장까지 계속되기에 선지자를 기초로 보라. 둘째, BC 841년을 기점으로 아람, 이스라엘, 유다의 정권이 바뀐다. 아람에는 하사엘이 정권을 잡고 북이스라엘은 예후가, 남유다는 아합의 딸 아달랴가 정권을 잡는다. 이어진 역사는 북이스라엘의 멸망까지 이어진다. 셋째, BC 722년 이스라엘 멸망 시절의 히스기야왕 이야기다. 넷째, 요시야왕의 최후 개혁부터 남유다가 멸망할 때까지의 이야기로 나누어 보면 좋다. 엘리사, 예후, 히스기야, 요시야는 열왕기하를 보는 좋은 기준점이 될 것이다.

작은 힘들이 겨루던 시대가 끝나고 이제 북방에서 잠용이 깨어나기 시작했다. 메소포타미아의 북쪽에 위치한 앗수르가 기지개를 켰고 바벨론이란 용이 자라고 있었다. 이 대제국은 이스라엘을 지나는 해변길을 따라 들어오더니 그 땅을 무참히 짓밟았다. 지형적으로 북이스라엘은 열려 있었기에 먼저 무너졌다. 산 위에 감춰진 유다도 예외일 수 없었다. 남유다는 북이스라엘이 앗수르에 무너진 뒤에도 버티는가 했지만 바벨론이 등장하자 200년 버티기 세월도 끝이 나고 말았다. 북쪽에서 밀려오는 거대한 쓰나미에 어느 왕국도 생존을 장담할 수 없었다.

이스라엘 전역이 다시 식민지가 되었다. 남쪽의 이집트도 해변길을 따라 북쪽의 힘에 대항하려 했으나 역부족이었다. 이제 남쪽 이집트 시대가 끝나고 북쪽 메소포타미아 시대가 도래한 것이다. 역사의 주도권은 남쪽에서 가나안 땅 이스라엘, 이스라엘에서 북쪽 메소포타미아로 그리고 서쪽 헬라 제국과 로마 제국으로 흘러간다.

열왕들과 선지자들의 연대표

분열왕국이 되면서 왕들의 계보가 복잡해졌다. 남북왕조에서 동일한 이름의 왕도 등장한다. 열왕기 기자는 한 왕조의 사적이 끝난 다음에 다른 왕조의 왕을 기록하는 지그재그식 서술 형태를 취했기 때문에 왕들의 역사가 겹치기도 한다. 거기다 왕국이 불안해지면서 선왕이 아들과 공동 통치하는 경우가 종종 있었다. 다음 열왕의 연대표를 참고하면 역사적 배경을 이해하는 데 도움이 될 것이다.

• 37일

오늘 읽을 분량

성경 왕하 1-11, 대하 20-23

본서 96-137쪽

성경의 맥 잡기

1. 북이스라엘의 왕은 여로보암, 바아사, 오므리, 예후 왕조로 이어짐
2. 남유다는 르호보암-아비얌-아사-여호사밧-여호람-아하시야 후 아합의 딸 아달랴가 왕권을 찬탈
3. 왕들이 제 역할을 못해 선지자들이 역사의 주도권을 가짐

신구약 연결 포인트

1. 엘리야가 승천한 곳에 신약의 엘리야인 세례 요한이 와서 사역하고 예수님도 세례받음.
2. 예수님과 엘리사는 밀접한 관계: 물 변화, 나병 고침, 부활, 적은 것으로 많은 사람 먹임 등

묵상 가이드

1. 엘리야가 준 갑절의 영감은 장자권을 의미한다.
2. BC 841년에 아람은 하사엘에 의하여, 이스라엘과 유다는 예후에 의해 정권이 교체되었다.

석양의 나일강
이집트는 지고 이스라엘 시대에 이어 메소포타미아의 유브라데강 시대가 온다.

유브라데강 상류
메소포타미아는 유브라데강과 티그리스강 사이의 땅으로 상류는 앗수르, 하류는 바벨론이 위치했다.

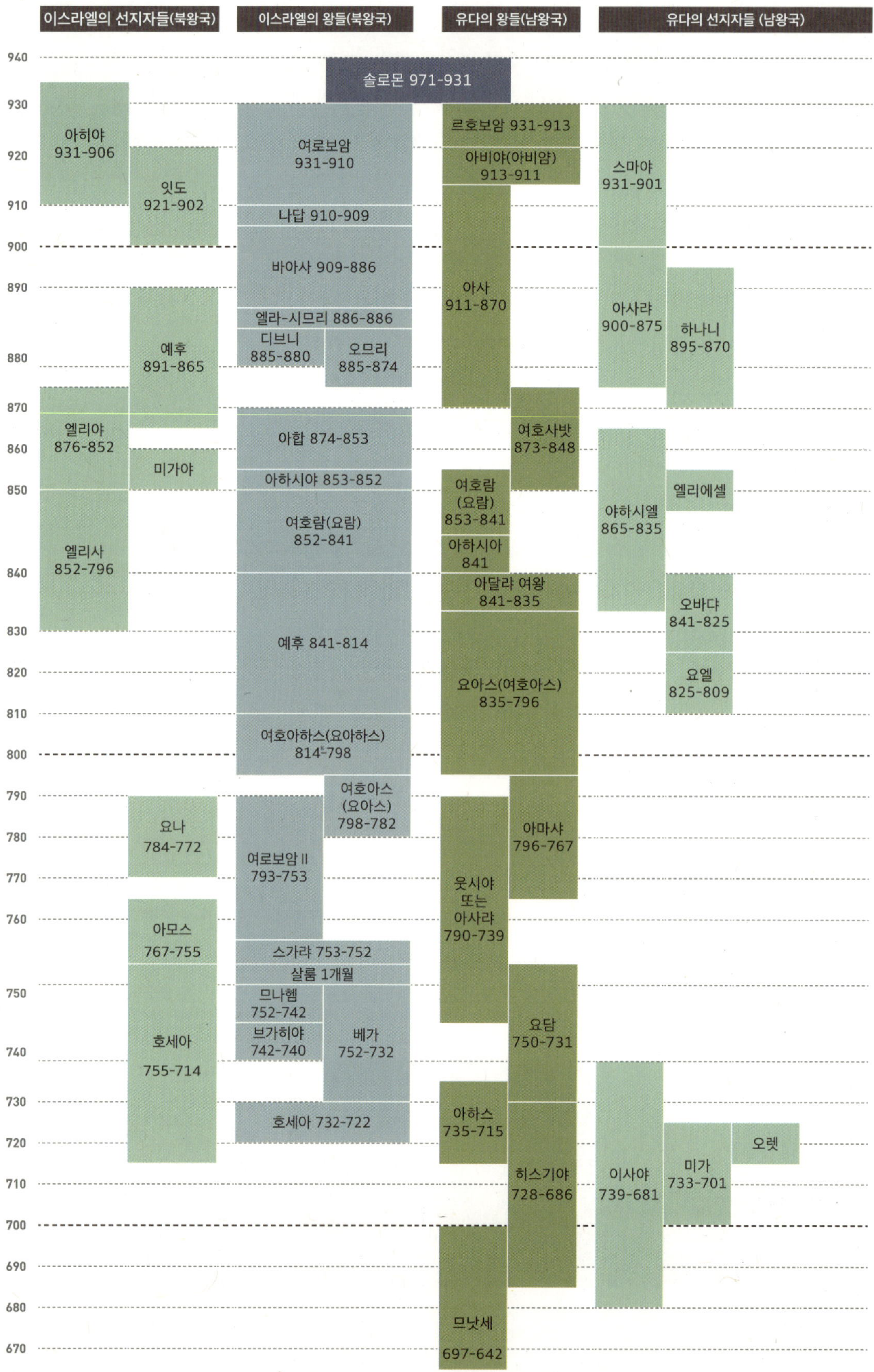

이스라엘의 선지자들(북왕국)
이스라엘의 왕들(북왕국)
유다의 왕들(남왕국)
유다의 선지자들 (남왕국)
940
930
920
910
900
890
880
870
860
850
840
830
820
810
800
790
780
770
760
750
740
730
720
710
700
690
680
670
솔로몬 971-931
아히야 931-906
잇도 921-902
예후 891-865
엘리야 876-852
미가야
엘리사 852-796
요나 784-772
아모스 767-755
호세아 755-714
여로보암 931-910
나답 910-909
바아사 909-886
엘라-시므리 886-886
디브니 885-880
오므리 885-874
아합 874-853
아하시야 853-852
여호람(요람) 852-841
예후 841-814
여호아하스(요아하스) 814-798
여호아스 (요아스) 798-782
여로보암 II 793-753
스가랴 753-752
살룸 1개월
므나헴 752-742
브가히야 742-740
베가 752-732
호세아 732-722
르호보암 931-913
아비야(아비얌) 913-911
아사 911-870
여호사밧 873-848
여호람 (요람) 853-841
아하시아 841
아달랴 여왕 841-835
요아스(여호아스) 835-796
아마샤 796-767
웃시야 또는 아사랴 790-739
요담 750-731
아하스 735-715
히스기야 728-686
므낫세 697-642
스마야 931-901
아사랴 900-875
하나니 895-870
야하시엘 865-835
엘리에셀
오바댜 841-825
요엘 825-809
이사야 739-681
미가 733-701
오렛

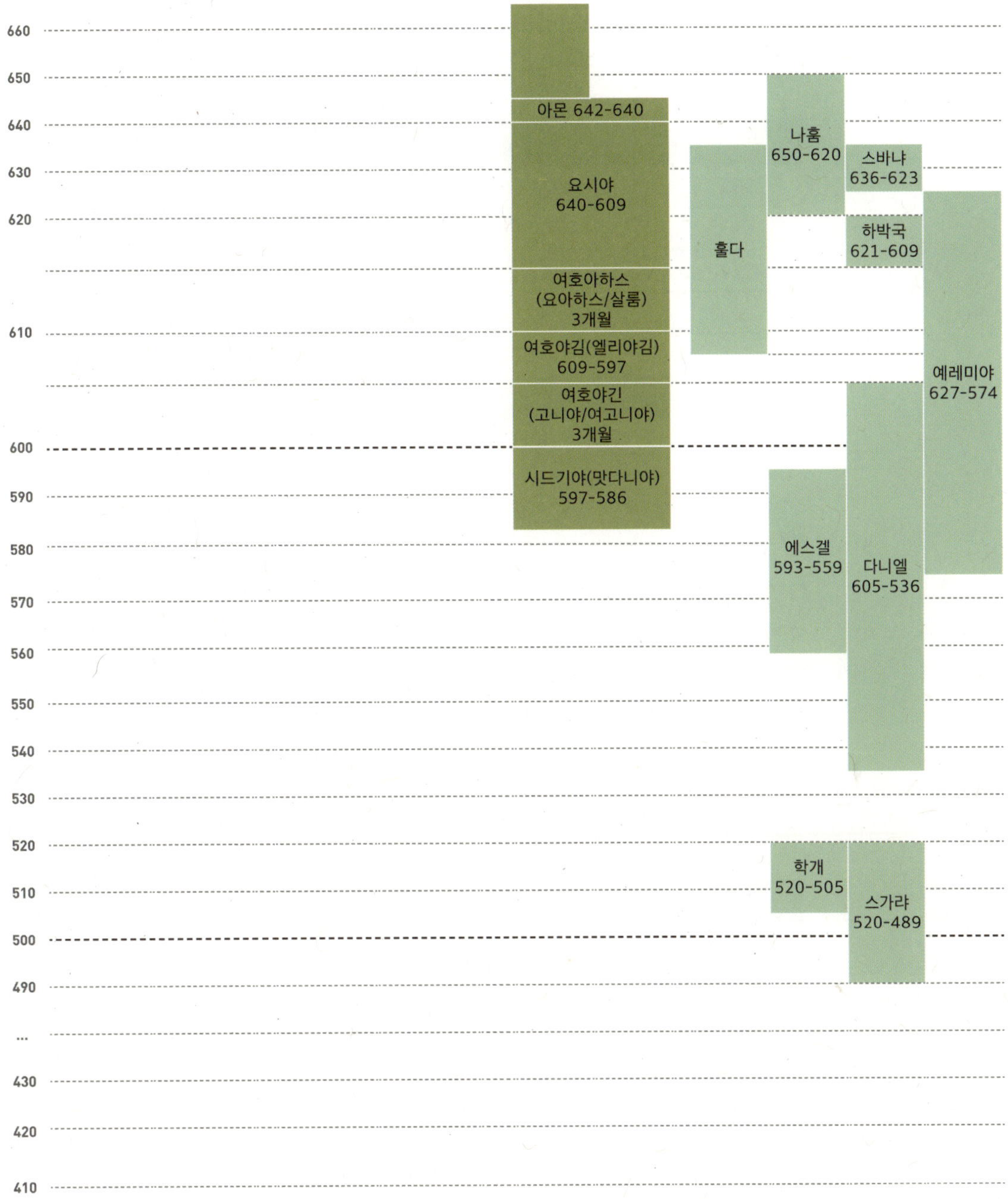

660
650
640
630
620
610
600
590
580
570
560
550
540
530
520
510
500
490
...
430
420
410

아몬 642-640
요시야 640-609
여호아하스 (요아하스/살룸) 3개월
여호야김(엘리야김) 609-597
여호야긴 (고니야/여고니야) 3개월
시드기야(맛다니야) 597-586

훌다
나훔 650-620
스바냐 636-623
하박국 621-609
예레미야 627-574
에스겔 593-559
다니엘 605-536
학개 520-505
스가랴 520-489

간략한 역사 비교

	남유다	북이스라엘
분열왕국		
931	르호보암(성읍 건축)	여로보암(금송아지)
913	아비야(국경 확장)	
911	아사(구스 군대 백만)	바아사(국경전쟁)
		시므리/오므리(사마리아 천도)
873	여호사밧(아합과 동맹)	아합(엘리야의 바알과 갈멜산 대결)
열왕기하		
863	여호람(아합의 딸 아달랴 결혼)	아하시야(낙상과 엘리야 불)
841	아하시야(예후에게 살해)	여호람(예후에게 살해)
BC 841년 전환기 이후 왕의 계보		
841	아달랴(다윗 집안 살해)	예후(바알 선지자 죽임)
835	요아스(성전 수리)	
814		여호아하스(아람에 고난)
796	아마샤(에돔 전쟁과 신)	요아스(세 화살)
790	웃시야(농업 정책과 문둥병)	여로보암 2세(요나와 회복)
750	요담(암몬 정복)	스가랴/살룸/므나헴/브가히야
735	아하스(일영표, 앗수르 의지함)	베가(아람의 르신과 유다 침)
722	히스기야(개혁, 산헤립 전쟁)	호세아(북이스라엘 멸망)
북이스라엘 멸망		
697	므낫세(우상숭배, 회개, 유다 최악의 왕)	
642	아몬(우상숭배, 백성의 반역으로 살해됨)	
640	요시야(종교개혁, 므깃도 전투에서 전사)	
609	여호아하스(백성들이 세웠으나 애굽 바로 느고에게 끌려감)	
605	여호야김(바벨론 1차 포로, 새 궁전 건설, 무죄한 자 피 흘림)	
597	여호야긴(바벨론 2차 포로, 포로로 잡혀감)	
597	시드기야(남유다 멸망, 여호아하스, 여호야김, 시드기야는 요시야의 아들)	
586	유다 멸망, 바벨론 3차 포로	

열왕기하 시대 주변 상황

열왕기 상하를 구분하는 시대 상황은 열왕기하 1:1에 잘 나타난다.

> 아합이 죽은 후에 모압이 이스라엘을 배반하였더라 왕하 1:1

이 말씀은 최고 전성기를 구가하던 아합이 죽자 이스라엘이 급격히 약화되어 역사적으로 새로운 국면을 맞았음을 암시한다. 아합의 시대가 저물고 엘리야를 중심으로 한 종교 혁신 운동이 새로이 전개된다. 엘리야의 갈멜산 대결 후 여호와 신앙이 다시 부흥한 것은 역대 이스라엘왕의 이름에도 나타난다.

BC 861-841년은 이스라엘과 유다왕정이 협력한 보기 드문 시기였다. 이 동맹은 여호사밧의 아들 여호람이 아합의 딸 아달랴와 결혼함으로써 더 공고해졌다. 두 왕조는 군사 원정까지도 서로 협력했다. 이 동맹의 결과로 두 왕조 모두가 요단 동편의 동쪽과 남동쪽으로 영토를 확장할 수 있었다. 이스라엘은 길르앗과 모압을 다스렸고, 유다는 에돔과 홍해 연안 에시온게벨을 다스렸다.

앗수르의 부흥을 이끈 디글랏빌레셀 1세(BC 1114-1079)의 치적

다메섹(아람)의 중흥은 요단 동편의 상황을 어렵게 했다. 벧산의 동쪽과 북동쪽을 두고 이스라엘/유다와 아람 사이에 긴장 관계가 고조되었다. 아람은 모압에 이어 에돔과도 협력 관계를 형성했다. 아람이 이스라엘과 유다의 영향력을 약화시키기 위하여 모압의 반란을 부추겼을 확률이 높다. 모압의 반란으로 이스라엘과 유다가 왕의 대로를 장악하지 못하게 한 후 다메섹은 점차 왕의 대로에 영향력을 확대시켜 나갔다.

그러나 북쪽에서 불어오는 앗수르의 위협은 이런 상황을 단번에 뒤집었다. 이스라엘과 유다, 아람은 BC 853년 반(反)앗수르 동맹을 결성하여 거대 세력이 레반트로 들어오는 것을 막으려 했다. 모두에게 엄청난 재앙이 될 세력이 일어나면 과거의 적이 오늘의 동지가 되기도 한다(예, 카르카르Qarqar 전투). 이 동맹은 아합이 벤하닷과 아벡에서 싸울 때 벤하닷을 포로로 잡기 직전에 살려 줌으로써 더 가능했을지도 모른다(왕상 20장). 그러나 몇 달이 못 되어 이 연합은 이스라엘 왕 아합의 죽음으로 깨어졌다. 이때부터 모압과 에돔의 반역이 BC 841년까지 10여 년간 계속되었다.

아합 시대 동편 무역: 여리고 재건

이스라엘이 요단 동편 모압에 관심을 가졌다는 것이 열왕기상 16:34에 암시되어 있다.

> 그(아합) 시대에 벧엘 사람 히엘이 여리고를 건축하였는데 왕상 16:34

벧엘에서 요단 동편 모압으로 갈 때 여리고가 얼마나 중요한가는 지도를 보면 충분히 알 수 있다. 여리고를 통과하는 도로가 적어도 5개다. 역사적 사건을 다루다가 갑자기 삽입된 듯한 인상을 주는 벧엘 사람 히엘의 이야기는 아합 시대에 여호수아의 저주를 무릅쓰고서라도 무역로를 열어야 했던 열망을 보여 준다. 자식을 잃으면서까지 정치적이고 경제적인 이익을 얻으려 한 아합 시대의 사상을 말해 주는 듯하다.

원래 베냐민의 도시였던 여리고는 남북이 분열되면서 북이스라엘에 속하게 되었다. 그러므로 여리고는 북이스라엘의 남쪽 경계요 중요한 무역 요충지였다. 여리고는 요단 계곡을 따라 북쪽으로 올라가는 중요한 지점에 있었다. 예수님도 북쪽 갈릴리에서 예루살렘에 오실 때 요단 계곡을 지나 여리고를 거쳐야 했다.

여호사밧: 통치와 팽창

여호사밧과 아합의 날에 유다와 이스라엘의 협력은 두 왕국 모두에게 경제적 부흥을 가져다주었다. BC 841년이 오기 몇 십 년 전 이 중흥의 시절이 역대하 17:1-18:1에 잘 나타난다.

> 여호사밧이 부귀와 영광을 크게 떨쳤고 아합 가문과 혼인함으로 인척 관계를 맺었더라 대하 18:1

요단강에서 본 여리고 지역은 산지로 올라가는 전초기지다.

그러나 역대하 17장을 여는 절은 경계의 소리를 발하며 그 세기 격렬하였던 베냐민 전투를 떠올리게 한다. 이스라엘과 여호사밧의 동맹에도 불구하고 여호사밧은 북쪽의 국경 경계를 게을리하지 않았다. 남북 협력으로 평화와 번영의 시기임에도 불구하고 여호사밧은 아버지 아사가 값비싼 외교 전략으로 얻은 국경을 잃고 싶지 않았다.

> 1 아사의 아들 여호사밧이 대신하여 왕이 되어 스스로 강하게 하여 이스라엘을 방어하되 2 유다 모든 견고한 성읍에 군대를 주둔시키고 또 유다 땅과 그의 아버지 아사가 정복한(베냐민 산지의 미스바와 게바를 잇는 위치) 에브라임 성읍들에 영문을 두었더라 대하 17:1-2

이 짧은 언급은 지도 사사기 6에서 다루었던 에브라임의 남쪽 경계를 반영한다. 일찍이 에브라임에 동화된 베냐민은 지금 서서히 유다에 흡수되고 있는 처지다. 이는 베냐민이 완충지대 역할을 계속 하고 있음을 말해 준다.

유다의 부귀가 극에 달하였다지만 북이스라엘만 못했다. 아합이 베니게왕 엣바알의 딸 이세벨과 결혼하면서 북이스라엘의 경제적 부는 증대되었다. 베니게는 시돈을 중심으로 한 국가로 육지에서 700m가량 떨어진 섬인 두로가 수도였다. 이들은 시돈 민족으로 가나안의 장자 후손이었다. 마지막 남은 가나안 자손이 이스라엘의 경제, 종교, 문화에 대대적인 침투를 하고 있었다. 베니게와 무역하여 최고 전성기를 누리던 이스라엘은 북동쪽 아람과는 적대 정책을 펴면서 전왕들이 잃었던 영토를 회복하고자 했다. 특별히 북쪽 이스르엘을 지나는 해변길과 왕의 대로를 이어 주는 라못길르앗을 회복하기 원했다. 막대한 부귀와 이권이 주어지는 이 땅을 놓고 싸우다 아합은 죽었고, 둘째 아들 여호람도 부상을 당했다.

선지자들의 이야기

열왕기하는 왕의 이야기가 아니라 선지자의 이야기로 시작한다. 9장에 이르기까지 엘리야와 엘리사가 역사의 주도권을 잡고 있다. 하나님이 위임한 왕이 제 역할을 하지 못하자 하나님은 선지자를 보내 바로잡고자 하셨다. 이를 볼 때 왕과 선지자의 역할은 반비례 관계임을 알 수 있다.

/
치료의 신 바알세붑이 있던 에그론 텔

//
에그론으로 가는 길

엘리야의 갈멜산 승리로 여호와 신앙이 어느 정도 인정을 받았으나 이스라엘 왕은 여호와의 능력을 제한적으로 인정했다. 병들면 병을 고치는 신이 따로 있다는 식으로 생각한 것이다. 하나님의 능력을 제한하는 이런 행위는 여호와에 대한 무지와 불신앙에서 온다. 잘못된 신앙이 성숙에 큰 장애를 가져온다.

| 엘리야의 후반기 사역 |

다가올 시대를 준비하다

성경 열왕기하 1-2장

연대 BC 9세기 중엽

역사적 배경 이스라엘왕 아하시야와 그의 형제 여호람, 유다왕 여호사밧과 여호람

핵심 본문 엘리사를 세움, 엘리야의 승천

지도 열왕기상 5

열왕기상 5
엘리야의 후반기 사역

갈멜산-엘리야 불 ⑦ 왕하 1장

사마리아 궁전 터
아하시야는 이곳 지붕에서 떨어져 낙상하였다.

엘리야가 불을 내린 곳으로 추정되는 갈멜산
이 산 정상에서 엘리야는 바알 선지자들과 대결했다.

열왕기상과 열왕기하의 연결고리 역할을 하는 인물이 엘리야다. 엘리야는 호렙산에서 세 가지 사명을 부여받았다. 아람왕으로 하사엘을, 이스라엘왕으로 예후를, 선지자로 엘리사를 세우는 사명이었다. 그는 먼저 엘리사를 세웠고 그와 함께하는 중에 열왕기하의 사건들이 일어난다.

열왕기하 1장은 아합의 아들 아하시야가 난간에서 떨어져 병이 들자 블레셋의 에그론 신, 바알세붑(파리의 신)에게 자신의 병에 대하여 물으려 한다. 아합의 아들인 아하시야나 여호람 이름에 '여호와'의 약자인 '-야'와 '여호-'가 포함되어 있다. 그러나 이름이 바뀌었다고 그들의 근본 신앙이 바뀐 것은 아니었다.

엘리야는 에그론으로 가는 사신들에게 아하시야의 죽음을 선포한다. 나중에 사신들이 돌아오자 아하시야는 그들이 만났다는 사람의 모습을 물었고, 그들은 "털이 많은(혹은 털옷을 입은) 사람인데 허리에 가죽 띠를 띠었더이다" 하고 엘리야를 묘사했다(왕하 1:8). 세례 요한이 '낙타털 옷을 입고 허리에 가죽 띠를 띠고' 일하던 모습을 연상케 한다(마 3:4; 막 1:6).

아하시야가 엘리야를 잡아오라 하자 엘리야는 산으로 갔다. 이때 엘리야가 오른 산이 어디인지는 확실하지 않으나 산 앞에 정관사가 있는 것을 보면 '갈멜산'이라 추정할 수 있다. 불의 응답을 받아 이스라엘을 살렸던 산에서 이제 심판의 불을 내려 신권을 무시하는 이들을 살랐다. 그러나 겸손히 부탁한 오십 부장의 말은 들어 주었다.

여기서, 묵상

권위와 존중

아하시야는 엘리야를 잡으려고 세 번이나 오십 부장을 보냈다. 두 명의 오십 부장은 왕권으로 당시 하나님의 권위를 가진 선지자를 누르려다 불이 떨어져 죽는다. 모세의 권위에 도전한 미리암은 나병에 걸렸고, 고라와 다단과 아비람은 땅에 삼킨 바 되었다. 하나님은 자신의 권위를 위임한 사람들을 철저히 보호하신다. 사도 바울도 고린도후서에서 사도적 권위를 설명하는 데 대부분의 지면을 할애했다. 사도의 권위가 무너지는 순간 말씀의 권위도 사라지기

/
엘리야의 승천 언덕
아치가 요단강 동편에 놓여 있다. 세례 요한이 머물던 곳이다.

//
엘리야가 승천할 때 엘리사는 선지자의 장자권인 갑절의 영감을 원했다.

때문이다. 마찬가지로 목회자의 권위도 중요하다. 권위를 이양 받은 사람은 모세의 므리바 사건처럼 그의 영광을 드러내는 데 주의해야 하고, 권위 아래 있는 사람은 주께 받듯 말씀을 받아야 한다.

요단강-엘리야 승천 ⑧ 왕하 2:1-18

엘리야가 승천하기 전에 움직인 동선은 길갈-벧엘-여리고다. 여기서 길갈을 여리고 옆에 위치한 길갈로 보기에는 무리가 많다. 학자들은 벧엘 북쪽 12km 지점의 질질야(Jiljilya)를 엘리야가 들른 장소로 추정한다.

사무엘 시대부터 시작된 것으로 보이는 선지자 학교는 엘리야 때까지 계속되었다. 그는 엘리사와 함께 여리고에서 요단강을 넘을 때 물을 갈랐으며 회오리바람을 타고 승천했다. 요단 계곡은 특성상 회오리바람이 많이 일어나는 곳이다. 그 자연현상을 극대화하여 하나님은 엘리야를 들어 올리셨다.

여기서, 묵상

승천과 사명의 완성

엘리야의 승천은 그가 주어진 사명을 완성했음을 의미한다. 그런데 세 가지 사명을 받은 엘리야는 엘리사밖에 세우지 못했다. 아람왕으로 하사엘이나 이스라엘왕으로 예후를 세우는 사명은 완성하지 못했다. 그럼에도 불구하고 그가 들림 받은 이유는 무엇일까? 성경은 내가 모든 것을 행하는 것을 완성이라고 하지 않는다. 그 사명을 완성할 사람을 세우는 것도 사명 완성으로 취급한다. 즉 엘리사를 세워 나머지 두 사명을 이루었기에 엘리야의 사역이 완성된 것으로 간주한다. 신약에서 스데반 집사는 순교하면서 원수를 위해 기도했고, 그때 세워진 사도 바울이 결국 스데반이 전하고자 한 복음을 온전히 이루었다.

엘리야와 세례 요한

엘리야의 사역은 요단강 건너편에서 시작되고 또 끝맺는다. 엘리야가 승천한 곳은 여리고 앞 요단강 너머 모압 평지로 여호수아가 가나안 입성 전에 머물던 근방으로 추정된다. 이런 신학적이고 역사적인 장소에서 신약 시대 세례 요한이 사역의 많은 부분을 행하고 이스라엘을 향해 회개를 외친 것은 놀라운 일이 아니다. 장차 오리라 한 엘리야가 세례 요한이라고 예수님도 말씀하셨다. 여기서 승천한 엘리야가 다시 와서 동일한 장소에서 회개를 외치는 사역을 했다.

여기서, 묵상

엘리야와 세례 요한의 공통점

열왕기하는 엘리야의 이야기에서 시작된다. 하나님은 열왕기상하를 이어주는 인물로 엘리야를 선정하셨다. 그리고 신약을 시작하는 인물로 세례 요한을 선정하셨다. 한 시대를 시작하는 인물로 구약의 엘리야와 신약의 엘리야 세례 요한이 선정된 이유는 무엇일까? 둘의 공통점은 무엇일까? 엘리야와 세례 요한은 한 시대를 준비한 인물이었다. 엘리야는 한 시대를 위하여 아람왕 하사엘과 이스라엘왕 예후, 선지자 엘리사를 준비했다. 세례 요한은 예수 그리스도의 길을 성실히 준비했다. 그리스도란 구약 히브리어로 메시아다. '기름 부음 받은 자'라는 뜻으로 세 직분자인 왕, 제사장, 선지자가 기름 부음을 받았다. 이 두 사람과 같이 주님이 다시 오실 길을 준비하는 사람은 누구인가?

엘리야와 예수님

아합 시대 북왕국에 선포된 엘리야의 메시지는 예수님이 갈릴리 사역을 시작하면서 나사렛에서 말씀하실 때 이용되었다. 나사렛 언덕에서는 지중해(베니게 방향)와 갈멜산, 이스르엘 골짜기, 요단 동편의 고지대, 사마리아를 볼 수 있다. 맑은 날에는 헤르몬산에서 북동쪽으로 다메섹 방향(시리아)이 보이며 다메섹에서 이스르엘 골짜기까지 연결되는 도로를 볼 수 있다. 이 모든 영역이 엘리야의 사역지였다. 그러므로 예수님도 사역을 시작하면서 엘리야의 사역과 연관시키셨다.

> **24** 또 이르시되 내가 진실로 너희에게 이르노니 선지자가 고향에서는 환영을
> 받는 자가 없느니라 **25** 내가 참으로 너희에게 이르노니 엘리야 시대에 하늘
> 이 삼 년 육 개월간 닫히어 온 땅에 큰 흉년이 들었을 때에 이스라엘에 많은
> 과부가 있었으되 **26** 엘리야가 그중 한 사람에게도 보내심을 받지 않고 오직
> 시돈 땅에 있는 사렙다의 한 과부에게뿐이었으며 눅 4:24-26

나사렛 예수가 사역 전에 요단강에서 요한에게 세례받으신 것도 이런 맥락에서 이해된다. 여호수아가 가나안에 들어갈 때도 물을 갈랐다. 엘리야는 하늘로 승천하면서 보이는 가나안이 천국이 아니라 보이지 않는 하나님 나라가 참된 가나안임을 알려 주었다. 수세기 뒤에 오신 예수님은 여호수아가 갈랐던 요단강에서 세례받고 올라오실 때 물이 아니라 하늘을 가르시며 참된 가나안의 문을 열어 주셨다. 엘리야를 통하여 알리려 했던 참된 가나안을 성취하신 것이 아닐까? 또한 엘리야가 승천할 때 엘리사에게 주어진 갑절의 영감은 예수님이 받으신 성령의 예표라고 할 수 있다.

엘리야가 전한 메시지는 구약과 신약을 관통하며 메아리친다. 동일한 장소에서 중요한 사건을 경험한 모세, 엘리야, 예수님이 말라기(4:4-5)와 마태복음(11:2-19)에서 조화롭게 접목되고 있다.

세례받으시는 예수님
엘리야-엘리사는 세례 요한-예수님과 비교될 수 있다.

> **4** 너희는 내가 호렙에서 온 이스라엘을 위하여 내 종 모세에게 명령
> 한 법 곧 율례와 법도를 기억하라 **5** 보라 여호와의 크고 두려운 날이
> 이르기 전에 내가 선지자 엘리야를 너희에게 보내리니 말 4:4-5
>
> **13** 모든 선지자와 율법이 예언한 것은 요한까지니 **14** 만일 너희가 즐

겨 받을진대 오리라 한 엘리야가 곧 이 사람이니라 마 11:13-14

요단 서편에서 바라본 요단강

세례 요한 기념교회 앞이 예수님이 세례받으신 요단강이다.

수세기 전 이스라엘이 출애굽한 후 모세의 교훈을 받은 곳도 이곳이고, 여호수아가 이스라엘 백성을 독려하여 가나안으로 향한 곳도 이 근방이었다. 가나안 땅에 들어가기 직전 모세는 하나님과의 계명을 상기시켰다.

엘리야, 모세, 예수님 이 세 분의 형상 사이에 연결된 강한 고리가 예수님의 변화산 대화에서도 생생하게 보인다. 모세와 엘리야 두 사람이 갑자기 영광 중에 나타나서 장차 예수님께서 예루살렘에서 완성하실 일에 대해 말했다(눅 9:30-31). 한 장소에서 죽음과 관계된 중요한 사건을 치른 두 사람이 다시 만나 예수님의 죽음에 대하여 이야기한 것이다.

여기서, 묵상

세 명이 관계된 요단강 건너편(모압 평지)과 변화산에서 공통적으로 주어진 주제는 무엇인가? 죽음, 율법, 천국 등 많은 주제가 있을 수 있지만 양쪽에서 외친 하늘의 음성은 그 공통의 주제가 아닐까?

> 하늘로부터 소리가 있어 말씀하시되 이는 내 사랑하는 아들이요 내 기뻐하는 자라 하시니라 마 3:17
>
> 말할 때에 홀연히 빛난 구름이 그들을 덮으며 구름 속에서 소리가 나서 이르시되 이는 내 사랑하는 아들이요 내 기뻐하는 자니 너희는 그의 말을 들으라 하시는지라 마 17:5

나는 예수님을 어떻게 인정하고 있는가? 하늘의 명령대로 예수님의 말씀을 듣고 있는가?

| 엘리사, 여호람, 예후, 주변 나라들과의 관계 |

살리고 세우는 사역자 엘리사

성경 열왕기하 1-8장; 역대하 20-22장 **연대** BC 9세기 중엽

역사적 배경 앗수르 살만에셀 3세 통치

핵심 본문 엘리사의 사역, 모압의 독립, 남북 협력에서 대치로

지도 열왕기하 1, 열왕기하 2

열왕기하 2
엘리사의 사역과 엘리사, 여호람, 예후, 앗수르와 관계

지리적 관점에서 본 주요사건

입체지도(부록 지도그리기 106p 참조)를 펴고 북동쪽에서 이스르엘 골짜기로 들어오는 주요 도로를 보라.

1. 단, 하솔을 지나 갈릴리 남쪽으로 오는 도로
2. 골란 남쪽(야르묵강 바로 북쪽)의 아벡에서 요단 계곡 로드발을 경유하여 벧산과 수넴까지 이르는 도로
3. 요단 동편 가도 라못길르앗에서 야르묵강 남쪽을 경유하여 로드발, 벧산, 수넴까지 이르는 도로

북왕국 이스라엘의 역사 초기 80년 동안 거의 이 도로에서 사건이 일어났다. 이 세 도로가 중요한 이유는 국제도로인 해변길과 왕의 대로를 포함할 뿐 아니라 양 도로를 연결하는 도로도 아우르기 때문이다. 라못길르앗은 해변길과 왕의 대로를 잇는 연결점이어서 중요하다. 북이스라엘의 아합은 이곳에서 싸우다 죽었고, 아들 요람(여호람)은 이곳에서 부상당하여 치료하다가 예후의 반란을 맞았다(왕하 8:29).

다메섹은 해변길과 연결된 요단 동편의 왕의 대로를 장악하고 싶어 했다. 이스라엘 역시 이 도로를 탐냈고, 북쪽 야르묵강에서 남쪽 모압까지 이르는 왕의 대로를 통제하려고 노력하였다. 지도 열왕기하 2는 요단 동편에서 아람에 비해 이스라엘의 상대적 우위를 보여 준다.

역사적 전환기 BC 841년: 3개 왕조가 시작하다

BC 9세기 중반 아합의 통치 아래 이스라엘의 힘과 영향력은 극에 달했다. 그럼에도 불구하고 내부와 지방행정에 문제가 다분히 있었다. 동일한 시기에 메소포타미아의 앗수르왕이 힘을 길러 이스라엘 북단 단에서 북쪽으로 300km 떨어진 유브라데강을 넘어 서쪽으로 영토를 점점 확장해 왔다. 이 확장은 이스라엘과 주변 민족에게 심각한 위협이 되었다. 이스라엘을 포함한 주변 국가는 사소한 다툼을 멈추고 앗수르의 위협에 대항하는 조직적인 군사 동맹을 맺었다. 그들은 앗수르왕 살만에셀 3세를 상대로 BC 853년 하맛 지경, 오론테스강의 카르카르에서 전투를 벌였다. 이 전투로 앗수르의 위협이 일시적으로 중단되었다. 그

러자 바로 군사 동맹은 해체되고 지역 분쟁이 재개되었다. 아합의 통치 말년에 요단 동편에서 반란이 일어났다. 모압은 경계인 아르논강을 넘어 북쪽으로 영토를 확장하였다. 암몬 역시 기회를 놓칠 수 없었다. 아벡 전투에서 좌절을 경험한 암몬은 요단 동편 왕의 대로의 라못길르앗만은 잃지 않으려 했다. 이런 상황에서 암몬은 모압에게 이스라엘을 배반하도록 자극했는지도 모른다. 이 시점에 아람 군대가 이스라엘에 침입해 수도 사마리아를 포위했다.

BC 841년경에 다메섹에서 엘리사의 예언을 받은 하사엘이 병든 주군을 죽이고 왕이 되었다.

새로운 왕조가 다메섹에서 시작될 때 이스라엘에서는 예후 왕조가 시작되었다. 예후는 혁명을 일으킬 때 이스라엘의 왕 아합의 아들 여호람과 아합의 아내이자 베니게의 공주이며 유다왕 여호람의 장모인 이세벨을 죽였다. 그것도 모자라 왕족과 바알 선지자를 몰살해 버렸다.

뿐만 아니라 이스라엘왕 여호람과 같이 있던 유다왕 아하시야를 죽였고, 이를 모르고 이스라엘로 위문 차 올라오던 아들들까지 살해했다. 이 틈을 타 유다의 대비 아달랴는 손자들을 죽이고 자신이 왕이 되었다. BC 841년 아람, 이스라엘, 유다의 정권이 바뀌었다. 결과적으로 이스라엘의 베니게와 유다 간 동맹 관계는 심각한 타격을 받았다. 사방을 적으로 만들어 버린 것이다. 이 와중에 앗수르의 살만에셀 3세가 다시 움직이기 시작했다. BC 841년 앗수르는 북쪽을 공격하여 아람, 골란, 갈릴리, 베니게를 단숨에 점령하고 이스라엘을 압박했다.

BC 853년에서 BC 841년까지 이스라엘이 정치, 경제적으로 당한 재난은 매우 심각했다. 그런데 그 회복은 반세기 후에나 이루어졌다. 이런 때(BC 841년에서 806년까지) 다메섹이 이스라엘에게서 요단 동편의 왕의 대로를 다시 빼앗고, 갈릴리와 이스르엘 골짜기의 전략적인 관문을 자유로이 드나들었다. 그러자 사사시대의 블레셋처럼 아람 군대가 해변길을 따라 자유로이 원정을 벌였다.

몇 십 년 전 아합 시대 이스라엘이 북쪽과 요단 동편의 많은 지역을 통제할 때와 무엇이 다른가? 이 시기에 엘리사는 이스라엘에게 다메섹왕 하사엘이 가져올 재앙을 선포하고 배교한 이스라엘이 이런 비극에서 교훈을 받아 다시 하나님께 돌아오기를 소망하며 사역하였다.

나사렛 회당에서 있었던 예수님의 설교에서 아람의 압제 시기가 언급된다.

> 또 선지자 엘리사 때에 이스라엘에 많은 나병환자가 있었으되 그중의 한 사람도 깨끗함을 얻지 못하고 오직 수리아 사람 나아만뿐이었느니라 눅 4:27

엘리사의 사역 1

엘리사를 부름 왕하 2장

엘리야는 아합 시대 북왕조가 세상적으로 성공할 때 일어난 배교에 대해 경고했다. 그의 사역은 갈멜산 대결에서 절정에 이른다. 그럼에도 불구하고 이 사건이 이스라엘을 공적·행정적으로 완전히 변화시키지 못하였다. 이세벨의 위협을 받고 남유다로 도망하여 광야로 간 엘리야는 세미한 소리 가운데 하나님을 만났다. 그는 이스라엘 역사상 가장 어려운 때를 시작하는 지시와 사명을 부여 받았다. 열왕기상 19:11-21에 있는 이 명령을 읽으라.

> 15 여호와께서 그에게 이르시되 너는 네 길을 돌이켜 광야를 통하여 다메섹에 가서 이르거든 하사엘에게 기름을 부어 아람의 왕이 되게 하고 16 너는 또 님시의 아들 예후에게 기름을 부어 이스라엘의 왕이 되게 하고 또 아벨므홀라 사밧의 아들 엘리사에게 기름을 부어 너를 대신하여 선지자가 되게 하라 17 하사엘의 칼을 피하는 자를 예후가 죽일 것이요 예후의 칼을 피하는 자를 엘리사가 죽이리라 왕상 19:15-17

선지자 엘리사와 관계된 사건들은 그 기간에 일어난 북왕조의 역사와 뒤얽혀 있다. 이 사건이 길게 서술되어 있어 선지자와 그 시대 상황을 잘 나타내 준다.

/ 에그론의 소가 끄는 쟁기

// 우리나라의 쟁기와 엘리사가 끌던 쟁기는 큰 차이가 없다.(양구민속박물관)

> 엘리야가 거기서 떠나 사밧의 아들 엘리사를 만나니 그가 열두 겨릿소를 앞세우고 밭을 가는데 자기는 열두째 겨릿소와 함께 있더라 엘리야가 그리로 건너가서 겉옷을 그의 위에 던졌더니 왕상 19:19

엘리사는 요단강가 아벨므홀라 출신이다. 엘리야가 고향 디셉으로 가거나 그릿 시냇가로 갈 때 들렀을 만한 마을이다. 엘리사는 그곳에서 농사를 하는 중에 부름 받았다. 엘리사가 엘리야와 동행하며 길갈-벧엘-여리고를 지나 요단 동편에서 갑절의 영감을 부여받은 사건은 지도 열왕기하 2 그리기에서 자세히 표현된다.

여기서, 묵상

진짜 중요한 것을 잡으라!

엘리사는 부름을 받은 후에 한동안 엘리야와 같이한다. 그는 엘리야가 들림 받을 줄 알면서도 끝까지 함께한다. 그 이유는 '갑절의 영감'이었다.

> 건너매 엘리야가 엘리사에게 이르되 나를 네게서 데려감을 당하기 전에 내가 네게 어떻게 할지를 구하라 엘리사가 이르되 당신의 성령이 하시는 역사가 갑절이나 내게 있게 하소서 하는지라 왕하 2:9

갑절이라는 의미는 신명기 말씀대로 장자의 권한을 의미한다(신 21:17). 요셉도 장자의 의미로 에브라임과 므낫세, 두 지파의 지분을 받았다. 영적인 장자가 되고자 하는 마음은 야곱이 '하나님에게서 축복이 온다'는 원리를 알고 이를 사모한 것과 같다. 진짜 중요한 것을 잡을 줄 아는 사람이 지혜로운 사람이다.

회오리바람을 타고 올라간 엘리야를 본 엘리사는 겉옷을 받아 요단강을 쳐 가르며 가나안으로 넘어왔다. 이 지점이 여호수아가 넘었던 장소요 훗날 예수님이 세례받으신 곳이다.

엘리사는 엘리야와 한글 이름이 비슷하나 뜻은 사뭇 다르다. 엘리야는 '엘

여호수아
여호와는 구원이시다

예수
여호와는 구원이시다

엘리사
나의 하나님은 구원이시다

리(나의 하나님)+야(여호와)'로 '나의 하나님은 여호와다'라는 뜻이다. 그러나 엘리사는 '엘(하나님)+이사(구원)'로 '하나님은 구원이시다'라는 뜻이다. 즉 엘리사는 여호수아와 호세아, 예수아와 동일한 뜻이다. 엘리사가 넘었던 곳에서 세 사람이 만난다. 여호수아, 엘리사, 예수님. 모두 여호와는 '구원'이란 동일한 의미의 이름을 가지고 있다.

1) 엘리사 샘 왕하 2:19-22

엘리사의 사역은 수많은 기적을 행하시던 예수님의 생애와 매우 흡사하다. 모형론적 관점에서 바라보면 흥미로운 사실을 발견하게 된다.

엘리사 샘은 엘리야의 사역 말년에 언급된 곳이며, 이곳에서 엘리사의 사역이 시작된다(왕하 2장). 길갈과 여리고 동쪽, 요단강 건너에서 엘리야가 승천하고 엘리사가 처음으로 사역을 시작했다.

> 21 엘리사가 물 근원으로 나아가서 소금을 그 가운데에 던지며 이르되 여호와의 말씀이 내가 이 물을 고쳤으니 이로부터 다시는 죽음이나 열매 맺지 못함이 없을지니라 하셨느니라 하니 22 그 물이 엘리사가 한 말과 같이 고쳐져서 오늘에 이르렀더라 왕하 2:21-22

엘리사의 샘에서 나온 물은 광야의 오아시스다.

모세의 첫 이적이 물을 변화시키는 애굽 하수와 마라의 샘 사건이었다. 예수님도 샘에서 퍼온 정결수를 변화시키는 사역을 하셨다. 엘리사의 첫 이적은 샘

/
엘리사의 샘
여리고를 풍요롭게 하는 최고의 물 근원은 엘리사가 좋게 만든 여리고 동쪽의 샘이다.

//
여리고성에서 바라본 동쪽 옥토
주황색 지붕이 엘리사의 샘으로 풍요는 이 샘에서 시작된다.

/
남쪽에서 본 여리고 지역과 벧엘로 올라가는 산지

//
이스라엘 성경 동물원의 곰

뿐 아니라 사람들의 가치관을 변화시켜 그를 선지자로 인정하게 만들었다.

2) 곰 왕하 2:23-24

엘리야의 후계자 엘리사의 장자권을 여리고 선지자 학교에서는 인정했으나 벧엘은 인정하지 않으려 했던 듯하다. 여리고에서 벧엘로 올라가는 길에 머리에 아무것도 쓰지 않아 눈에 띈 엘리사의 대머리를 어른들의 묵인하에 청년들이 "대머리여 올라가라" 하며 놀렸다. 이에 곰이 나타나 하나님의 일꾼을 놀리는 이를 징계하였다(왕하 2:24).

> 23 엘리사가 거기서 벧엘로 올라가더니 그가 길에서 올라갈 때에 작은 아이들이 성읍에서 나와 그를 조롱하여 이르되 대머리여 올라가라 대머리여 올라가라 하는지라 24 엘리사가 뒤로 돌이켜 그들을 보고 여호와의 이름으로 저주하매 곧 수풀에서 암곰 둘이 나와서 아이들 중의 사십이 명을 찢었더라 왕하 2:23-24

청년들은 엘리사를 놀린 것이 아니라 하나님을 대표하는 선지자를 놀림으로써 여호와의 권위를 손상했기에 수풀에서 나온 암곰에게 죽임을 당했다.

3) 물 왕하 2:25

엘리사는 엘리야의 본거지인 갈멜산에 갔다가 사마리아로 왔다. 엘리야와 다른 점은 엘리사는 도시 안으로 들어왔다는 것이다. 세례 요한이 외곽에서 사역한 반면, 예수님은 마을 안으로 들어오셔서 사역한 것과 같은 대조를 이룬다. 엘리사는 왕과 함께 전쟁에도 따라간다. 모압 전쟁에서 아군이 물이 없어 위기에 처했을 때 엘리사가 거문고 타는 자의 찬양에 맞추어 기도함으로 연합군에게 물을 제공했다(왕하 3장).

모압왕 메사의 고향 디본

모압과의 전쟁: 이스라엘에게서 독립하려는 시도

모압왕 메사의 반역 왕하 3장

아람의 다메섹과 이스라엘의 사마리아 간에 일어난 전쟁은 이스라엘의 힘을 약화시켰다. 이는 모압이 이스라엘에게서 독립할 좋은 기회였다. 그 정확한 반란 시기는 논쟁이 많다. 성경은 단순히 열왕기하 1:1에서 "아합이 죽은 후에 모압이 이스라엘을 배반하였더라"라고 기록하고 있다. 열왕기하 3:5도 거의 같은 표현을 사용한다. 모압왕 메사의 비문(The Moabite Stone)은 아합이 모압의 반역이 진행 중일 때 아직 살아 있었다고 기록한다. 반역을 어

열왕기하 1

모압의 반역과 이스라엘·유다의 원정

떻게 정의하느냐에 따라 '반역이 아합과 관련 있는가?'가 설명된다. 아합이 죽기 전 모압의 물밑 작업 혹은 어떤 행동이 있었을 것이다. 이스라엘과 다메섹 간의 라못길르앗 전투는 모압이 자유를 선포할 좋은 구실이 되었다. 더구나 아합의 죽음은 반란의 스파크를 일으키는 사건이었을 것이다. 아합의 죽음 후 모압은 결국 이스라엘에게서 독립했다.

모압의 북쪽 자연 경계는 아르논강이다. 디본은 모압의 국경으로 여겨지는 아르논강 북쪽 메드바 고원에 위치한다. 이곳은 이스라엘, 암몬, 모압 모두가 탐내는 땅이다. 디본은 요단 동편 가도로 볼 때도 중요하지만 이스라엘이 메드바로 들어가는 입구 역할도 한다. 또한 암몬과 모압 입장도 마찬가지다.

한때 입다는 암몬과의 전투에서 승리하여 이곳을 점령한 적이 있다. 디본은 모압의 전방에 위치하여 메드바 고원지대로 나아갈 수 있는 전진기지 역할을 했다. 모압왕 비문이 이곳에서 발견된 것은 이런 지정학적인 역할을 반영한다.

이 반란에 관한 세부적인 정보는 1878년 디본에서 발견된 '메사의 비문'에서 얻을 수 있다.

디본에서 발견된 모압왕 메사의 비문

FOCUS ON

성경 속 역사

모압왕 메사의 비문

나는 그모스의 아들, 모압의 왕, 디본 사람 메사다. 내 아버지는 30년 이상 모압을 치리하였으며 나는 내 아버지의 뒤를 이어 왕이 되었다. 나는 카르호에 그모스를 위한 산당을 마련하였다. 내가 이 성소를 세운 것은 그모스가 나를 모든 왕에게서 구원해 주고 또 나로 하여금 그들을 이기게 해 주었기 때문이다. 그모스가 그의 땅에 대해 진노를 품었기 때문에 이스라엘의 왕 오므리가 모압을 오랫동안 지배하였다.

그의 아들이 아버지의 대를 이었으며 그도 역시 '내가 모압을 지배하리라' 장담하였다. 나의 통치 중에 그가 그처럼 호언했으나 나는 그와 그 집안을 무찔렀으며 이스라엘은 영원히 멸망하였다. 전에는 오므리가 마다바(메드바) 땅을 차지하여 그와 그 아들의 통치 40년 동안 그곳에 머물렀으나 이제는 그모스가 그곳에 머물게 되었다.

나는 바알 므온을 건설하여 그곳에 저수지를 두었으며 카르야텐도 건설하였다. 가드 사람이 아타롯 땅에 오래 거하였는데 아타롯은 이스라엘왕이 자신을 위하여 만든 것이다. 나는 그 성읍과 싸워 이겼으며 그 성읍에 사는 모든 사람은 그모스와 모압을 위하여 하나도 남기지 않고 죽여 버렸다. 그곳에서 나는 그들의 우두머리 우리엘을 케리요스에 있는 그모스 앞으로 끌고 갔다. 사론과 마카롯 주민을 그 성읍에 이주시켰다. 그모스는 나에게 "이스라엘이 가진 느보를 쳐서 빼앗으라"고 명하셨다. 그래서 나는 야간 공격을 개시하여 새벽부터 자정이 될 때까지 싸웠다. 드디어 그 성읍을 탈취하고 모든 사람, 곧 장정 7000명과 부녀자까지 모두 아스달-그모스에게 예물로 바쳤다.

남쪽 세렛 시내에서 바라본 모압 지경
이스라엘 연합군은 세렛에서 물이 떨어져 위기에 처했고, 모압 사람들은 산지 위에서 방어하고 있었다.

모압 국경-엘리사 물 왕하 3장

모압의 반역에 대한 세부 내용이 모압의 비문에 잘 나타난다. 모세가 일찍이 이스라엘에게 경고하던 느보에서 7000명의 남녀노소가 살해되거나 모압의 그모스 여신에게 바쳐졌다.

BC 850년경 이스라엘과 유다는 모압의 반역에 대응한다. 성경은 그 반란 자체를 열왕기하 1:1에 간단히 언급한 후 그들의 원정을 열왕기하 3:4-27에 자세히 묘사했다. 이스라엘과 유다의 군대는 네게브의 아랏을 지나 모압의 후문이라 할 수 있는 '에돔 광야 길'에서 모압까지 접근하였다(왕하 3:8).

이스라엘과 함께 유다가 모압 원정에 참여한 이유는 이스라엘과 유다의 동맹 관계를 시험하기 위함이었다. 사실 여호사밧은 모압 여인 룻의 자손이었다. 유다왕 여호사밧이 모압과 싸우기를 주저한다는 것이 이스라엘왕 여호람의 질문에서 드러난다(왕하 3:6-7). 여호사밧은 북왕조를 지지하는 모습을 보이기 위하여 에돔에 압력을 가하여 모압과의 전쟁에 끌어들인다.

이스라엘의 여호람과 남유다의 여호사밧, 에돔은 모압 경계에 이르렀다(왕하 3:21). 모압의 남쪽 경계는 세렛강이다. 원래 이곳은 어느 정도 물이 흘러 소돔과 고모라 지역으로 흘러간다. 그런데 뜻밖에도 군사와 따르는 가축에게 먹일 물이 없었다(왕하 3:9). 세렛강 아래는 광야인 데다 더웠다. 여름 더위에 물이 없으면 전쟁을 포기할 수밖에 없다. 이때 여호사밧이 하나님의 선지자를 찾았고 응답을 받았다.

엘리야의 손에 물을 붓던 자로 언급된 엘리사가 거문고 타는 자와 함께 찬양의 기도를 드리자 여호와의 응답을 받았다. 그는 세렛 골짜기에 개천을 많이 판 뒤 막도록 했다(왕하 3:16). 아침 소제 드릴 때 물이 에돔 쪽인 남쪽 골짜기에서 흘러나와 그 땅에 가득했다. 골짜기에 비가 오지 않아도 구름이 산지에 부딪치면 갑자기 물이 흘러 개천을 가득 채우게 된다.

아침 소제 드릴 때 물이 가득하자 모압왕은 착각했다. 비가 오는 시기가 아닌데도 물이 붉은 피와 같음을 보고 연합군이 서로 싸워 죽인 핏빛으로 생각하고 높은 경계에서 내려왔다. 경계가 되는 모압 산지에 있었으면 올라오는 적을 막기에 훨씬 유리했으나 모압이 섣불리 내려갔다가 크게 당하고 만다. 도망가던 모압은 자신의 수도이자 난공불락의 성 길하레셋으로 들어갔다. 에돔 지역으로 돌파하려던 모압왕은 자신의 시도가 실패했음을 알고 성 위에서 맏아들을 번제물로 드리면서까지 결사항전한다. 죽기 살기로 달려드는 모압왕의 모습을 보고 이스라엘이 민망하여 그곳을 떠남으로써 전쟁이 일단락된다(왕하 3:27).

이 전쟁과 관련된 선지자의 말씀은 다음과 같다.

> 여호와께서 이와 같이 말씀하시되 모압의 서너 가지 죄로 말미암아 내가 그 벌을 돌이키지 아니하리니 이는 그가 에돔왕의 뼈를 불살라 재를 만들었음이라 암 2:1

북쪽에서 본 길하레셋
카락이라는 십자군 요새가 있던 곳이 모압왕이 아들까지 신에게 드리며 항전했던 모압의 수도 길하레셋이다.

모압왕이 아들까지 죽이며 결사항전하자 공격하던 이들이 민망하여 전쟁을 포기했다.

엔게디-여호사밧 찬양대 대하 20:1-30

유다의 위협에 대한 모압의 대응은 즉각적이었다. 아마도 동일한 해(BC 850년)에 모압은 요단 동편에서 동맹군을 규합한 후 유다를 공격했을 것이다. 모압의 첫째가는 동맹군은 국경을 길게 접한 그의 형제 국가 암몬이다. 요단 동편에서 이스라엘의 영향력이 감소하고 있을 때 이들이 중흥을 꾀하며 이스라엘-유다 동맹의 한 부분을 공격한 것은 확실한 전략이었다.

모압과 암몬이 유다를 침공할 때 역대하 20:1은 "마온 사람들"이 참가하였다고 한다. 마온 자손은 현재 페트라의 남동쪽인 에돔 동쪽 마안(Maan)에서 온 자손이라 추정된다. 이들 마온 군대는 실제 에돔 사람이라기보다 에돔 산지의 일반적인 이름인 세일산에서 온 사람을 지칭한다(역대하 20:10, 23). 실제로 얼마의 에돔 사람이 모압의 원정에 합류했을 가능성이 있다. 왜냐하면 여호사밧이 죽자 에돔은 유다에서 벗어나기 위해 반란을 일으켰기 때문이다.

유다는 하나님을 신뢰하면서 전쟁을 준비했다. 얼마 전 모압 원정에서 함께 싸웠던 이스라엘이 유다를 돕지 않았다. 여호사밧은 홀로 항전한다.

이 과정에서 모압과 동맹군은 이스라엘과 유다가 일찍이 사용한 것과 동일한 전략을 구사한다. 그들은 염해와 유다 광야 가장자리에 위치한 엔게디를 통과하여 유다의 배후로 접근하려 했다. 다윗이 피신해 있던 샘 근처에서 모압인과 암몬인, 세일산에서 온 사람이 작전 회의를 했다.

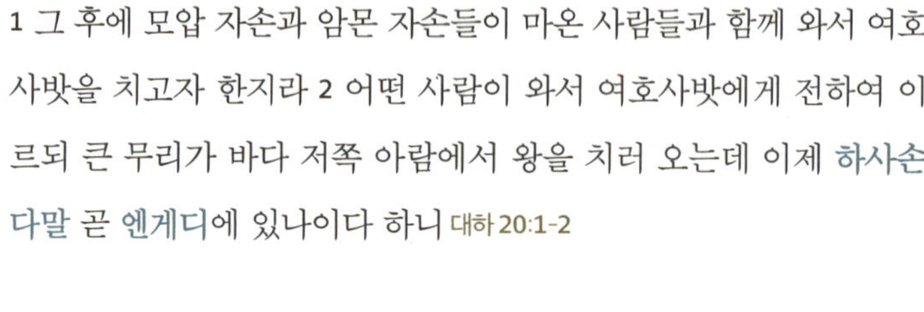
1 그 후에 모압 자손과 암몬 자손들이 마온 사람들과 함께 와서 여호사밧을 치고자 한지라 2 어떤 사람이 와서 여호사밧에게 전하여 이르되 큰 무리가 바다 저쪽 아람에서 왕을 치러 오는데 이제 하사손다말 곧 엔게디에 있나이다 하니 대하 20:1-2

길하레셋에서 유다 산지 가는 길
멀리 염해 건너 맛사다와 유다 광야가 보인다. 내려가면 니산 반도를 통해 맛사다로 갈 수 있다. 이 길을 다윗도, 모압의 원정대도 이용했다.

공격 작전을 놓고 격론을 벌이던 세 왕은 급기야 무력 충돌까지 벌였다. 유다를 공격하려고 연합한 군대가 서로 싸워 그 힘을 소진한 것이다. 이런 현상은 근동에서 흔히 볼 수 있는 일이다. 자중지란이 끝나자 유다는 적들과 전쟁하지 않고도 풍부한 노획물을 얻었다. 어부지리(漁父之利)였다. 성경은 이런 충돌이 그냥 일어난 것이 아니라 하나님을 신뢰하면서 찬양을 부르며 미리 감

/
드고아에서 바라본 동쪽 엔게디 가는 길

//
여호사밧 군대는 찬양대를 앞세우고 갔다.

사한 결과라고 말씀한다.

> 12 우리 하나님이여 그들을 징벌하지 아니하시나이까 우리를 치러 오는 이
> 큰 무리를 우리가 대적할 능력이 없고 어떻게 할 줄도 알지 못하옵고 오직 주
> 만 바라보나이다 20 이에 백성들이 아침에 일찍이 일어나서 드고아 들로 나
> 가니라 나갈 때에 여호사밧이 서서 이르되 유다와 예루살렘 주민들아 내 말
> 을 들을지어다 너희는 너희 하나님 여호와를 신뢰하라 그리하면 견고히 서
> 리라 그의 선지자들을 신뢰하라 그리하면 형통하리라 하고 21 백성과 더불어
> 의논하고 노래하는 자들을 택하여 거룩한 예복을 입히고 군대 앞에서 행진하
> 며 여호와를 찬송하여 이르기를 여호와께 감사하세 그의 인자하심이 영원하
> 도다 하게 하였더니 22 그 노래와 찬송이 시작될 때에 여호와께서 복병을 두
> 어 유다를 치러 온 암몬 자손과 모압과 세일산 주민들을 치게 하시므로 그들
> 이 패하였으니 대하 20:12, 20-22

엔게디에서 드고아를 통과하여 베들레헴에 이르는 길은 광야에 위치하여 물이 부족하다. 또한 시스 고개(the Ascent Ziz)라 불리는 엔게디 바로 앞에서 오르는 가파른 경사를 제외하고는 그리 큰 어려움 없이 예루살렘에 이를 수 있다. 시스 고개는 1km 내에 550m를 오르는 길이다. 이 급경사는 염해의 서쪽 면을 따라 일어난 단층작용에 기인한다.

이 급경사지 옆에는 거대한 나할 아르곳이 흐르고, 나할 아르곳과 나란하게 올라올 수 있는 능선 길은 북서쪽으로 뻗어 있다. 이 길은 드고아 광야와 베들레헴, 예루살렘까지 가는 도로로 이어진다. 어부지리로 얻은 물건을 4일간 수고한

끝에 모아 둔 곳은 드고아를 지나는 브라가 골짜기, 즉 축복의 골짜기였다. 시간이 많이 걸린 이유는 예루살렘에서 시스 고개 앞까지도 험한 광야 26km를 가고, 거기서 엔게디까지 540m의 가파른 경사지를 내려가야 하기 때문이다. 시스 고개 꼭대기에 선 상태에서 지도 열왕기하 1을 유의하여 보라. 모압이 유다의 배후를 공격하는 보기 드문 배경을 연구하는 데 도움을 줄 것이다.

> 24 유다 사람이 들 망대에 이르러 그 무리를 본즉 땅에 엎드러진 시
> 체들뿐이요 한 사람도 피한 자가 없는지라 26 넷째 날에 무리가 브라
> 가 골짜기에 모여서 거기서 여호와를 송축한지라 그러므로 오늘날
> 까지 그 곳을 브라가 골짜기라 일컫더라 대하 20:24, 26

/
모압에서 유다로 올 때 여름이면 염해의 물이 말라 걸어서 건널 수 있다. 유다 광야로 오르기 전 폭포가 있는 엔게디는 오아시스이자 관문이다. 이곳을 통과하여 유다 광야로 올라서면 전쟁이 본 궤도에 들어서는 셈이다. 그러나 이 절벽을 오르기 전에 모압 연합군은 분열의 영이 내려 자멸하고 말았다.

//
서쪽에서 본 드고아와 그 가운데 브라가 골짜기
송축의 골짜기에 모은 전리품을 놓고 감사하였다.

///
동쪽에서 본 엔게디와 시스 고개
가운데 검은 밭에서 위로 올라가는 길이 시스 고개다. 고개 위에 오르면 넓은 평지가 나와 예루살렘까지 쉽게 갈 수 있다. (구글어스에서 갈무리)

여기서, 묵상

소망이 끊어질 때 드리는 기도

여호사밧은 마음에 내키지 않는 북이스라엘과 동맹을 하였다가 모압의 보복을 받았다. 순리대로라면 동맹 관계인 북이스라엘이 빨리 와서 여호사밧을 도와야 했다. 그러나 여호람은 침묵했고 덕분에 여호사밧만 홀로 연합군의 공격에 노출되는 지경이 되었다. 유다 편이던 에돔 사람까지 모압 연합군에 합세하여 쳐들어왔으니 사방에서 배신을 당한 꼴이다. 더 이상 도움을 바랄 수 없을 때 그는 어떻게 했나?

여호사밧은 기도했다. 그는 역사 중에 이스라엘과 함께하시는 하나님을 잘 꿰뚫어 보는 기도를 올렸다. 하나님의 응답은 찬양으로 나아

가라는 것이었다. 사사기 1:1-2, 20:18에서 "누가 먼저 싸우러 가리이까" 하고 백성들이 물을 때 유다가 뽑힌 것도 유다라는 이름이 '찬양'이라는 뜻이기 때문이 아닐까(창 29:35)? 하나님은 유다 백성에게 주어진 이름의 본뜻을 회복하기를 원하셨고, 유다 백성도 하나님께 '여호와를 찬양하라'(호두 라도나이)라고 외쳤다.

노래하는 자들이 찬양함으로 승리하고 송축했다.

> 백성과 더불어 의논하고 노래하는 자들을 택하여 거룩한 예복을 입히고 군대 앞에서 행진하며 여호와를 찬송하여 이르기를 여호와께 감사하세(호두 라도나이) 그의 인자하심이 영원하도다 하게 하였더니 대하 20:21

'호두'라는 말은 '유다'와 동일한 어근(ידה 야다=찬양하다)을 가진 말이다.

엘리사의 사역 2

4) 수넴 여인 왕하 4:8-37

엘리사는 고향 아벨므홀라에서 갈멜산으로 갈 때 이스르엘 골짜기를 가로지르면서 수넴을 거쳐 갔다. 그곳을 지날 때마다 그를 극진히 도와준 수넴 여인을 위해 기도하여 아이가 태어났다. 얼마 후 아이가 죽자 엘리사는 그를 살려 주었다. 수넴은 다윗의 동녀 아비삭의 고향이자 현재 술람이다.

수넴은 모레산 남쪽에 위치했고, 신약에서 그 산을 넘어 북쪽으로 나인성이 건설된다. 이곳에서 예수님이 첫 번째 부활의 기적을 행하셨다.

5) 해독과 보리떡 왕하 4:38-44

흉년이 들어 들포도 덩굴에서 난 들호박을 따 국을 끓였으나 독이 발견되었다. 그러자 엘리사가 가루를 가져다가 해독했다. 한편, 보리떡 20개와 채소를 가져다가 100명을 먹이고도 남았다. 예수님이 행하신 오병이어와 칠병이어 기적과 비슷한 기적을 엘리사가 행한 것이다(왕하 4장).

6) 나아만 장군 왕하 5장

사마리아(이스라엘의 수도)와 갈멜산은 엘리사가 머물렀던 곳이다(왕하 2:25, 4:25). 사마리아에 자주 거했다는 것은 엘리야가 정치 외곽에서 활동한 것과 달리 엘리사는 왕과 가까이 있으면서 정치에 깊이 관여했음을 의미한다고 볼 수 있다(왕하 5장). 최근 벧산 남쪽 요단강 근처에 위치한 '텔 르홉'에서 엘리사의 집으로 추정되는 유적이 왔다. 엘리사의 집이 이곳이었다면 나아만 장군의 요단강 이야기 배경이 된다.

/
나아만이 찾아왔던 곳이 르홉이라면 요단강을 가기는 쉬웠으리라.

나아만이 언급한 다메섹의 아바나와 바르발강은 요단강과 동일하게 헤르몬산에서 흘러 내려오는 물이다(왕하 5:12). 나아만이 요단강에 여섯 번을 들어가도 변화가 없던 몸이 끝까지 순종할 때 정결하게 되었다. 예수님이 왜 이 사람을 언급했는지 묵상해 보라(눅 4:27).

엘리사의 시종 게하시는 물질에 욕심을 부리다 나아만이 가졌던 나병에 걸렸다. 사마리아에 살던 게하시는 자손대대로 저주를 받았다(왕하 5장). 그러나 누가복음 17장에 등장하는 열 나병환자 중 고침을 받고 예수님께 감사한 사람은 사마리아인이었다. 예수님은 그를 이방인이라고 하셨다.

> 이 이방인 외에는 하나님께 영광을 돌리러 돌아온 자가 없느냐 하시고 눅 17:18

지속된 게하시의 저주가 풀리는 순간이다.

7) 도단-아람 군대 포위 왕하 6:8-23

도단성은 엘리사가 자주 머물던 곳인데 이곳에 아람 군대가 와서 모든 정보를

/
서쪽에서 본 수넴 가는 길
수넴성은 모레산 남쪽 자락에 위치하며 동과 서를 이어 주는 길목 중 하나다.

//
다메섹의 아바나강에서 내려오는 물이 지금도 다메섹을 흐르고 있다.

/
벧산에서 남쪽으로 5km인 텔 르홉에서 엘리사의 집으로 추정되는 유물이 나왔다.

//
엘리사의 집으로 추정되는 집에서 엘리사라는 이름이 적힌 토판이 발견되었다.

이스라엘에 제공하는 엘리사를 포위하였다. 그의 사환은 포위한 적을 보고 놀랐으나 엘리사가 기도하자 영안이 열려 그들을 둘러싼 불말과 불수레를 보았다. 도단은 주변이 1km가 안 되는 평지로서 산으로 둘러싸여 있다. 그는 주변 산에 하나님의 군대가 가득한 것을 보았다. 기도할 때 영안이 열린다. 또 기도할 때 아람 군대의 눈이 어두워져 그들이 사마리아로 가서 포로가 되었다. 기도는 우리

/
열왕기하 2
엘리사의 사역과 아람 군대의 포위

의 눈을 열게도 또한 어둡게도 하는 능력이 있다(왕하 6장).

8) 굶주림 왕하 6:24-7:20

BC 843년경 엘리사의 사역 초기 아람왕 벤하닷은 사마리아 문전까지 와서 이스라엘을 위협했다. 엘리사가 살려 준 아람 군대는 사마리아를 포위하여 굶주린 도시의 백성이 자기 자식을 잡아먹기까지 하는 사태가 벌어졌다. 이스라엘왕 요람(여호람)은 그 상황의 책임을 엘리사에게 돌렸다. 그가 아람 군대 장관 나아만을 고쳐 주었고, 도단성을 에워싼 군대를 평안히 돌려보냈기 때문으로 해석한 것이다(왕하 5장).

하나님은 아람 연합군에게 두려운 소리를 듣게 하여 도망하도록 하였다. 이번에는 귀를 어둡게 하셨다. 이때 사용된 사람은 죄인으로 취급된 나병환자들이었다. 왕의 측근 신하는 의심하다 밟혀 죽었다. 약한 자를 들어 쓰시는 하나님을 본다(왕하 6-7장).

유다-여호람과 아달랴 대하 21장; 왕하 8:16-24

한편, 유다는 어땠나? 여호사밧은 아들 여호람과 짧은 공동 통치를 하고 BC 848년에 죽었다. 이스라엘과 유다의 왕이 이 짧은 시기에 동일한 이름을 공유하였다. 이 두 왕은 일찍이 여호사밧과 아합 사이에서 이루어진 정략결혼에 관계된 인물이다. 유다의 여호람은 아합의 딸 아달랴와 결혼하였기에 북이스라엘왕과는 처남매부 지간이 되었다.

유다의 여호람이 통치하는 동안 줄곧 내분이 있었다. BC 841년이 되기 전 10여 년간 유다는 혼란과 내분을 겪었다. 여호람의 행위와 그의 아내 아달랴의 무리는 왕가에 분란을 가져왔고 예루살렘을 배교하게 했다. 역대하 21:6은 그것을 이렇게 요약한다.

> 그(유다의 여호람)가 이스라엘왕들의 길로 행하여 아합의 집과 같이 하였으니 이는 아합의 딸(아달랴)이 그의 아내가 되었음이라 대하 21:6

남서쪽에서 본 도단성
아람 군대가 포위했지만 그 좌우 산에 하나님의 군대가 더 많았다.

/
사마리아성은 안전한 지형을 가졌지만 그 앞까지 적이 오기 쉬운 교통로가 있었기에 아람의 급습에 당할 수 있었다.

//
사마리아성의 성문
나병환자들이 이곳에 와서 구원의 소식을 전했다.

상황이 매우 좋지 않았지만 성경 저자는 하나님께서 여호람의 행위에도 불구하고 다윗의 집을 향한 약속을 기억하고 계심을 상기시킨다(대하 21:7).

여호사밧의 대를 이은 여호람은 이세벨의 딸 아달랴의 영향을 받아 바알 신앙으로 돌이키며 자신의 아우들을 죽였다. 이 때문에 엘리야가 승천하기 전에 일찌감치 편지를 보냈다. 엘리야는 북이스라엘의 선지자일 뿐 아니라 남유다에도 영향을 미쳤다.

> **13** 오직 이스라엘왕들의 길로 행하여 유다와 예루살렘 주민들이 음행하게 하기를 아합의 집이 음행하듯 하며 또 네 아비 집에서 너보다 착한 아우들을 죽였으니 **14** 여호와가 네 백성과 네 자녀들과 네 아내들과 네 모든 재물을 큰 재앙으로 치시리라 **15** 또 너는 창자에 중병이 들고 그 병이 날로 중하여 창자가 빠져나오리라… **20** 여호람이 삼십이 세에 즉위하고 예루살렘에서 팔 년 동안 다스리다가 아끼는 자 없이 세상을 떠났으며 무리가 그를 다윗성에 장사하였으나 열왕의 묘실에는 두지 아니하였더라 대하 21:13-15, 20

유다의 내부 분쟁과 모압의 성공적인 반란은 BC 841년까지 이르는 10여 년간 있었던 이야기의 전부가 아니다. BC 848년 여호사밧이 죽고 여호람이 유다의 전권을 장악한 후 에돔은 유다를 배반했다. 동일한 해에 블레셋 경계에 위치한 립나(Libnah) 또한 유다를 배반했다. 이에 여호람은 에돔 정벌에 나섰다. 그러나 이 원정은 실패하고 되레 역습을 당했다.

> **20** 여호람 때에 에돔이 유다의 손에서 배반하여 자기 위에 왕을 세운 고로 **21** 여호람이 모든 병거를 거느리고 사일로 갔더니 밤에 일어나 자기를 에워싼

> 에돔 사람과 그 병거의 장관들을 치니 이에 백성이 도망하여 각각 그들의 장막들로 돌아갔더라 22 이와 같이 에돔이 유다의 수하에서 배반하였더니 오늘까지 그러하였으며 그때에 립나도 배반하였더라 왕하 8:20-22

서쪽으로는 블레셋이, 남쪽에서는 에티오피아(구스) 근처의 아라비아인이 압박해 왔다. 아라비아인은 아마 아말렉 같은 유목 민족으로 보인다. 여호사밧 때 블레셋에게서 은을 조공으로 받고 아라비아인에게서 7700마리의 숫양과 7700마리의 숫염소를 조공받던(대하 17:11) 유다가 10여 년이 채 지나기 전에 이들에게 공격당해 왕자들까지 죽는 처지에 놓였다(대하 22:1). 성경은 이런 재앙이 아합의 집안과 연합하였기 때문이라고 말한다(왕하 8:18; 대하 21:6).

> 16 여호와께서 블레셋 사람들과 구스에서 가까운 아라비아 사람들의 마음을 격동시키사 여호람을 치게 하셨으므로 17 그들이 올라와서 유다를 침략하여 왕궁의 모든 재물과 그의 아들들과 아내들을 탈취하였으므로 막내 아들 여호아하스 =아하시야 외에는 한 아들도 남지 아니하였더라 대하 21:16-17

대변혁의 시대 BC 841년, 엘리사의 사역

9) 하사엘 세움 왕하 8:7-15

엘리사는 BC 841년에 특별한 사역을 감당하기 위해 다메섹까지 비밀리에 갔다. 엘리사는 하사엘이 앞으로 이스라엘에 끼칠 엄청난 해악을 알면서도 아람 다메섹왕의 후계자로 그를 임명하였다(왕하 8장). 그의 사명은 약해질 대로 약해진 이스라엘을 더욱 힘들게 만드는 것이었다. 열왕기하 8:7-15에 이 사역이 나타난다. 엘리사는 수십 년간 잔인한 예언이 성취되는 것을 목도해야 했다.

> 32 이때에 여호와께서 이스라엘에서 땅을 잘라 내기 시작하시매 하사엘이 이스라엘의 모든 영토에서 공격하되 33 요단 동쪽 길르앗 온 땅 곧 갓 사람과 르우벤 사람과 므낫세 사람의 땅 아르논 골짜기에 있는 아로엘에서부터 길르앗과 바산까지 하였더라 왕하 10:32-33

3 여호와께서 이스라엘에게 노하사 늘 아람왕 하사엘의 손과 그의
아들 벤하닷의 손에 넘기셨더니 4 아람왕이 이스라엘을 학대하므로
여호아하스가 여호와께 간구하매 여호와께서 들으셨으니 이는 그들
이 학대 받음을 보셨음이라 왕하 13:3-4

다메섹 전경
안티레바논산맥에서 내려오는 물로 풍요로운 다메섹은 해변길과 왕의 대로가 만나는 북쪽의 교통 요지다. 유리한 입지는 아람 족속 연맹체의 우두머리 역할을 하게 했다.

10) 길르앗라못-예후 혁명 왕하 9-10장

아람의 급속한 성장과 모압의 반란에 대응하여 BC 841년에 이스라엘과 유다는 아합과 여호사밧 때처럼 연합하여 길르앗라못을 공격하였다(왕하 8:28). 유다왕 아하시야의 어머니 아달랴는 아합의 딸이므로 이스라엘왕 여호람은 유다왕 아하시야의 외삼촌이었다.

이 시대에 다메섹의 새 왕 하사엘은 길르앗라못을 지나는 전략적인 도로를 통해 이스라엘의 북쪽을 위협하였다. 북이스라엘의 여호람(요람)이 왕으로 있을 때 군대장관 예후의 임무는 여호람이 전쟁 중에 입은 상처를 치료하는 동안 아람을 저지하는 것이었다.

예후가 기름 부음 받은 라못길르앗은 아합이 죽은 곳으로 동쪽 권력의 향방을 결정하는 요지다.

이때(BC 841년) 엘리사는 다시 중요한 역할을 한다. 그의 생도를 보내어 예후를 이스라엘왕으로 삼은 것이다. 엘리사의 명령을 받은 청년이 길르앗라못에서 예후를 차기 왕으로 세우면서 혁명이 일어났다(왕하 9:13). 왕 없이 전쟁터에 남아 있던 군인들은 예후를 앞장세워 반란을 일으켰다. 아람을 무너뜨릴 기회가 있었음에도 불구하고 전쟁의 고달픔 때문인지, 그 태도의 지지부진함 때문인지 반란이 일어났다. 아합의 아버지 오므리가 남쪽 깁브돈 포위에서 반란을 일으켰듯이 이제는 예후가 북동쪽 길르앗라못에서 반란을 일으켰다.

"칼을 가지는 자는 다 칼로 망하느니라"(마 26:52)는 교훈이 다시 재현되는 순간이었다. 예후는 길르앗라못에서 병거를 몰고 수심이 얕은 벧산 앞의 요단강을 단숨에 넘어 하롯 계곡을 통과하여 이스르엘성으로 달려온다. 병거를 미친 듯이 모는 것으로 보아 필시 예후는 급하고 과격한 성격의 소유자였을 것이다. 신약의 베드로와 비슷하다고 할까?

파수꾼이 또 전하여 이르되 그도 그들에게까지 갔으나 돌아오지 아니하고 그 병거 모는 것이 님시의 손자 예후가 모는 것같이 미치게

/
앗수르의 병거
같은 시대를 살았던 예후도 이런 병거를 몰았을 것이다. (대영박물관)

모나이다 하니 왕하 9:20

미친 듯이 병거를 몰던 예후는 이스르엘 동쪽 나봇의 포도원에서 여호람왕을 활로 쏘아 죽이고는 거기에 버렸다(왕하 9:24-25).

무죄한 나봇을 죽이면서까지 포도원을 빼앗았던 아버지 아합의 죄가 아들에게 전가되었다. 함께 있던 유다왕 아하시야는 당황하여 도망하였으나 이블르암에서 가까운, 현재 제닌 근처 구르 비탈에서 부상을 당하고 므깃도까지 가서 죽었다(왕하 9:27). 예후는 이스르엘성에 이르러서는 눈을 그리고 빈정대는 이세벨을 보자 바로 죽이도록 명령하였다. 이세벨은 반란을 일으켜 7일간 왕이 되었다가 아합의 아버지 오므리에게 진압된 시므리를 기억하고 예후가 곧 진압될 반역을 한다고 생각했던 것 같다.

사실 이세벨은 이스라엘의 핵심 인물이었다. 그녀가 시돈왕의 딸이기 때문에 이스라엘이 베니게와 무역을 활발히 할 수 있었고 또한 그 딸이 유다의 왕비이기에 유다와도 화친할 수 있었다.

이스라엘이 남쪽과 서쪽을 신경 쓰지 않고 북동쪽에만 관심을 기울일 수 있었던 것도 이세벨의 역할 때문이었다. 그러나 혁명가 예후의 눈에는 그런 상황이 들어오지 않았다. 예후가 어느 정도 이성을 되찾았을 때 이세벨의 지위와 역할을 깨달아 후하게 장사 지내 주려 하였으나 이미 돌이킬 수 없는 상황이 되어 버렸다. 두골과 발과 손 외에는 엘리야의 예언처럼 개들이 먹어 버렸기 때문이다(왕하 9:35-36).

예후는 이스라엘 주변의 모든 나라를 적으로 만들었다. 혁명은 종교개혁을 일으켰지만 경제와 정치는 급속히 쇠퇴했다. 예후가 등장한 후 3대를 지날 때까지

/
이스르엘성에서 바라본 요단 동쪽
이 길로 예후가 달려왔고 그 앞에는 나봇의 포도원이 있었다.

//
동쪽에서 본 이스르엘성
예후는 이 풍경을 보고 달려오다 이스라엘왕을 죽여 나봇의 포도원에 던졌다.

/
이스르엘성의 유적
이세벨은 유적 위의 집에서 떨어져 죽었다.

//
이세벨의 몸은 두골과 손발 외에 모두 개들의 먹잇감이 되었다.

이스라엘의 경제는 최악이었다. 예후의 손자 요아스와 여로보암 2세에 이르러서야 겨우 과거의 영화를 되찾았다. 여러 불리한 정황에도 불구하고 종교개혁은 계속되었다.

이 개혁에 동참한 많은 사람 가운데서 레갑 자손 여호나답(요나답)은 바알에게 무릎 꿇지 않은 7000인 중 한 명으로 순수한 여호와 신앙을 지킨 신앙의 그루터기 같은 인물로 등장한다(왕하 10:15).

> **15** 예후가 거기에서 떠나가다가 자기를 맞이하러 오는 레갑의 아들 여호나답을 만난지라 그의 안부를 묻고 그에게 이르되 내 마음이 네 마음을 향하여 진실함과 같이 네 마음도 진실하냐 하니 여호나답이 대답하되 그러하니이다 이르되 그러면 나와 손을 잡자 손을 잡으니 예후가 끌어 병거에 올리며 **16** 이르되 나와 함께 가서 여호와를 위한 나의 열심을 보라 하고 이에 자기 병거에 태우고 **왕하 10:15-16**

이 자손이 예레미야서에서 여호와 신앙을 잘 보존해 온 자손으로 언급되는 것도 무리가 아니다. 개인적으로는 예수님을 찾아왔던 목자들도 이 자손이 아닌가 한다(신약편 참고).

예후의 개혁을 마무리 지으며 아쉬움이 남는다. 그는 여호와에 대한 열심이 누구보다 뛰어나 바알 선지자를 거의 말살하였다. 다만 아세라 선지자들을 처리했다는 기록은 어디서도 찾아볼 수 없다. 오히려 아들 여호아하스 때도 사마리아에 아세라 목상이 남아 있었다고 한다.

> 또 사마리아에 아세라 목상을 그냥 두었더라 **왕하 13:6**

이렇게 볼 때 예후는 여호와를 바알과 대치시켰을 뿐이다. 아세라는 여자 신으로 계속 남겨 두었다. 여로보암의 죄인 금송아지를 없애지 못해 혼합 종교의 쓴 뿌리는 제거하지 못했다. 그러나 물불을 가리지 않고 아합의 집안을 제거한 그 공을 인정하여 여호와는 4대에 이르는 왕위 보장을 해 주셨다. 예후 집안은 그나마 오랫동안 북이스라엘왕조가 되었다.

> 여호와께서 예후에게 이르시되 네가 나 보기에 정직한 일을 행하되 잘 행하여 내 마음에 있는 대로 아합 집에 다 행하였은즉 네 자손이 이스라엘왕위를 이어 사대를 지내리라 하시니라 왕하 10:30

BC 841년까지 사건 요약

BC 841년은 예후의 혁명기다. 이때부터 주변 정서가 완전히 바뀐다.

BC 853년에서 BC 841년까지 아합과 여호사밧의 통치와 이스라엘과 유다의 쇠퇴가 있었다. 모압과 이스라엘/유다의 일진일퇴는 모압이 독립을 유지한 채 무승부로 끝났다. 이스라엘은 요단 동편 도로를 따라 나오는 주요 수입원 하나를 잃었다.

유다는 에돔의 중요 지경(에시온게벨의 홍해 항구와 함께)과 쉐펠라의 일부도 잃게 되었다. 네게브(남방)는 유지했으나 그 남쪽 변방은 아라비아인의 수중에 넘어갔다. 이런 시점에 그들의 침략이 예루살렘까지 미쳤다(대하 21:16-17). 그러나 최악의 사태는 아직 오지 않았다.

이스라엘의 중대한 손실에 군대는 불만을 품었고 예후가 군사적 강자로 등장하였다. 선지자 생도 중 하나가 그에게 축복한 것을 시작으로 그를 필요로 한 모든 사람은 즉각 행동에 옮기도록 지원하였다. 예후는 시대적 과민 반응으로 이스라엘왕과 유다왕, 행정관료, 국제적인 동맹자를 모조리 죽였다. 이런 때를 기다리던 다메섹의 새로운 강자 하사엘에게는 상대가 될 만한 세력이 아무도 없었다. 이스라엘의 예후와 다메섹의 하사엘이 앗수르 살만에셀 3세의 위협에 놓인 것이 이때다.

아합과 이세벨의 딸이자 유다왕 여호람의 아내였던 아달랴는 BC 841년 유다 권좌에 올랐다. 다윗왕조가 일순간 무너진 순간이었다. 이렇게 레반트 지역의 가장 강력했던 왕국인 아람, 이스라엘, 유다가 모두 정권이 교체되면서 새로운 국면을 맞게 되었다. 이스라엘과 유다의 협력 관계는 대적 관계로 돌아섰고, 아람 하사엘은 이로 인해 가장 큰 수혜를 입고 마음껏 남진정책을 펼 수 있었다. 이때 가장 큰 피해를 본 곳이 이스라엘의 보호를 받을 수 없게 된 길르앗이었다.

> 여호와께서 이와 같이 말씀하시되 다메섹의 서너 가지 죄로 말미암아 내가 그 벌을 돌이키지 아니하리니 이는 그들이 철 타작기로 타작하듯 길르앗을 압박하였음이라 암 1:3

또 하나의 힘이 개입하다: 앗수르 살만에셀 3세의 원정

앗수르왕 살만에셀 3세는 BC 849년과 848년에 수리아 출정을 감행했으나 번번이 실패하다 BC 841년 하사엘을 격파하고 일대를 휩쓸었다. 그러나 다메섹은 끝까지 버티어 명맥은 유지할 수 있었다. 앗수르의 침략으로 다메섹은 약화되었는데, 이는 그 남쪽의 적, 즉 이스라엘이 발전할 수 있는 절호의 기회를 제공하였

살만에셀 3세의 원정

다. 이스라엘왕 예후는 아람을 치고 갈릴리를 지나 갈멜산까지 내려온 앗수르에게 조공을 바쳤다. 이때 앗수르왕 살만에셀 3세는 그의 비문에 원정 결과를 자세히 기록하였다. 검은 오벨리스크 형태의 비문에 영광스럽게도(?) 예후의 모습이 새겨졌다. 수치스럽게 왕복을 벗고 살만에셀 3세에게 무릎 꿇고 엎드려 조공을 드리는 모습이다.

많은 피해에도 다메섹은 공성을 버티었다. 그러나 갈릴리에 있던 하솔은 이미 파괴되었고 결국 BC 806년에 다메섹도 앗수르에게 멸망했다. BC 8세기 초 소요가 잠잠해지는 것 같았지만 사실은 그렇지 못했다. 북쪽에서 이스라엘 접근로가 다시 국제적인 전쟁터가 되었다. 앗수르의 국내 문제와 원정은 여로보암 2세 때 일순간 이스라엘에 번영의 기회를 주었다. 그러나 곧 끝이 났다. BC 8세기의 선지자들은 엘리야와 엘리사처럼 나라 안팎으로 정치적 문제를 다루었다. 그러나 극소수에 불과했다. 그들이 시대를 변화시키기는 역부족이었다.

지도 그리기

열왕기하 1
열왕기하 2

부록에서
지도를 찾아
그리세요

FOCUS ON

성경 속 역사

살만에셀 3세의 비문

내가 통치하는 18년 동안(BC 841년) 나는 16번이나 유브라데를 건넜다. 다메섹의 하사엘은 많은 군대를 믿고 수많은 군대를 모아서 그의 요새와… 세닐산(헤르몬산)에서 진영을 폈다. 나는 그의 군사 1만 6000명을 죽여 패배시키고 1121대의 전차(병거)와 460마리의 말을 빼앗았다. 그는 목숨을 부지하기 위해 도망했다. 나는 그를 쫓아가 다메섹궁에서 사로잡았다. 나는 그의 정원을 파괴하였고 하우란산(지도 열왕기하 2의 가장 북쪽)까지 진격하여 파괴하고 찢고 수많은 마을을 불태웠으며 셀 수 없을 만큼의 노획물을 가져왔다. 그리고 나, 왕의 모습을 새긴 비문을 세웠다. 그때 두로와 시돈의 거민과 오므리의 아들 예후에게도 공물을 받았다.

-블랙 오벨리스크 중에서

(예후를 오므리의 아들로 본 것은 앗수르 문헌의 실수다.)

비문에는 예후가 엎드려 앗수르왕 살만에셀 3세에게 조공을 바치는 치욕스런 장면이 조각되어 있다. 왕복을 벗고 바닥에 머리를 조아리고 있다.

살만에셀 3세의 블랙 오벨리스크

위에서 두 번째 단에 예후가 조공 드리는 장면이 있다.

| 앗수르 침공 이전 유다 남부 상황 1 |

예후의 혁명 후 유다는? 38일

성경 열왕기하 11-12장, 역대하 22-24장, 요엘 1-3장 **연대** BC 841-796

역사적 배경 아람왕 하사엘 통치

핵심 본문 아하시야 살해와 아달랴 통치, 요아스 반정, 요엘 선지자 사역

지도 열왕기하 4

예후의 혁명은 남과 북의 정권을 바꾸어 놓았다. 열왕기하 11-16장은 남과 북에서 일어난 사건을 교차하며 보여 주기 때문에 배경이 자주 바뀐다. 먼저 예후의 혁명 후 남쪽 유다 상황을 보자.

유다 아달랴(BC 841-835): 다윗왕조를 진멸하려던 여왕 왕하 11장; 대하 22:10-23:21

BC 841년 중대한 사건인 예후의 혁명과 유다왕 아하시야 살해 사건이 동시에 일어났다. 유다의 왕비 아달랴는 그녀의 어머니 이세벨이 일찍이 이스라엘에서 했던 것처럼 예루살렘에 바알 신앙을 세우려 했다. 아달랴는 아들 아하시야가 살해된 뒤 자신의 영향력도 약해지자 바알 신앙을 퍼뜨리는 한편 다윗왕조의 씨를 진멸하려 했다. 이 과정에서 아기였던 요아스만 겨우 살아남았다. 그러나 아달랴가 다스리던 7년은 바알의 세상이었고, 여호와의 전은 수리하지 않으면 안 될 지경에까지 이르렀다(왕하 11:17-18). 다행히 7년 후 제사장을 중심으로 한 봉기가 일어나 성공했다.

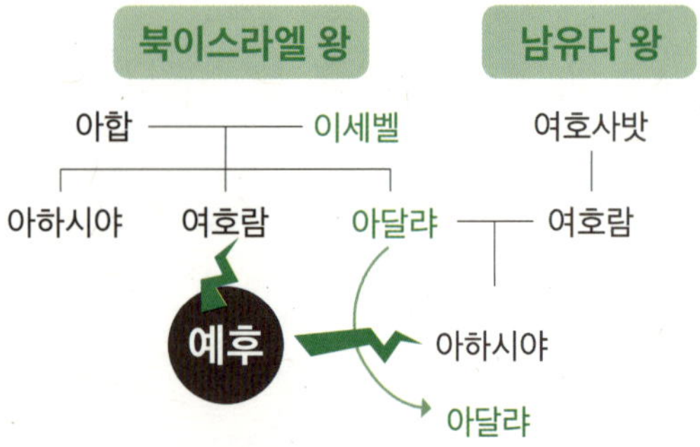

북이스라엘 왕

남유다 왕

아합 — 이세벨

아하시야 여호람 아달랴

여호사밧

여호람

예후

아하시야

아달랴

이는 그 악한 여인 아달랴의 아들들이 하나님의 전을 파괴하고 또 여호와의 전의 모든 성물들을 바알들을 위하여 사용하였음이었더라 대하 24:7

이 봉기에 앞장선 사람이 요아스의 고모부이기도 한 대제사장 여호야다였다. 다윗왕조의 회복과 여호와의 성전 보수, 신앙 회복에 큰일을 행한 그를 위해 이스라엘은 그가 죽은 뒤 다윗의 묘에 장사지냈다(대하 24:16). 그러나 그가 죽자 유다에 불던 신앙 회복의 바람이 시들해지고, 방백들이 요아스의 마음을 돌이켜 유다에 다시 우상을 들이게 했다. 이는 하사엘이 유다와 예루살렘을 침공한 원인이 되었다.

예루살렘 성전-요아스 등극(BC 835-796) 왕하 12장; 대하 24장

일곱 살에 왕이 된 요아스는 유다에 종교적인 회복을 어느 정도 이루었으나 정치적으로는 여전히 허약한 상태를 면치 못했다. 이 시대(BC 840-800)에 관한 상세한 내용은 열왕기하 11, 12장에 나와 있다. 왕의 멘토였던 대제사장 여호야다가 죽자, 요아스는 돌연 여호와 신앙에서 벗어나더니 여호야다의 손자 스가랴가 경고하는 메시지를 거부했을 뿐 아니라 그를 성전 뜰에서 돌로 쳐 죽이기까지 했다. 이는 아벨의 억울한 피와 비견되는 일이었다.

곧 아벨의 피로부터 제단과 성전 사이에서 죽임을 당한 사가랴의 피까지 하리라 내가 너희에게 이르노니 과연 이 세대가 담당하리라 눅 11:51

이 일이 있은 후 1년 만에 하사엘이 예루살렘의 서쪽 두 도시 중 하나인 가드를 공격해 정복했다(왕하 12:17). 이제 하사엘이 아얄론 골짜기와 베냐민 산지 혹은 엘라 골짜기와 베들레헴을 경유하여 예루살렘으로 올라올 수 있게 되었다. 역대하 24:23-24은 BC 813년경 사건의 결과를 말하고 있다.

: 38일

오늘 읽을 분량

성경 왕하 12-15, 대하 24-27, 욜 1-3, 욘 1-4

본서 138-177쪽

성경의 맥 잡기

1. 유다 아사랴(웃시야)와 이스라엘 여로보암 2세 때 최고의 부흥을 이룬다.
2. 요엘은 유다 요아스의 선지자, 요나는 여로보암 2세 때 선지자.

신구약 연결 포인트

1. 요아스가 죽인 여호야다의 손자 사가랴의 의로운 피는 예수님 시대에 갚은 바 된다(마 23:35).
2. 요나의 표적밖에 보일 것이 없다고 말씀하신 예수님의 고향 나사렛은 요나의 고향 근처다.
3. 요엘의 예언 2:28-32은 성령 강림으로 실현되었다.

묵상 가이드

1. 유다와 이스라엘은 웃시야와 여로보암2세 때에야 화친하고 남북 팽창 정책을 폈다.
2. 예후의 개혁 이후 이스라엘은 아람에 시달렸으나 앗수르가 아람을 침으로 회복되었다.

> 17 그때에 아람왕 하사엘이 올라와서 가드를 쳐서 점령하고 예루살
> 렘을 향하여 올라오고자 하므로 18 유다의 왕 요아스가 그의 조상들
> 유다왕 여호사밧과 여호람과 아하시야가 구별하여 드린 모든 성물과 자기가 구별하여 드린 성물과 여호와의 성전 곳간과 왕궁에 있는 금을 다 가져다가 아람왕 하사엘에게 보냈더니 하사엘이 예루살렘에서 떠나갔더라 왕하 12:17-18

임미영 박사가 참여하여 1996년부터 가드를 발굴 중인 바르일란 대학의 메일(A. Maeir) 교수는 남쪽의 가장 큰 성이던 가드가 하사엘의 침략을 받아 완전히 몰락했다고 밝혔다(2011년). 가드에서 하사엘에게 점령당한 성벽으로 추정되는 BC 9세기의 긴 성벽과 돌로 된 분향단이 발견되었다. 특히 두 뿔이 있는 분향단은 이스라엘의 분향단과 비슷하여 문화적으로 유다와 밀접한 관계가 있음을 밝혔다. 하사엘은 해변길에 다다랐을 뿐만 아니라 예루살렘을 향한 서쪽 접근로까지 이르렀다. 하사엘은 또한 다메섹의 꿈인 '요단 동편 왕의 대로 통제'라는 위업도 실현시켰다.

/

텔 에 사피라 불리는 성경의 가드

다윗이 골리앗과 싸운 엘라 골짜기는 유다 산지로 들어가기 위한 관문이었다.

//

가드의 성벽

하사엘에 대항하여 싸운 BC 9세기의 성벽을 발굴하고 있다.

선지자 요엘: 여호와의 날을 선포하다

이처럼 왕들이 제 역할을 못하고 있을 때 엘리야와 엘리사를 비롯한 선지자들이 활동했다. '여호와는 하나님이시다'라는 뜻의 요엘 선지자는 유다와 예루살렘에 관심을 보였는데, 이를 볼 때 그는 유다 출신의 선지자인 것 같다. 또 왕권보다는 제사장권에 호소하는 것으로 보아 아달랴

요엘
Joel

יהוה + אֵל = יוֹאֵל
요엘 = 엘(하나님)+여호와=여호와는 하나님이시다

역사	정치	유다 요아스(835-796) 초기 대제사장 여호야다가 섭정하던 중		
	사건	아달랴 폐위, 7세 왕 요아스 등극, 메뚜기 재앙과 가뭄		
지리		북왕국 전역이나 특히 이스르엘 골짜기 비유로 사용		
성경		1장	2장	3장
		과거의 재앙	미래 폐허 경고	주의 날 구원과 심판

요엘서 개요

시대나 그 이후에 활동한 선자자인 것 같다. 그리고 요엘서 2:25에서 아모스가 말한 메뚜기와 팥중이 재앙이 이미 이뤄진 과거형으로 묘사된 것으로 보아 요엘은 여로보암 2세 때 활동한 요나나 아모스보다 앞선 선지자로 추정된다. 그래서인지 유대인 전통상 요엘서가 요나나 아모스 앞에 위치한다.

요아스가 여호야다의 가르침에서 떠났을 때 선지자들의 경고를 들었다. 아마 그 선지자 중 한 명이 요엘이 아니었을까?

> 그러나 여호와께서 그들에게 선지자를 보내사 다시 여호와에게로 돌아오게 하려 하시매 선지자들이 그들에게 경고하였으나 듣지 아니하니라 대하 24:19

재앙의 시대를 예언한 요엘은 재앙 이후에 새 영이 부어질 날을 바라보았고, 이는 마가 다락방에 임한 성령 강림으로 성취되었다.

요엘 선지자는 큰 메뚜기 재앙이 일어날 것이라 선포했는데, 이 재앙을 "여호와의 크고 두려운 날"(욜 2:31)에 앞서 일어나는 경고로 본다. 메뚜기 재앙이 자연 재앙이 아니라 북방에서 오는 적을 의미한다면, 요아스가 스가랴를 죽이고 1년 후에 찾아온 하사엘의 공격을 1차적으로 생각할 수 있고, 더 나아가 앗수르, 바벨론, 바사, 헬라, 로마의 침략까지도 바라볼 수 있다.

> 내가 전에 너희에게 보낸 큰 군대 곧 메뚜기와 느치와 황

> 충과 팥중이가 먹은 햇수대로 너희에게 갚아 주리니 욜 2:25

요엘은 심판 후에 회복의 날이 도래할 것을 이렇게 예언했는데, 이는 마가 다락방에서 베드로에 의해 성취되었다.

> 그 후에 내가 내 영을 만민에게 부어 주리니 너희 자녀들이 장래 일을 말할 것이며 너희 늙은이는 꿈을 꾸며 너희 젊은이는 이상을 볼 것이며 욜 2:28
> 하나님이 말씀하시기를 말세에 내가 내 영을 모든 육체에 부어 주리니 너희의 자녀들은 예언할 것이요 너희의 젊은이들은 환상을 보고 너희의 늙은이들은 꿈을 꾸리라 행 2:17

| 앗수르 침공 전 정책과 전쟁 1 |

이스라엘이 약소국으로 전락하다

성경 열왕기하 13-14장, 역대하 22-25장 **연대** BC 841-782

역사적 배경 아람왕 하사엘 통치, 앗수르 아닷니라리 3세 통치

핵심 본문 하사엘의 압력, 여호아하스 등극, 아모스, 호세아, 요나 선지자 사역

지도 열왕기하 3

다시 북쪽을 향하여 눈을 돌려 보자. 열왕기하 3, 열왕기하 4 지도는 1세기 안에 많은 사건이 일어났음을 말해 주고 있다. 이 시기에 일어난 대부분의 사건은 중요한 의미를 가지지만 어떤 사건도 지리적인 면을 자세히 알려 주지 않는다. 그러므로 다음의 굵직한 흐름이 펼쳐짐을 염두에 두고 그 땅에 발을 내디뎌 보자.

BC 840-800	아람(시리아), 하사엘의 압력
BC 800-740	이스라엘과 유다의 부흥과 쇠퇴
BC 740-734	유다에 대항한 아람과 이스라엘 동맹

아람-하사엘 남진(BC 842-796): 메드바 고원과 모압 전역의 지배자

하사엘은 예후가 정권을 잡기 직전에 아람왕이 되어 북쪽과 동쪽 전방위적으로 이스라엘을 압박했다.

> **28** 그가 아합의 아들 요람과 함께 길르앗 라못으로 가서 아람왕 하사
> 엘과 더불어 싸우더니 아람 사람들이 요람에게 부상을 입힌지라 **29**

아람왕 하사엘의 침략

요람 왕이 아람왕 하사엘과 싸울 때에 라마에서 아람 사람에게 당한 부상을 치료하려 하여 이스르엘로 돌아왔더라 유다의 왕 여호람의 아들 아하시야가 아합의 아들 요람을 보기 위하여 내려갔으니 이는 그에게 병이 생겼음이더라 왕하 8:28-29 .

단에서 발견된 비문에서 아람왕이 '이스라엘왕 ㅁ람과 다윗의 집 ㅁ야'와 싸웠다는 기록이 있다. 위 말씀에 근거하면 하사엘이 단에서 이스라엘의 요람(여호람)과 유다의 아하시야 연합군과 싸워 이겼음을 말하는 글로 여겨진다. 이후 길르앗라못 전쟁에서는 예후의 혁명 덕에 동쪽 땅을 쉽게 얻을 수 있었다. 예후 혁명으로 '베니게-이스라엘-유다' 연맹이 깨짐으로 하사엘은 유리한 고지를 점령하고 BC 840-800년 남동쪽과 남서쪽으로 압력을 가했다(왕하 11-12장; 대하 22-24장). 앗수르가 내부 문제로 아람과 이스라엘을 향한 원정을 멈추고 일시적으로 후퇴하자 다메섹의 하사엘이 힘을 더욱 발휘할 수 있었다. 예후의 혁명으로 주변 국가와 동맹이 약화된 이스라엘은 다메섹에게 적수가 되지 못했다. 또한 모압의 초기 반역을 진압하지 못해 요단 동편의 입지도 약화되었다.

BC 9세기의 상황은 모압과 에돔을 자극하여 이스라엘과 유다에게서 완전 독립을 시도하게 하였다.

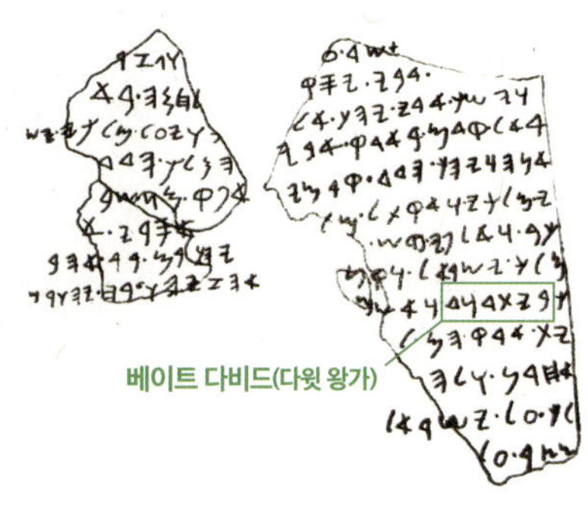

베이트 다비드(다윗 왕가)

BC 9세기 텔 단 석비

석비에서 아람의 신 하다드의 도움으로 이스라엘 □람과 다윗의 집 □야를 쳤다고 기록한다. (이스라엘 박물관 전시, 그림 임미영)

> 어떤 사람이 와서 여호사밧에게 전하여 이르되 큰 무리가 바다 저쪽 아람에서 왕을 치러 오는데 이제 하사손다말 곧 엔게디에 있나이다 하니 대하 20:2

이스라엘 남북 연합군이 모압 원정을 마무리하지 못하자 모압 연합군이 엔게디를 경유해 유다로 들어왔는데 이를 바다 저쪽 "아람"에서 왔다고 한다. 어떤 이들은 아람을 '에돔'이라고 번역한다(70인경, NIV, 표준새번역). 이것은 지리적으로 볼 때 타당한 것처럼 보이나 정치적으로나 당시 요단 동편 가도를 모두 석권한 아람의 세력을 볼 때 아람의 원조를 받거나 아람에 점령된 지역에서 왔다고 보아도 무리가 없다.

이처럼 하사엘이 BC 815년 이후에 가나안 땅에 세력을 확장할 때 요단 동편 왕의 대로를 따라 메드바 고원과 남쪽 아르논강을 향하여 원정했으리라 추정된다(BC 815-810). 하사엘은 메드바 고원과 모압 전역을 지배하게 되었다. 한때 이스라엘에게서 독립하고 아르논강 북쪽을 얻기 위하여 싸웠던 모압은 이제 다메섹 치하에 놓였다. 지도에서 다음 도시들을 찾아보라.

> **32** 이때에 여호와께서 이스라엘에서 땅을 잘라 내기 시작하시매 하사엘이 이스라엘의 모든 영토에서 공격하되 **33** 요단 동쪽 길르앗 온 땅 곧 갓 사람과 르우벤 사람과 므낫세 사람의 땅 아르논 골짜기에 있는 아로엘에서부터 길르앗과 바산까지 하였더라 왕하 10:32-33

예후는 BC 814년, 혼돈의 시기에 죽었다.

/
메소포타미아 지역에서 발견된 여자 신들은 아세라와 맥을 같이한다.

//
하솔성
솔로몬이 북쪽 해변길을 통제할 목적으로 세운 병거성 하솔은 아람의 공격에 무기력하였다.

예후의 혁명은 성공했다. 하나님의 뜻대로 아합의 집안을 완전히 몰살했다. 그 결과 이스라엘은 모든 동맹이 해체되면서 역사상 최고의 빈국이자 약소국으로 전락하고 말았다. 병든 몸을 건강하게 하려면 병든 부분을 잘라내야 한다. 병든 사회에서 하나님을 전적으로 믿는다는 것은 세상적으로 가난하고 약해지는 것을 의미한다. 그러나 예후는 왕가 4대를 이어 가는 축복을 받았다.

이스라엘왕 여호아하스(BC 814-798): 왕권을 위해 우상을 그대로 둠 **왕하 13:1-9**

다음 구절은 예후의 아들 여호아하스의 죄가 무엇인지, 이스라엘이 하사엘에게 얼마나 큰 어려움을 당했는지를 알려 준다(왕하 13:1-9, 22-23). 성경은 예후 집안의 몰락이 아세라 목상을 그냥 두었기 때문이라고 한다.

> 6 그들이 이스라엘에게 범죄하게 한 여로보암 집의 죄에서 떠나지 아니하고
> 그 안에서 따라 행하며 또 사마리아에 아세라 목상을 그냥 두었더라 7 아람왕
> 이 여호아하스의 백성을 멸절하여 타작 마당의 티끌같이 되게 하고 마병 오
> 십 명과 병거 열 대와 보병 만 명 외에는 여호아하스에게 남겨 두지 아니하였
> 더라 왕하 13:6-7

예후나 여호아하스는 왕위를 유지하기 위하여 느밧의 아들 여로보암의 금송아지뿐 아니라 아세라 목상도 사마리아에 그냥 두었다. 반쪽의 개혁은 또 다른 질병을 발생시키는 염증을 그대로 둔 것과 같다.

앗수르왕 아닷니라리 3세(BC 811-783): 아람을 몰아내다

지도 열왕기하 3은 아람이 가나안 깊숙이 침투하였음을 보여 준다. 파랑 화살표는 다윗 원정의 반전과 솔로몬의 병거성인 게셀, 므깃도, 하솔의 무장이 무력함을 보여 준다. 가나안 땅은 해변길과 왕의 대로를 통제하는 나라가 차지한다. 아람의 침공은 유다에게 심각한 위협이었다. 유다의 서쪽 접근로인 아얄론 골짜기 혹은 엘라 골짜기와 동쪽 접근로인 메드바 고원을 통제하게 된 아람 군대는 마음만 먹으면 베냐민 산지를 쉽게 점령할 수 있었다. 베냐민 산지 점령은 중앙 산지를 점령하기 위한 사전작업에 해당되기 때문이다.

과거 지도 신명기 1과 여호수아 2에서 보았듯이 여호수아의 지도 아래 이스라엘은 메드바 고원과 여리고를 경유해서 가나안으로 들어왔다. 지도 사사기 6에서 사사 시대 모압 에글론 왕은 이 길을 통해 들어와 이스라엘을 지배하였다. 지도 열왕기하 1에서 보듯 BC 8세기 중반 메사왕 때 독립 운동이 메드바 고원에서 이루어졌지만, 이곳을 이스라엘과 유다를 공격하기 위한 전진기지로 사용하지는 않았던 것 같다.

하사엘의 메드바 지역 점령은 유다에겐 매우 위협적이었다. 해변길을 따라 아

앗수르왕 아닷니라리 3세의 사바 비문(Sabaa Stela)

궁금해요

아닷니라리 3세의 비문

(나의 공식 통치) 제5년에 나는 왕좌에 근엄하게 앉아서 (전쟁을 위하여) 모든 국가를 불러 모았다. 나는 팔레스틴을 향하여 진군하기 위해 수많은 군대를 조직했다. 나는 유브라데강의 홍수 때 그것을 건넜으며… 나는 다메섹을 포위했으며… 나는 다메섹에서 다메섹의 왕… 을 왕궁에 감금했다. 아흐수르(Ahsur, 앗수르의 우두머리 신)의 장엄한 공포로 그를 압도했으며 다메섹왕은 종이 되어 나의 발을 붙잡았다. 나는 다메섹왕궁에서 금 20달란트에 (해당하는) 은 2300달란트와 철 5000달란트, 채색 장식을 가진 아마포 옷, 상아로 (새겨진) 침상, (그리고) 헤아릴 수 없는 (다른 물건) 소유물을 거두어 들였다.

-칼라(Calah)에서 출토된 석판

람이 세력을 확장하게 되면 유다의 동쪽을 통해 들어와서 북쪽과 남서쪽까지 아람의 위협에 완전히 노출되기 때문이다. 그것은 예루살렘뿐 아니라 이스라엘의 사마리아에도 심각한 위협이었다.

이 같은 위기 상황에서 누구도 하사엘의 위세를 깨뜨릴 수 없었는데 이때 앗수르가 다시 꿈틀대기 시작했다. 아닷니라리 3세(Adad-nirari III)는 BC 811년에 왕위에 올라 곧바로 유브라데 강 서쪽 원정길에 올랐다. 자신의 비문 두 개에 이 원정에 대해 기록해 두었다(BC 806). 그는 "해가 지는 대해 해변까지 이르러 정복한 두로, 시돈, 이스라엘, 에돔, 블레셋이 나의 발아래에서 복종하였으며 나는 공물을 부과하였다"고 자랑했다. BC 796년 이스라엘왕 요아스를 비롯해 주변 왕국들은 수십 년간 앗수르에 공물을 바쳤지만 다메섹과 같은 잔인한 앗수르의 공격에 맞설 수 없었다.

> 여호와께서 이에 구원자(아닷니라리 3세)를 이스라엘에게 주시매 이스라엘 자손이 아람 사람의 손에서 벗어나 전과 같이 자기 장막에 거하였으나 왕하 13:5

앗수르 원정은 나쁜 소식이지만 동시에 좋은 소식이었다. 앗수르의 이스라엘 도착은 아람왕 하사엘로부터 이스라엘이 구원받음을 의미했기 때문이다. 이는 뒤집어 말하면 BC 9세기 말경 다메섹 치하의 삶이 얼마나 고통스러웠는지를 설명해 준다.

이스라엘왕 요아스(BC 835-796) 왕하 10-14:16; 암; 호; 욘 : 활의 언약을 받다

BC 800-740년은 이스라엘과 유다가 흥망성쇠를 거듭한다. BC 8세기의 첫 반세기 동안 앗수르는 북쪽 우라르투(Urartu)와 전쟁에 휘말리는 동시에 국내 문제로 발목이 잡혔다. 그러자 다메섹이 다시 고개를 들기 시작했다. 그러나 남쪽의 이스라엘과 북쪽의 하맛에 대항할 힘까지는 없었다. 이스라엘과 유다는 힘을 회복하여 남북으로 세력을 확장하기 시작했다. 이날을 보지 못하고 죽은 선지자 엘리사는 회복의 시기를 누구보다 잘 예견한 인물이었다. 엘리사의 생애 동안 이스라엘은 하사엘의 강한 압박을 받아 신음했지만 그가 죽고 나서 사정이 달라졌다.

14 엘리사가 죽을병이 들매 이스라엘의 왕 요아스가 그에게로 내려 와 자기의 얼굴에 눈물을 흘리며 이르되 내 아버지여 내 아버지여 이스라엘의 병거와 마병이여 하매… 17 이르되 동쪽 창을 여소서 하여 곧 열매 엘리사가 이르되 쏘소서 하는지라 곧 쏘매 엘리사가 이르되 이는 여호와를 위한 구원의 화살 곧 아람에 대한 구원의 화살이니 왕이 아람 사람을 멸절하도록 아벡에서 치리이다 하니라 왕하 13:14-17

갈릴리 위 아벡
바산으로 오르는 길에 있는 아벡은 아합 때 차지한 후 아람과 주고받기를 계속한 요새다.

엘리사의 말을 따라 동쪽을 향해 활을 쏘고 화살로 땅을 쳤던 왕은 예후의 손자 요아스였다. 지도에서 보듯 그의 통치기인 BC 790년경 엘리사가 예언한 대로 이뤄졌다.

24 아람의 왕 하사엘이 죽고 그의 아들 벤하닷이 대신하여 왕이 되매
25 여호아하스의 아들 요아스가 하사엘의 아들 벤하닷의 손에서 성읍을 다시 빼앗으니 이 성읍들은 자기 부친 여호아하스가 전쟁 중에 빼앗겼던 것이라 요아스가 벤하닷을 세 번 쳐서 무찌르고 이스라엘 성읍들을 회복하였더라 왕하 13:24-25

그뿐 아니라 요아스는 남유다 아마샤와 전쟁을 하여 대승을 거둔다. 유다왕 아마샤는 에돔을 치기 위해 이스라엘 용병을 빌렸지만 선지자의 말을 듣고 돌려보냈다. 품삯과 같은 전리품을 얻지 못해 화가 난 용병들은 돌아가면서 베냐민 지파의 벧호론에서 사마리아 가는 길의 유대 마을을 쑥대밭으로 만들어 버린다.

벧세메스의 서쪽, 소렉 골짜기
양 떼와 같은 이스라엘의 군대가 서쪽에서 접근하였다.

아마샤가 자기와 함께 전장에 나가지 못하게 하고 돌려보낸 군사들이 사마리아에서부터 벧호론까지 유다 성읍들을 약탈하고 사람 삼천 명을 죽이고 물건을 많이 노략하였더라 대하 25:13

이에 분개한 유다왕 아마샤가 전쟁을 걸어와 이스라엘왕 요아스는 해변길을 따라 내려가 벧세메스에 이른다.

예루살렘의 다마스커스 문
이스라엘왕 요아스는 예루살렘의 북쪽 문과 성벽 400규빗을 헐어 버림으로써 언제든지 다시 쳐들어오도록 했다.

> 아마샤가 듣지 아니하므로 이스라엘의 왕 요아스가 올라와서 그와 유다의 왕 아마샤가 유다의 벧세메스에서 대면하였더니 왕하 14:11

벧세메스의 소렉 골짜기는 병거를 다수 보유한 북이스라엘에게 유리한 전쟁터였다. 과거 여로보암과 바아사가 산지 전쟁에 실패하자 두 아들 나답과 엘라가 해변길로 우회하여 유다의 옆구리를 치려 한 적이 있다. 깁브돈을 먼저 점령하고 벧세메스로 가려던 전쟁은 번번이 실패했으나 요아스는 이 길을 돌파하여 유다 산지에 오르는 소렉 골짜기 벧세메스까지 이르렀다.

요아스는 벧세메스 전쟁에서 유다왕 아마샤를 생포하는 대승을 거두었다. 벧세메스는 쉐펠라의 소렉 골짜기에 있는 도시로, 블레셋이 빈번히 침공하였고 삼손이 막아 냈던 지역이다. 이제 이 골짜기가 뚫리면서 유다는 무너졌다. 왕까지 포로로 잡혔으니 예루살렘은 거저 먹기였다. 예루살렘의 모든 보물은 약탈되었다. 사람도 볼모로 잡혀갔고 예루살렘 북쪽 문, 에브라임 문 부근 400규빗(182m)이 무너지는 치욕을 맛보아야 했다. 북쪽에 외적이 언제든지 쳐들어올 수 있는 문을 열어 놓았다. 이 사건에 대하여는 역대하 25장과 열왕기하 14:7-14에서 자세히 설명하고 있다.

여기서, 묵상

노아가 받은 언약은 무지개 언약이다. 히브리어로 무지개는 '활'이라는 단어와 동일하다. 노아의 언약은 활의 언약이기도 하다. 엘리사는 요아스에게 활의 언약을 준다. 하나님의 활이 그를 보호하고 또 적을 이기는 힘이 될 것이라는 약속이다. 무지개 언약이 홍수의 위협에서 인간을 지켜 주듯 하나님의 활이 우리 삶을 보호해 주신다. 우리의 활과 화살이 되어 주신 주님을 찬양하자.

지도 그리기

열왕기하 3

부록에서 지도를 찾아 그리세요

| 앗수르 침공 이전 유다 남부 상황 2 |

남북 전쟁과 아마샤의 말로

성경 열왕기하 14장, 역대하 25장 **연대** BC 796-767

역사적 배경 아람왕 벤하닷 2세 통치, 앗수르 아닷니라리 3세 통치

핵심 본문 소금 골짜기 전투, 요아스와 아마샤의 전쟁

지도 열왕기하 4

열왕기하 4
유다왕 아마샤의 소금 골짜기 전투

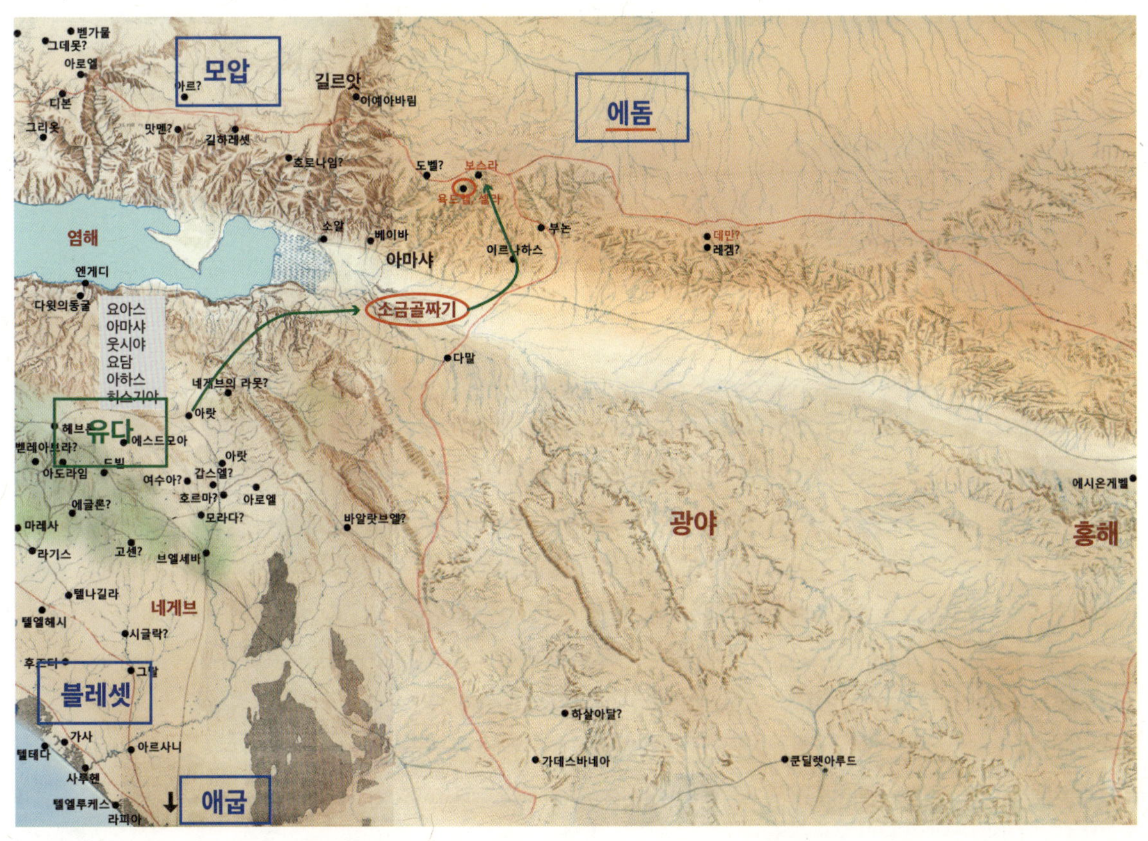

유다왕 아마샤(BC 796-767): 하나님을 버린 사람 왕하 14:1-22; 대하 25장

가나안을 폐허로 만든 앗수르 원정이 있기 전 수십 년 동안 이스라엘과 유다는 현저한 회복을 경험했다. 한 세기 전에 이루어진 남의 여호사밧과 북의 아합 같은 연합은 없었어도 두 왕조는 암묵적인 합의로 북은 더 북쪽을, 남은 더 남쪽을 향해 팽창해 나갔다. 그들의 외교 정책은 대체로 독립적이었다. 그 이유는 서로를 필요로 하지 않았기 때문이다. 이스라엘은 예후의 급진적 혁명 후유증을 회복하였으며 다메섹의 위협에서도 해방되었다. 두 국가는 서로의 독립을 인정했다. 이스라엘이 북쪽 회복에 신경을 쓰는 동안 유다는 남쪽과 서쪽에 집중할 수 있었다. 서로의 선결 사항에 관여하지 않는 이런 분위기는 부흥의 밑거름이 되었다.

이런 상호 무간섭주의의 예외적인 사건이 유다가 소금 골짜기에서 에돔을 치고 에돔의 수도 보스라 옆에 있는 그들의 신전 셀라를 '하나님의 정복하심'이라는 욕드엘이라 칭한 후에 발생했다.

> 아마샤가 소금 골짜기에서 에돔 사람 만 명을 죽이고 또 전쟁을 하여 셀라를 취하고 이름을 욕드엘이라 하였더니 오늘까지 그러하니라 왕하 14:7

승리감에 도취한 아마샤는 에돔의 셀라에서 화려해 보이는 에돔 신상을 취하여 섬기는 우를 범한다. 거기다 어리석게도 귀환을 과시하기 위해 이스라엘의 요아스에게 도전했다. 이때가 북쪽 이스라엘왕이 남쪽 유다왕보다 비교적 의로울 때였다. 이스라엘왕 요아스는 엘리사가 죽을 때 활의 언약을 받았으나 유다왕 아마샤는 선지자의 말과 하나님의 축복을 차 버린 상태였다.

앞에서 언급했듯이 아마샤는 요아스와의 전쟁에서 치명적인 타격을 입었다. 포로가 되었고 거기다 예루살렘의 보물이 약탈당했으며 성벽이 무너지고 왕족은 볼모로 잡혀갔다. 결국 예루살렘 백성이 봉기했고 아마샤는 군사기지인 라기

왼쪽 산지 모서리가 에돔의 수도로 추정되는 보스라이고 왼쪽 두 나무 사이 아래 언덕이 에돔의 신전이 있던 셀라다. 아마샤는 이곳에서 취한 신을 자신의 신으로 섬기는 죄를 범했다.

스로 피해 군대의 보호를 받고자 했으나 뜻을 이루지 못하고 돌아보는 사람 없이 죽음을 맞았다. 그나마 다행으로 그는 다윗의 성, 조상들의 묘에 안장되었다. 하나님을 버린 사람의 말로다.

여기서,
묵상

미움받은 계보

예수님의 족보에 이 역동적인 시대의 유다왕들이 생략되어 있다. 여호사밧의 아들 요람(여호람)의 후손 3대가 나오지 않는다. 아하시야-요아스-아마샤가 그들이다. 이들의 공통점은 타인에게 살해되었고, 아합의 딸 아달랴의 후손이라는 점이다.

> 그것들에게 절하지 말며 그것들을 섬기지 말라 나 네 하나님 여호와는 질투하는 하나님인즉 나를 미워하는 자의 죄를 갚되 아버지로부터 아들에게로 삼사 대까지 이르게 하거니와 출 20:5

아하시야 이후와 여호람의 아내인 아달랴까지 치면 4대이지만 순수 다윗의 가문 3대가 미움을 받은 계보가 되었다. 아합의 집안이 들어와 바알의 신앙으로 물들인 보응이다.

아마샤는 징계받은 후에도 생존에만 급급했다. 하나님의 뜻은 우리의 생존이 아니라 생육하고 번성하며 다스리는 것이다. 한국 교회는 어떤 상태인가?

| 앗수르 침공 전 정책과 전쟁 2 |

부강하지만 말씀 기근의 남과 북

성경 열왕기하 14-15장; 아모스; 호세아; 요나 **연대** BC 793-753

역사적 배경 살만에셀 4세, 아슈르단 3세, 아슈르니라리 2세 통치

핵심 본문 여로보암 2세, 웃시야 통치, 요나, 아모스, 호세아 선지자 사역

지도 열왕기하 3

열왕기하 3
여로보암 2세의 진격(주황색 선)과 웃시야의 확장(녹색 선). 여로보암 2세는 로드발, 가르나임, 다메섹, 느보 하맛을 회복했다.

북왕국-여로보암 2세(BC 794-753)의 번영: 왕하 14:23-29

BC 8세기 초 북쪽의 위협 감소는 이스라엘과 유다의 발전에 큰 영향을 미쳤다. 이스라엘의 번영은 요아스에서 시작하여 북이스라엘 초대 왕 느밧의 아들 여로보암과 구별하기 위하여 2세라고 부르는 여로보암 2세 때 절정에 이르렀다. 유다의 번영은 아마샤 때 시작해서 웃시야(아사랴) 통치 때 절정에 이르렀다.

여로보암 2세와 웃시야 통치 아래에서 이스라엘과 유다는 다시 한 번 다윗과 솔로몬왕국 시대와 같은 번영을 누렸다. 사마리아를 기반으로 한 왕정은 갈릴리 너머 훨씬 북쪽까지 세력을 뻗쳤다. 아합이 죽으면서까지 빼앗으려 했던 라못길르앗과 가르나임이 이스라엘의 통제 아래 들어왔다. 요단강 서쪽과 갈릴리 북쪽의 하솔, 바산 지역도 이스라엘의 통제 아래 들어왔다. 심지어 다메섹 영토의 동쪽과 북쪽 너머 멀리 하맛왕국까지 이르렀다.

하맛의 풍차
하맛에 흐르는 오론테스강은 이스라엘이 가장 넓은 영토를 소유했을 때의 경계였다.

> 이스라엘의 하나님 여호와께서 그의 종 가드헤벨 아밋대의 아들 선지자 요나를 통하여 하신 말씀과 같이 여로보암이 이스라엘 영토를 회복하되 하맛 어귀에서부터 아라바 바다까지 하였으니 왕하 14:25

이 경계 목록에 언급된 하맛 어귀는 다메섹의 북쪽 100km에 위치한 느보 하맛이라고 번역할 수 있다. 왜냐하면 느보가 '예언하다, 어귀'라는 뜻을 가지기 때문이다. 하맛 어귀는 하나님이 모세에게 주신 이스라엘의 이상적인 북쪽 경계다(민 34:8). 솔로몬 통치 시기에 북쪽 경계인 하맛 어귀에서 온 사람들은 예루살렘 성전 봉헌식에 참석하였다(왕상 8:65). 여로보암 2세 시대보다 2세기 뒤에 살았던 에스겔에게 여호와께서 주신 이스라엘의 북쪽 경계도 하맛 어귀였다(겔 47:15-16). 거기서부터 이스라엘 지파에게 나누어 줄 땅이 시작된다(겔 48:1).

> 모든 지파의 이름은 이와 같으니라 북쪽 끝에서부터 헤들론 길을 거쳐 하맛 어귀를 지나서 다메섹 경계선에 있는 하살에논까지 곧 북쪽으로 하맛 경계선에 미치는 땅 동쪽에서 서쪽까지는 단의 몫이요 겔 48:1

이 모든 것은 여로보암 2세 통치 동안 전개되었던 최고의 경계를 말해 준다. 하맛 어귀의 언급은 여로보암 2세의 왕국이 북이스라엘 역사상 최고 정점에 이르렀음을 가리킨다. 그 영향력의 범위는 다윗과 솔로몬 통치 때의 통일왕국에 필적할 정도였다.

여기서,
묵상

여로보암에서 여로보암까지

북이스라엘왕은 여로보암 1세에서 여로보암 2세까지라고 말해도 과언이 아니다. 이때까지 진정한 독립 왕국을 유지했고 그 후로 앗수르의 속국이나 마찬가지였기 때문이다. 여로보암은 많다는 '라바브'와 백성이라는 '암'이 합쳐져 '백성이 많아질 것이다'라는 뜻이다. 둘 모두 번영을 누린 왕일지 모르나 느밧의 아들 여로보암이 민심을 두려워하여 만든 금송아지 우상이 그들의 올무가 되었다.

그런데 이스라엘을 멸망시킨 최고의 죄도 여로보암의 죄라는 사실이 흥미롭다.

여로보암은 권력을 유지하기 위하여 금송아지 두 개를 만들어 북쪽 단과 남쪽 벧엘에 두고 예루살렘에 내려가 예배하려는 사람들이 없도록 했다. 거기다 반발하는 레위 계열 제사장을 내쫓고 자신이 원하는 자를 제사장으로 세웠다. 그 상황을 르호보암의 아들 아비야가 이렇게 말한다.

> 너희가 아론 자손인 여호와의 제사장들과 레위 사람들을 쫓아내고 이방 백성들의 풍속을 따라 제사장을 삼지 아니하였느냐 누구를 막론하고 어린 수송아지 한 마리와 숫양 일곱 마리를 끌고 와서 장립을 받고자 하는 자마다 허무한 신들의 제사장이 될 수 있도다 대하 13:9

거기다 그는 초막절 명절을 한 달 늦추고 마음대로 율법을 정했다. 이런 이유로 말씀이 사라지고 변질되면서 이스라엘은 악의 길로 갔다. 결국 북이스라엘의 멸망 원인은 바알도 아세라도 아닌 '여로보암의 죄'였다. 이스라엘은 여로보암에서 시작하여 여로보암의 죄 때문에 망한다. 내 소견에 옳은 대로 행하는 것이 아니라 주의 뜻이면 죽기도 살기도 하리라는 결단이 영원한 번영의 길이다. 말씀을 외우고 전수할 제사장이 변질된다는 것은 회개하여도 돌아올 고향을 모른다는 엄중한 뜻이다. 이 죄에 물든 이들은 앗수르의 포로로 끌려가 거기서도 변질되어 그 땅과 연합하고 결국 돌아오지 못했다. 이후 이스라엘은 이스라엘인이라 불리지 않고 '유대인'이라 불린다.

요나 선지자: 갈릴리의 자존심

북이스라엘의 마지막이 다가오면서 하나님은 경고의 메시지를 주기 위해 많은 선지자를 보내셨다. 선지서의 많은 선지자들이 이 시대를 기점으로 등장하기 시작한다.

가드헤벨의 요나 기념(?) 이슬람 사원
가드헤벨은 나사렛 인근 동네다.

열왕기하 14:23-29에 기록된 이스라엘 역사에 대한 짧은 묘사를 보라. 이 구절에서 비둘기라는 뜻을 가진 선지자 '요나'의 이름이 언급된다.

> 이스라엘의 하나님 여호와께서 그의 종 가드헤벨 아밋대의 아들 선지자 요나를 통하여 하신 말씀과 같이 여로보암이 이스라엘 영토를 회복하되 하맛 어귀에서부터 아라바 바다까지 하였으니 왕하 14:25

그는 여로보암 2세의 통치 기간(BC 793-753)에 활동한 선지자로 이스라엘이 다메섹 북쪽인 하맛 어귀까지 진출한 풍요의 시대에 예언을 했다. 그의 고향은 가드헤벨로 소개된다. 가드헤벨은 나사렛과 가까운 북쪽에 위치한다. 요나는 고향에서 앗수르의 수도 니느웨를 구원하도록 부름 받았지만 그 소명에 응하기 싫었다. 그래서 소명을 받자마자 니느웨와 반대 방향인 욥바로 향한다. 지도 열왕기하 3에서 가드헤벨과 욥바를 찾아 거리를 추정해 보라.

요나는 해변길을 따라 남서쪽으로 100km 넘게 급히 내려가서 니느웨와 정반대 방향, 즉 현재 스페인 근처인 남쪽 다시스로 향하려 하였다. 얼마나 열심히 도망쳤는지 대풍이 불어 배가 깨질 지경이 되었는데도 피곤하여 배 밑층에서 깊은 잠에 빠져 있었다(욘 1:5). 이 시점에서 요나서를 읽는 것이 좋다.

/
'아름답다'는 뜻을 가진 욥바 항의 석양
교회는 베드로가 도르가를 살린 기념 교회다.

//
욥바 항 앞의 풍랑
욥바는 가나안의 유일한 항구 중 하나이지만 풍랑이 심하다.

요나가 출발한 항구는 '아름답다'라는 뜻을 가진 욥바였다. 이스라엘 해안가에 자연적인 항구가 없는 이유는 깊은 수심을 가진 해안이 별로 없기 때문이다. 욥바는 바위로 이루어진 작은 항구가 있었는데 그나마도 풍랑이 심해 베니게인 같은 해양에 익숙한 사람들이 주로 이용했다. 아니나 다를까, 요나가 배에 올랐을 때 얼마 지나지 않아 풍랑이 일었다. 배에 있는 사람들은 요나가 풍랑의 원인임을 알았음에도 인간적인 힘으로 무엇을 해보려다 결국 요나를 배 밖으로 던졌다. 그 순간 큰 물고기가 요나를 삼켰다. 물고기 뱃속에서 인간이 3일간 살아 있으려면 지구상에서 고래 뱃속밖에는 없다. 문제는 이스라엘 서해인 지중해에는 고래가 없다는 점이다. 추정한다면 길 잃은 고래 한 마리가 지중해로 들어왔을 가능성밖에 없다.

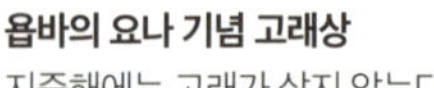

/
욥바의 요나 기념 고래상
지중해에는 고래가 살지 않는다.

//
물고기 뱃속에 사람을 둘 수 있는 동물은 고래밖에 없을 듯하다. 지중해에 고래가 왔다면 길 잃은 고래다.

그는 북쪽으로 갔다. 앗수르는 살만에셀 4세(BC 783-773), 아슈르단 3세(BC 773-755), 아슈르니라리 2세(BC 755-745) 등에 의해 통치되던 시대로서 이전 시대에 비하면 국력이 다소 약화된 상태였다. 이는 북방의 아라랏과 장기전을 치른 데다 BC 765과 759년에 전염병이 돌았기 때문이다. BC 763년 6월 15일경에는 개기일식으로 앗수르 땅이 칠흑 같은 어둠에 휩싸여 민심이 상당히 동요되고 있었다. 그러나 이것은 역으로 요나 선지자가 복음을 전하기 적합한 지역이 되었다는 반증이다.

요나가 앗수르에 가기 싫은 이유는 확실하다. 다소 국력이 약해졌다고는 하지만 그럼에도 앗수르는 당대에 가장 강한 나라였다. 살만에셀 3세(BC 860-825)는 갈릴리를 몇 차례 위협해서 백성을 포로로 잡아갔다. 만약 앗수르가 요나의 외침을 듣고 재기한다면 이스라엘이 끝장나는 것은 시간문제였다. 적을 돕는 행동을 누가 하겠는가? 차라리 하나님께 벌을 받더라도 나라를 살리고 싶을 것이다.

사실 요나는 하나님이 앗수르의 수도 니느웨로 가라고 하셨을 때부터 니느웨를 용서하실 것을 알았다. 다음 구절은 그것을 잘 반영하고 있다.

> 3:10 하나님이 그들이 행한 것 곧 그 악한 길에서 돌이켜 떠난 것을 보시고 하나님이 뜻을 돌이키사 그들에게 내리리라고 말씀하신 재앙을 내리지 아니하시니라 4:1 요나가 매우 싫어하고 성내며 2 여호와께 기도하여 이르되 여호와여 내가 고국에 있을 때에 이러하겠다고 말씀하지 아니하였나이까 그러므로 내가 빨리 다시스로 도망하였사오니 주께서는 은혜로우시며 자비로우시며 노하기를 더디하시며 인애가 크시사 뜻을 돌이켜 재앙을 내리지 아니하시는 하나님이신 줄을 내가 알았음이니이다 욘 3:10-4:2

그러나 요나의 애국심이 하나님의 섭리를 바꾸어 놓을 순 없었다. 결국 요나의 우려대로 앗수르는 회개한 후 30여 년의 침묵을 깨고 재기하여 이스라엘을 멸망시켰다.

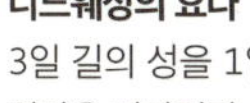

여기서, 묵상

니느웨성의 요나
3일 길의 성을 1일만 돌고 멸망을 기다렸다.

요나에게 그늘을 제공한 박넝쿨은 피마자나무로 여겨진다.

갈릴리의 자존심, 요나

요나는 구약의 선지자 중 유일하게 갈릴리 출신이다. '갈릴리에서 선지자가 나올 수 없다'고 말하던 유대인에게 요나는 갈릴리의 자존심이었다. 예수님은 이 점을 놓치지 않고 갈릴리 사람들이 표적을 구할 때 그들의 자존심이고 가장 친근한 선지자 요나의 비유를 들어 예수님 자신을 설명하셨다.

> 그들이 대답하여 이르되 너도 갈릴리에서 왔느냐 찾아보라 갈릴리에서는 선지자가 나지 못하느니라 하였더라 요 7:52

> 39 예수께서 대답하여 이르시되 악하고 음란한 세대가 표적을 구하나 선지자 요

나의 표적밖에는 보일 표적이 없느니라 **40** 요나가 밤낮 사흘 동안 큰 물고기 뱃속에 있었던 것같이 인자도 밤낮 사흘 동안 땅 속에 있으리라 **41** 심판 때에 니느웨 사람들이 일어나 이 세대 사람을 정죄하리니 이는 그들이 요나의 전도를 듣고 회개하였음이거니와 요나보다 더 큰 이가 여기 있으며 마 12:39-41

요나
Jonah

יוֹנָה

비둘기

역사	정치	이스라엘-여로보암 2세(BC 793-753), 앗수르-아슈르단 3세(BC 773-755)			
	사건	북왕국 북쪽 국경 최대 확장, 앗수르는 북방 아라랏과의 장기전과 BC 765과 759년 전염병, 763년 개기일식			
지리		고향 갈릴리 가드헤벨과 욥바 항구, 앗수르의 니느웨			
성경		1장	2장	3장	4장
		소명과 도망	요나의 기도	니느웨 선포	요나의 교훈

아모스 선지자: 말씀 기근 시대의 진짜 선지자

이스라엘이 만개하였던 여로보암 2세 말기에 아모스와 호세아의 가르침과 선포가 있었다. 역사서의 어떤 기록보다도 이 선지자들의 예언서가 그 시대에 관해 더 자세한 정보를 제공한다. 북쪽의 상황은 최악이었다. BC 789년과 748년 사이에 통치한 예후의 증손자요 요아스의 아들인 여로보암 2세는 앗수르가 다메섹을 치고 나서 내부 문제로 후퇴한 덕을 크게 보았다. 국경이 다메섹 너머 하맛 어귀까지 이르렀다. 그러나 잠시뿐이었다. 요나가 우려했던 앗수르의 재등장이 오래지 않았기 때문이다.

하나님은 엘리야와 엘리사 같은 유력한 선지자를 통해 이스라엘을 깨우려 했으나 역부족이었다. 타락의 힘은 선지자까지 권력의 시종으로 물들게 하였다. 거짓 선지자가 판을 치고 제사장은 이미 권력의 꼭두각시였으므로 온전한 말씀을 전할 사람도, 그것을 실천하도록 독려할 제사장도 없었다. 앗수르가 등장하여 이스라엘을 징계하기 전에 이스라엘이 돌아오기를 원했던 하나님은 남쪽 선지자를 보냈다.

유다 베들레헴의 남쪽 드고아 출신인 아모스는 자신을 뽕나무 재배자요 목자라고 소개한다.

> 아모스가 아마샤에게 대답하여 이르되 나는 선지자가 아니며 선지자의 아들도 아니라 나는 목자요 뽕나무를 재배하는 자로서 암 7:14

/
북쪽 헤로디움에서 바라본 드고아
왼쪽 광야 지역은 약간의 초지가 형성되어 목축이 가능하다. 서쪽은 농사를 지을 수 있다.

위 구절에서 아모스의 고향 드고아가 광야와 산지의 가장자리에 있었다는 것과, 산지 능선에 있던 마을들이 동쪽에서는 목축을 하고 서쪽에서는 농업을 했다는 사실을 알 수 있다.

그런데 왜 남쪽 선지자가 북쪽에 와서 예언했을까? 북이스라엘은 제사장 지파였던 레위 족속을 쫓아내고 마음에 맞는 사람을 제사장으로 세웠다. 하나님이 북이스라엘을 불쌍히 여겨 많은 선지자를 보내고, 엘리야와 엘리사 같은 유명한 선지자를 보냈어도 그 말씀을 지속적으로 보존할 사람이 없었다. 선지자 학교도 어용으로 변해 갔다. 말씀을 암송하고 그것을 후대에 전하는 레위 자손이 없는 북이스라엘은 더 이상 제대로 된 선지자를 기대할 수 없었다. 결국 이스라엘 말기에는 상대적으로 거룩함을 유지했던 남유다에서 선지자가 북쪽에 파송된다. 아모스와 호세아가 그런 경우였다. 지도에서 베들레헴 남쪽 드고아에서 사마리아로 간 아모스 선지자의 발자취를 따라 그의 고향인 드고아와 그가 예언한 벧엘을 찾아보라.

아모스는 먼저 주변 나라부터 예언하기 시작한다. 다메섹이 길르앗을 철 타작기로 갈아 버리듯 압박한 일을 책망하였다.

> 여호와께서 이와 같이 말씀하시되 다메섹의 서너 가지 죄로 말미암

/
아모스의 고향 드고아 서쪽은 녹지가 있어 뽕나무(돌무화과)를 재배할 수 있었다.

//
히브리어로 쉬크마라 불리는 뽕나무는 돌무화과로도 번역된다. 삭개오가 올랐던 나무와 같은 종류로 추정된다.

/
타작기
타작기는 아래 돌을 박아 짐승이 끌면서 곡식을 잘라내는 기구다. 좀 더 강하게 하기 위해 철을 달기도 한다. 철 타작기로 밀었다는 것은 강하게 압박했음을 의미한다.

//
사마리아의 상아 조각
이세벨이 가져온 사치 문화는 사마리아를 상아궁으로 만들었다. 선지자 아모스는 이들의 삶을 이렇게 질타한다. "상아 상에 누우며 침상에서 기지개 켜며"(암 6:4).

> 아 내가 그 벌을 돌이키지 아니하리니 이는 그들이 철 타작기로 타작하듯 길르앗을 압박하였음이라 암 1:3

블레셋의 가사는 유다 사람을 사로잡아 에돔의 노예로 팔아버린 죄(암 1:6)를, 두로는 형제 계약을 어기고 블레셋과 같이 유다 사람을 에돔의 노예로 넘겨 버린 죄(암 1:9)를 달게 받아야 한다고 했다. 암몬은 이스라엘이 약한 틈을 타서 길르앗을 잔인하게 공격했고(암 1:13), 모압은 에돔왕의 뼈를 불살라 재를 만드는 잔인함을 드러냈으므로(암 2:1) 벌을 받을 것이라 했다.

이방 왕국들이 비윤리적인 죄로 인해 징계를 받는다면 유다와 이스라엘은 그와 달랐다. 그들은 율례를 버렸다. 거룩한 하나님의 이름을 더럽혔다. 은혜를 잊었다. 나실인에게 포도주를 먹이고 선지자를 타락시켰다. ©

4장에서는 사마리아의 귀족 부인을 '바산의 암소들아'라고 부른다. 풀이 많은 갈릴리 바다 동쪽의 바산은 지금도 소를 기르기에 적합한 장소다. 안연히 거하면서 힘없는 자를 학대하고 남편을 죄짓도록 타락시키는 여인을 지칭하는 말이다.

아모스는 금송아지가 있는 벧엘에서 예언했다. 아브라함과 야곱의 신앙을 물려받은 성소를 느밧의 아들 여로보암은 오염된 신앙으로 물들였다. 이 성스러운 장소가 죄의 근원이 되어 멸망 1순위 장소로 바뀌었다.

드고아에서 벧엘까지는 직선거리로 32km다. 당시 남북은 서로 무관심 속에서 적대 감정 없이 남과 북으로 확장 정책을 폈다. 그래서 아모스가 벧엘로 쉽게 갈 수 있었지만 벧엘의 제사장 아마샤에게는 아모스의 예언이 왕을 모반하는 것과 다름없어 보였다. 아마샤는 벧엘이 왕의 성소요 나라의 궁궐이라고 하였다.

> 때에 벧엘의 제사장 아마샤가 이스라엘의 왕 여로보암에게 보내어 이르되 이스라엘 족속 중에 아모스가 왕을 모반하나

/
바산의 암소
바산은 제주도처럼 풀이 많아 소가 자라기에 적합한 장소다.

//
암소들의 모임
이스라엘의 상류층 여자들은 바산의 암소들처럼 풍요를 위해 수단과 방법을 가리지 않았다.

니 그 모든 말을 이 땅이 견딜 수 없나이다 암 7:10

아모스는 여호와의 날을 메뚜기, 불, 다림줄, 여름 과일, 문지방 등 5개의 환상을 통해 알려 준다. 이중 여름 과일은 '콰이츠'인데 '종말'이라는 '케츠'와 발음이 비슷하다. 학자에 따라 북쪽에서는 여름 과일과 종말이라는 단어가 동일한 발음이었다고 한다. 워드 플레이로 여호와의 날을 시각적으로 보여 주려 한 것이다.

그가 말씀하시되 아모스야 네가 무엇을 보느냐 내가 이르되 여름 과일 한 광주리니이다 하매 여호와께서 내게 이르시되 내 백성 이스라엘의 끝이 이르렀은즉 내가 다시는 그를 용서하지 아니하리니 암 8:2

몇 세기 전 여호사밧은 모압 연합군의 침공을 받았을 때 하나님을 신뢰하고 찬양대를 앞서 나가게 함으로 연합군끼리 서로 싸우다 동맹이 실패로 돌아가게 한 일이 있다.

그 전쟁의 노획물을 모아 둔 곳이 드고아 앞의 '브라가 골짜기'다. 여호와를 신뢰하여 축복을 얻은 메시지가 고스란히 남아 있던 브라가 골짜기 인근 드고아에서 아모스가 전한 소식은 축복이 아니라 심판이었다.

이스라엘의 가장 큰 문제는 말씀의 기갈이었다. 느밧의 아들 여로보암은 레위 사람을 쫓아내고 자신이 원하는 제사장을 세움으로 여호와의 말씀을 기억하고 전수할 사람을 잃어버렸다. 선지자는 순간적으로 돌이킬 수 있을지 모르지만 그 말씀을 유지하는 제사장이 없으면 장기적인 유지 발전이 불가능하다. 아모스의 외침은 그것을 반영하는 듯하다.

주 여호와의 말씀이니라 보라 날이 이를지라 내가 기근을 땅에 보내리니 양식이 없어 주림이 아니며 물이 없어 갈함이 아니요 여호와의 말씀을 듣지 못한 기갈이라 암 8:11

여름 과일인 벧엘의 석류
알갱이가 많아 복을 상징한다.

서쪽에서 본 드고아와 그 앞 브라가 골짜기
현재는 올리브가 주로 심겨져 있다.

아모스에 의하면 아람 민족은 '기르(Kir)'에서 유래했다(암 9:7).

> 여호와의 말씀이니라 이스라엘 자손들아 너희는 내게 구스 족속 같지 아니하냐 내가 이스라엘을 애굽(이집트) 땅에서, 블레셋 사람을 갑돌(그레데)에서, 아람 사람을 기르에서 올라오게 하지 아니하였느냐 암 9:7

기르(Kir) 출신의 아람은 그들이 왔던 메소포타미아로 다시 끌려가서 앗수르를 섬길 것이라고 말한다(암 1:5). 그의 예언은 머지않은 시기에 성취되었다.

> 앗수르왕(디글랏빌레셀 3세, BC 732년)이 그 청을 듣고 곧 올라와서 다메섹을 쳐서 점령하여 그 백성을 사로잡아 기르로 옮기고 또 르신을 죽였더라 왕하 16:9

선지자 아모스의 이 진술은 힘겨웠던 BC 9세기 말과 8세기 초의 상황을 반영한다. 선지자들은 앗수르 원정의 소강상태가 영원히 지속되지 않을 것임을 알았다. 이스라엘에 대한 격한 표현은 시대를 내다보는 심정에서 나온 우려였다. BC 8세기 중반 선지자의 글은 이런 배경에서 선포되었다.

아모스
Amos

עָמוֹס ⇐ עמס

아모스 ⇐ 아마스(들어 올리다)=짐을 진 자

<table>
<tr><td rowspan="2">역사</td><td>정치</td><td colspan="4">이스라엘-여로보암 2세(BC 793-753), 유다-웃시야(BC 790-739)</td></tr>
<tr><td>사건</td><td colspan="4">지진, 남북 왕국 최고의 번영기</td></tr>
<tr><td colspan="2">지리</td><td colspan="4">유다 드고아 선지자로 북이스라엘 중 벧엘에서 예언</td></tr>
<tr><td colspan="2" rowspan="2">성경</td><td>1-2장</td><td>3-6장</td><td>7-8장</td><td>9장</td></tr>
<tr><td>주변 국가와
유다-이스라엘 경고</td><td>이스라엘 심판</td><td>아모스 환상</td><td>심판과 회복 환상</td></tr>
</table>

아모스서 개요

여로보암 2세와 아모스 예언 시대의 유물들

1910년 사마리아 궁전 안 행정을 돌본 것으로 보이는 건물에서 63개의 토기 파편(오스트라카Ostraca)이 발견되었다. BC 784-783년경의 문서로 아모스가 활동하던 여로보암 2세 시대의 유물로 추정된다. 주로 상거래에 사용된 글이지만 파편에 언급된 이름의 출신지를 통해 여호수아에 의해 지파가 땅을 분배받은 후 북이스라엘이 멸망할 때까지 지파의 경계선이 잘 지켜진 것으로 보인다. 발견된 파편에 나타난 지역은 주로 므낫세 지파의 땅이다. 아들이 없던 슬로브핫의 딸은 자신들에게도 땅을 분배해 주기를 원해 모세는 그렇게 하였다(민 27:7). 그 땅은 멸망 직전까지 잘 지켜졌다. 고대 히브리어 문자를 보아 말과 글이 잘 사용되었고, 밑줄 친 이름이 파편에 기록된 이름이다. 관직의 이름 중에 '-야후'가 많은 것으로 보아 여호와 신앙이 중앙 정부를 지배했음을 알 수 있다. 그러나 서민의 이름 중에는 '아비바알, 므비바알' 같은 이름이 있는 것으로 보아 민간에는 여전히 바알 신앙이 존재했음을 알 수 있다. 특히 관직에 '고멜'이라는 이름이 있어 여로보암 2세 때 활동하던 호세아 선지자 아내를 기억하게 한다.

2 므낫세의 남은 자손을 위하여 그들의 가족대로 제비를 뽑았는데 그들은 곧
아비에셀의 자손과 헬렉의 자손과 아스리엘의 자손과 세겜의 자손과 헤벨의
자손과 스미다의 자손이니 그들의 가족대로 요셉의 아들 므낫세의 남자 자손
들이며 3 헤벨의 아들 길르앗의 손자 마길의 증손 므낫세의 현손 슬로브핫은

사마리아 토기에 기록된 가족들의 정착지는 므낫세 지파의 슬로브핫의 딸들이 잘 정착하였음을 알려 준다.

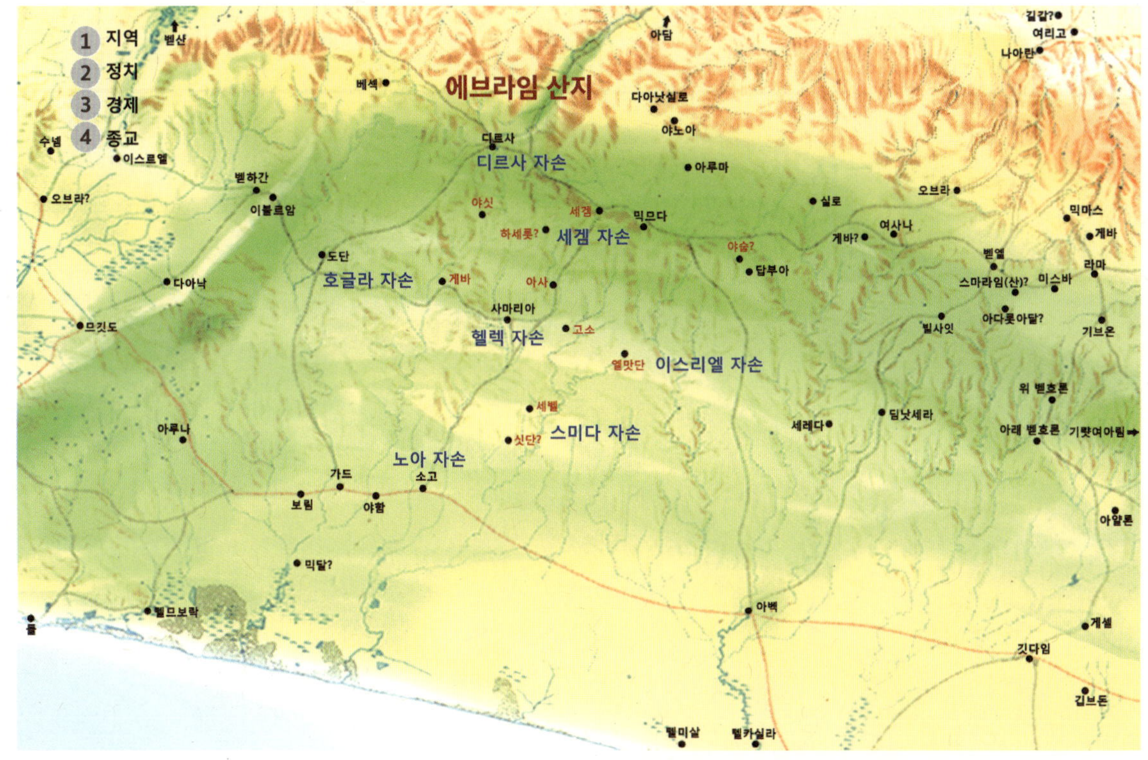

아들이 없고 딸뿐이요 그 딸들의 이름은 말라와 노아와 호글라와 밀가와 디르사라 수 17:2-3

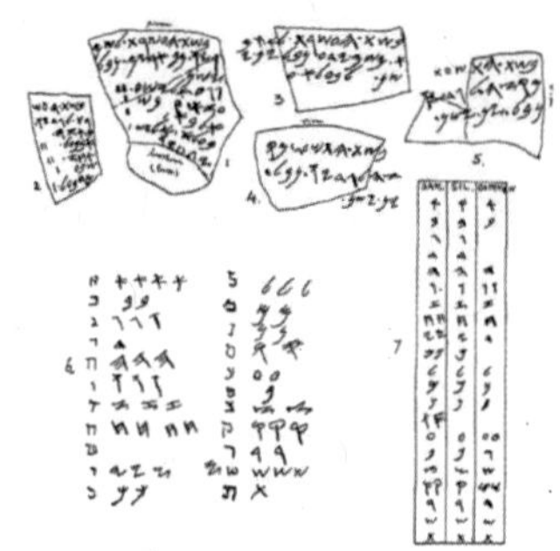

1910년 사마리아 궁전에서 발견된 63개의 토기에는 궁전에 바친 기름, 포도주 등 물품 목록이 적혀 있다.

대거 발견된 상거래에서 사용되던 토기 파편들은 공물이나 외상값을 잊지 않고 기억하려는 사마리아성의 노력을 보는 듯하다. 사마리아 지역에서 유일하게 발견된 기록물이 공물과 상거래 관계 문서라는 점은 아모스 2:6-8을 생각나게 한다.

6 여호와께서 이와 같이 말씀하시되 이스라엘의 서너 가지 죄로 말
미암아 내가 그 벌을 돌이키지 아니하리니 이는 그들이 은을 받고
의인을 팔며 신 한 켤레를 받고 가난한 자를 팔며 7 힘없는 자의 머
리를 티끌 먼지 속에 발로 밟고 연약한 자의 길을 굽게 하며 아버지
와 아들이 한 젊은 여인에게 다녀서 내 거룩한 이름을 더럽히며 8 모
든 제단 옆에서 전당 잡은 옷 위에 누우며 그들의 신전에서 벌금으
로 얻은 포도주를 마십이니라 암 2:6-8

| 앗수르 침공 이전 유다 남부 상황 3 |

네게브까지 영토를 확장하다

성경 열왕기하 15장; 역대하 26장; 호세아; 이사야 1-6장

연대 BC 790-739

역사적 배경 앗수르 살만에셀 4세, 아슈르단 3세 통치

핵심 본문 웃시야 통치, 엘롯 건축, 나병에 걸린 웃시야 왕

지도 열왕기하 4

열왕기하 4
네게브를 개척한 유다
■유다 요새

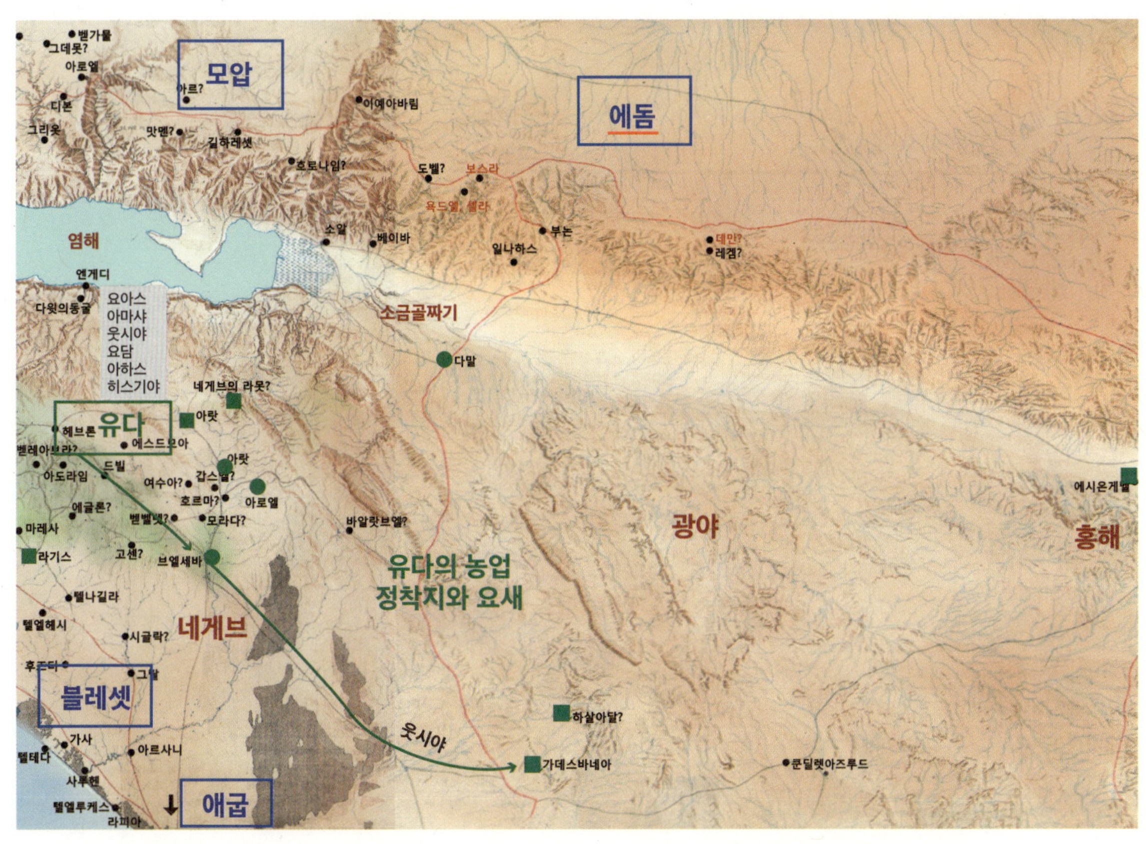

남왕국 웃시야(아사랴, BC 790-739)의 번영: 네게브를 개척하다 왕하 15:1-7; 대하 26:1-23

이스라엘의 성장, 풍요로움과 함께 유다도 서쪽(블레셋)과 남쪽(네게브와 에돔, 홍해 엘랏)에서 눈부신 성장세를 보였다. 요단 동편 왕의 대로를 누가 통제했는지는 정확히 알려지지 않았지만 "암몬 사람들이 웃시야에게 조공을 바치매"(대하 26:8)라는 기록을 근거로 유다가 요단 동편 남중부를 통제했음을 알 수 있다.

> 암몬 사람들이 웃시야에게 조공을 바치매 웃시야가 매우 강성하여 이름이 애굽 변방까지 퍼졌더라 대하 26:8

이 시대에 유다가 성장한 데는 세 가지 요인이 있다고 할 수 있다. 첫째는 예루살렘과 그 접근로까지 이르렀던 다메섹의 압력이 사라졌다. 둘째는 하사엘 침공 후 이스라엘의 관심이 그들의 도시와 요새를 재건해야 할 북쪽에 있었다. 셋째는 애굽이 약화되어 유다의 서쪽과 남쪽 도로에 대해 세력을 떨칠 수가 없었다.

이 요소들이 유다를 번영케 하였지만 이런 환경을 가능하게 하고 잘 사용한 사람은 바로 아사랴라고 불리는 젊은 왕 웃시야의 통치 덕택이었다. 그는 아버지 아마샤가 암살된 후 16세에 왕위에 올라 영토 확장에 힘썼다.

> 아마샤 왕이 그의 열조들의 묘실에 누운 후에 웃시야가 엘롯을 건축하여 유다에 돌렸더라 대하 26:2

북왕국이 북쪽으로 역사상 최대 국경을 확보하고 있을 때 남유다의 웃시야는 홍해에 있는 엘롯(엘랏)을 건축하여 남쪽 확장에 힘썼다. 이 시대의 고고학적인 증거는 유다가 남쪽을 잘 통제했을 뿐 아니라 그곳에 새 정착지를 만들고 경제를 발전시켰음을 말해 준다. 특별히 네게브에 농사를 장려하여 현대 이스라엘의 네게브 개척의 본이 되었다.

> 또 (웃시야가) 광야에 망대를 세우고 물 웅덩이를 많이 파고 고원과 평지(쉐펠라)에 가축을 많이 길렀으며 또 여러 산과 좋은 밭에 농부와 포도원을 다스리는 자들을 두었으니 농사(땅)를 좋아함이었더라 대하 26:10

/

엘랏(=엘롯) 항구
엘랏은 현재도 이스라엘-요르단-사우디의 경계로 홍해를 통해 인도양, 태평양까지 나갈 수 있는 중요 해상로다. 솔로몬에 이어 여호사밧도 이곳을 통해 아프리카 내륙 무역을 열려다가 실패하였다.

//

남방의 광야에서 자라는 가축과 농경지
웃시야는 강한 군사력으로 남쪽을 안전하게 보호하고 농경지를 개발했다.

이 시기에 발견되는 고고학적 자료가 솔로몬 당시의 상황과 비슷한 것을 보면 BC 8세기 중반에 유다가 상당히 강성했음을 알 수 있다.

웃시야가 강성할 때 유다왕들의 고질병이 돌았다. 그는 마음이 교만하여 여호와의 성전에 들어가 향단에 분향하려 하였다(대하 26:16). 제사장들이 이를 저지하자 왕이 화를 냈고 이 때문에 웃시야의 이마에 나병이 발병했다. 웃시야는 많은 공로에도 불구하고 나병환자가 되어 별궁에 살았고 아들 요담이 위임통치를 했다. 그는 죽어서도 다윗왕의 묘실에 둘 수 없어 근접한 곳에 따로 장사 지냈다.

여기서, 묵상

아론의 아들들, 즉 나답과 아비후가 향로에서 나온 불로 살라졌고, 웃시야 왕이 직접 향단에 분향하려다 나병에 걸리는 일이 발생하자 유다는 향을 피우는 일을 몹시 두려워했다. 훗날 세례 요한의 아버지 사가랴도 이곳에서 벙어리가 되었다. 이미 살펴본 바와 같이 향로는 성도들의 기도가 쏟아지는 곳이다. 성도를 대표하여 기도하는 자들이 얼마나 조심하고 두려워해야 하는지를 알게 하는 역사다.

| 앗수르 침공 전 정책과 전쟁 3 |

반앗수르 동맹으로 대항하다

성경 열왕기하 15장; 아모스; 호세아; 이사야 7장 **연대** BC 753-732

역사적 배경 앗수르 아슈르단 3세, 아슈르니라리 5세, 디글랏빌레셀 3세 통치

핵심 본문 혼란기의 북왕조 왕들, 반앗수르 동맹, 디글랏빌레셀 3세의 침략

지도 열왕기하 3

여로보암 2세가 죽자 북왕국의 평화도 끝이 났다. 이스라엘은 여로보암 2세 사후 BC 753년에서 722년까지 30년간 6명의 왕과 5왕조가 등장하는 혼란기를 겪게 된다. 사실상 북왕국은 끝난 셈이다. 마구잡이식 왕들의 등극을 호세아 선지자는 이렇게 말한다.

> 그들이 왕들을 세웠으나 내게서 난 것이 아니며 그들이 지도자들을 세웠으나 내가 모르는 바이며 그들이 또 그 은, 금으로 자기를 위하여 우상을 만들었나니 결국은 파괴되고 말리라 호 8:4

이스라엘왕 스가랴(BC 753): 6개월 만에 살해당함 왕하 15:8-12

짧은 시간에 이스라엘과 유다는 급격한 쇠퇴를 경험한다. 이 두 왕국의 번영은 앗수르가 잠시 자리를 비운 사이 일어난 어부지리 효과였을 뿐이었다. 앗수르가 다시 일어나자 상황은 돌변했다. 여로보암 2세의 죽음과 함께 그의 아들 스가랴는 6개월 만에 백성이 보는 앞에서 살룸에게 죽임을 당한다. 여호와의 약속대로 4대를 채우고 5대에 예후의 집은 종말을 맞이한다(왕하 10:30, 15:12).

이스라엘왕 살룸(BC 752): 한 달 천하 왕하 15:13-16

여로보암 2세의 영화를 단칼에 잘라 버린 야베스의 아들 살룸은 사마리아에서 한 달간 통치하다가 디르사에서 온 므나헴에게 죽임을 당한다. 야베스가 길르앗 야베스를 의미한다면 살룸은 후에 등장할 베가처럼 길르앗 출신 사람으로, 동쪽 아람의 지지를 받은 자가 여로보암 2세 집안을 몰락시켰을 가능성도 있다. 사사 시대에 야베스 여인 400명이 베냐민 지파의 아내가 되었다. 또한 암몬의 침략을 받았을 때 사울의 도움으로 구원을 받은 뒤 그 은혜를 잊지 않고 벧산에 못 박힌 사울의 시체를 가져와 장사 지내 주었다. 베냐민 지파와 관련이 많았던 야베스의 살룸이 아람과 연합하여 왕권을 얻었지만 한 달 천하로 끝이 났다.

/

야베스 길르앗

살룸은 야베스 사람이다. 야베스는 사울을 장사 지내 준 마을로, 정치적으로 친아람 경향을 띠었을 것이다.

//

므나헴은 친앗수르파로 디글랏빌레셀이 먼 북쪽 아르밧에 있을 때 조공을 드렸고 조공 물품과 장면들이 남겨져 있다. (대영박물관)

이스라엘왕 므나헴(BC 752-742): 앗수르에게 조공 바침 왕하 15:17-22

예후의 가문이 몰락한 후 내전 양상의 왕위 쟁탈전은 열왕기하 15:8-22에 간략하게 묘사되었다. 사마리아가 수도가 되기 전의 수도였던 디르사는 수도 천도에 대해 불만이 많았다. 압살롬이 헤브론의 민심을 이용했듯이 므나헴도 반사마리아 정서를 이용하여 반란을 일으켰다. 므나헴 때 앗수르의 디글랏빌레셀 3세가 원정을 왔다. 디글랏빌레셀 3세의 3차에 걸친 원정은 이스라엘과 유다 모두에 영향을 주었기에 지도 열왕기하 6에서 따로 다루도록 하겠다. 므나헴은 디글랏빌레셀이 BC 743년 북쪽 아르밧에서 전쟁을 할 때 레반트의 가신들과 함께 조공을 보냈다. 그가 조공을 바치는 기록과 모습이 니느웨궁에서 발견되었다.

앗수르왕 불이 와서 그 땅을 치려 하매 므나헴이 은 천 달란트를 불에게 주어서 그로 자기를 도와주게 함으로 나라를 자기 손에 굳게 세우고자 하여 왕하 15:19

므나헴은 귀족들에게 세금을 갹출하여 은 천 달란트를 앗수르왕에게 바치고 왕위를 공고히 했지만 결국 이때부터 이스라엘은 앗수르의 속국처럼 되었다. 이때는 여로보암 2세와 비교되는 슬픈 시대다. 이스라엘은 왕국을 마무리하는 마지막 수순을 밟고 있을 뿐이었다.

이스라엘왕 브가히야(BC 742-740)와 베가 (BC 752-732): 혼돈의 정권 교체

왕하 15:23-26

이스라엘왕 므나헴은 그나마 아들에게 왕위를 물려주었으나 혼돈의 시기에 왕위가 이어지기는 힘들었다. 반앗수르 세력이던 요단 동편 길르앗 지역을 다스

열왕기하 3
여로보암 2세 사후 혼란기에 아람과 이스라엘이 유다에 반앗수르 동맹을 압박했다.

리던 베가는 일찌감치 므나헴 때부터 적대 세력이었다. 그는 아람의 필요를 이용하여 그들과 동맹했다. 서쪽 므나헴이 죽고 브가히야가 정권을 잡자 아람과 동맹한 베가는 서쪽 왕국을 공격하여 BC 740년에 이스라엘의 비참한 정권 교체를 이룬다. 그 해에 이스라엘의 요단 동쪽, 길르앗을 책임지던 군대장관 베가(Pekah)가 브가히야를 사마리아에서 암살하고 길르앗 사람 오십 명과 더불어 왕위를 빼앗았다.

> 그 장관 르말랴의 아들 베가가 반역하여 사마리아왕궁 호위소에서 왕과 아르곱과 아리에를 죽이되 길르앗 사람 오십 명과 더불어 죽이고 대신하여 왕이 되었더라 왕하 15:25

추정컨대 이스라엘의 왕위 찬탈은 다메섹의 르신을 지지하며 이루어졌을 것이다. 앗수르를 방어하는 일은 다메섹과 이스라엘의 공통 관심사였다. 다메섹은 사마리아가 군사 동맹을 지지해 주기를 바라고 불안정한 사마리아의 정치 상황을 이용하여 동맹을 주도하고 싶었다. 아람과 교통하기 쉬운 길르앗은 좋은 교섭 대상이었다.

아람왕 르신(BC 750-732): 반앗수르 동맹의 실패 왕하 15:27-31

BC 740년 아람의 다메섹왕 르신은 안전이 위협당하고 있음을 알았다. 몇 해 전에 이스라엘왕 므나헴과 함께 왕위를 유지하기 위하여 앗수르에게 막대한 조공을 바쳤다. 그러나 이것은 단지 시간을 벌기 위한 지연 전술에 불과했다. 큰 적 앗수르 군대가 다시 돌아오기 전에 공동 방어가 조직되어야 했다. 이 전략은 한 세기 전 앗수르의 세력 확장을 일시나마 저지했던 카르카르 전투(BC 853년)까지 거슬러 올라갈 수 있다.

만약 다시 강력한 공동 전선이 실현된다면 다메섹은 자신감을 가지고 동맹의 선봉장으로 싸울 수 있을 것이고, 만약 성공하지 못한다면 최고의 위협에 직면해야 했다. 다메섹은 해변길이 지나가는 최북단에 있으므로 앗수르가 침략해 온다면 가장 먼저 몰락할 운명이었다. 이스라엘은 다메섹 바로 뒤에 있다. 여로보암 2세 때 누리던 번영은 앗수르 군대가 들어오는 순간 손가락 사이로 빠져나갈 것이었다. 이와 같이 이 시대는 앗수르의 군사 위협에 동맹이 요구되는 정치적

/
살만에셀의 발라왓 성문
약 7m 높이의 문으로 아람, 이스라엘이 연합하여 앗수르를 대항한 카르카르 전투가 묘사되어 있다.(대영박물관)

//
발라왓 성문 청동 부조에는 앗수르가 고문하여 살해하는 장면이 양각되어 있다.(대영박물관)

혼란기였다.

정권을 잡은 베가의 주도로 BC 740-734년 아람과 이스라엘 동맹이 이루어진다. 이 시점에 다메섹의 르신이 유다 아하스에게 이 동맹에 가담할 것을 요구했으나 유다는 거절했다. 이에 따라 이스라엘-아람 동맹은 유다를 칠 계획을 세운다. 르신의 첫 단계는 유다의 동맹 관계를 약화시키는 것이다. 그는 이를 위해 에돔을 이용했다. 에돔의 반역을 부추김으로 유다를 약화시키고 가능한 한 더 많은 지지 세력을 얻는 것이었다. 더 나아가 아람은 전왕(前王) 하사엘이 요단 동편 전체를 다스린 것처럼 에돔을 다시 통제하고 유다의 최남단 엘랏을 차지한 것 같다. 어떤 이들은 열왕기하 16:6의 '아람'이 '에돔'이라고 읽혀야 한다고 하나 본문 그대로 아람이라고 생각해도 무관하다고 본다.

> 당시에 아람의 왕 르신이 엘랏을 회복하여 아람에 돌리고 유다 사람을 엘랏에서 쫓아내었고 아람 사람이 엘랏에 이르러 거기에 거주하여 오늘까지 이르렀더라 **왕하 16:6**

이런 행동 계획과 함께 다메섹과 이스라엘은 유다에 연합 공격을 가해서 예루살렘 주변을 쑥대밭으로 만들고 대부분의 백성을 사로잡아 갔다. 이때에 우두머리격인 다메섹이 이스라엘-(유다: 비협조적)-요단 동편-에돔과 동맹을 주도할 수 있었다. 이처럼 앗수르가 근동을 위협하는 시대에 다메섹이 주도적 역할을 수행했다. 혹자는 이런 지정학적 전술의 천재성을 칭송하기도 한다.

그러나 곧이어 도착한 디글랏빌레셀 3세는 그들을 무참히 짓밟아 놓았다. 디글랏빌레셀의 바벨론식 이름은 '불'(Pul)이었던 것 같다. 베가는 결국 앗수르왕 앞에 머리를 조아렸고 그 광경이 앗수르 비문에 남아 있다. 베가의 반앗수르 동맹의 실패는 뼈저린 값을 치러야 했다. 앗수르왕

지도 그리기

열왕기하 3

부록에서 지도를 찾아 그리세요

은 베가의 본거지였던 길르앗 지역에 사는 르우벤, 갓, 므낫세 반 지파를 포로로 잡아갔다.

> 그러므로 이스라엘 하나님이 앗수르왕 불의 마음을 일으키시며 앗수르왕 디글랏빌레셀의 마음을 일으키시매 곧 르우벤과 갓과 므낫세 반 지파를 사로잡아 할라와 하볼과 하라와 고산강가에 옮긴지라 그들이 오늘까지 거기에 있으니라 대상 5:26

디글랏빌레셀 3세에게 항복하는 베가
사마리아의 베가가 왕복을 벗고 왕의 발아래 엎드려 있다.(대영박물관)

궁금해요

앗수르왕과 이스라엘

왕국 시대 후반으로 갈수록 앗수르왕의 이름이 자주 언급된다. 성경은 믿음의 사람을 중심에 놓고 역사를 기술하지만, 세상은 강자를 중심에 놓고 역사를 기술하므로 세계사와 성경의 역사가 다르게 생각될 때가 많다. 이번에는 강자를 중심에 두고 성경의 인물을 나열해 보자.

앗수르왕	통치 연대	북이스라엘왕	남유다왕	주요 사건
Adad-nirari II 아닷니라리 2세	BC 912-891	여로보암, 나답, 바아사	르호보암, 아비야, 아사	
Tukulti-Ninurta II 투쿨티니루타 2세	BC 891-884	바아사	아사	
Ashur-nasir-pal II 아슈르나시르팔 2세	BC 884-859	바아사, 엘라, 시므 리, 오므리, 아합	아사, 여호사밧	
Shalmaneser III 살만에셀 3세	BC 859-824	아합 아하시야, 여호람, 예후	여호사밧, 여호람, 아하시야, 아달랴, 요아스	카르카르 전투 예후 조공
Shamshi-Adad V 삼쉬아닷 5세	BC 824-811	예후	요아스	
Adad-nirari III 아닷니라리 3세	BC 810-783	여호아하스, 요아 스, 여로보암2세	요아스, 아마샤, 웃시야	BC 796년에 다메섹 함락 -이스라엘 구원
Shalmaneser IV 살만에셀 4세	BC 782-772	여로보암2세	웃시야	
Ashur-Dan III 아슈르단 3세	BC 771-754	여로보암2세	웃시야, 요담	요나 활동

Ashur-nirari V 아슈르니라리 5세	BC 753-746	여로보암2세, 스가랴, 살룸, 므나헴	웃시야, 요담	
Tiglath-Pileser III 디글랏빌레셀 3세	BC 745-727	므나헴, 브가히야, 베가, 호세아	웃시야, 아하스	BC 734, 733, 732 침공 므나헴 조공 베가 항복
Shalmaneser V 살만에셀 5세	BC 727-722	호세아	히스기야	사마리아 포위
Sargon II 사르곤 2세	BC 722-705	호세아	히스기야	사마리아 정복
Sennacherib 산헤립	BC 705-681		히스기야, 므낫세	유다 원정
Esarhaddon 에살핫돈	BC 681-669		므낫세	애굽 놉 점령
Ashurbanipal II 아슈르바니팔	BC 669-627		므낫세, 아몬, 요시야	
샤마쉬 슘 우킨	BC 629-612		요시야	바로 느고 갈그미스 전투 앗수르 멸망

위 표에서 보듯 앗수르는 아합 시대에 이스라엘 원정을 시도했다. 그러나 BC 853년 거대한 적수인 앗수르의 살만에셀 3세 공격을 카르카르에서 아합과 아람의 벤하닷과 심지어 남쪽의 여호사밧까지 연합하여 막아 냈다.

그러나 이 연합은 오래가지 못했다. 특별히 BC 841년 예후의 혁명 이후 이스라엘 주변 국가는 모두 적대국으로 변해 뿔뿔이 흩어졌다. 그때를 놓치지 않고 살만에셀 3세가 다시 침공하여 다메섹을 치고 예후의 조공을 받았다.

예후의 손자 요아스는 엘리사에게 활의 언약을 받은 후 다메섹의 아람을 3번 쳐서 이긴다. 이때 큰 공헌을 한 나라가 앗수르다. 아닷니라리 3세는 BC 796년에 다메섹을 정복하였고, BC 773년 그의 군대장관 삼쉬 일루가 다시 공격했다. 두 번째는 지중해 해안을 향한다. 요아스는 즉위 2년 BC 796년 조공을 바쳐 다메섹을 견제하였다. 아닷니라리는 이에 응하여 다메섹을 포위하여 그 힘을 약화시켰다. 아닷니라리 3세 이후 앗수르는 수십 년간 침체기에 들어선다. 이즈음에 요나는 앗수르로 갔고 그가 니느웨에 가서 외칠 때의 앗수르왕은 아슈르단 3세로 추정된다.

앗수르는 디글랏빌레셀 3세 때 본격적인 원정을 시작한다. BC 743년에 1차, 733년에 2차, 732년에 3차 원정을 하면서 이스라엘 전역을 침공하였다. 이때 이스라엘의 베가는 아람과 연합 전선을 펴고 유다의 아하스를 끌어들여 아합 때처럼 반앗수르 연합군을 조직하려 하였다. 그러나 아하스가 거절하면서 연합 전선은 실패로 끝난다. 결국 앗수르는 베가를 폐위시킨 뒤 친앗수르파인 호세아를 왕위에 앉힌다.

그러나 호세아도 앗수르의 과중한 조공 요구에 친이집트로 돌아섰다가 살만에셀 5세의 침공을 받고 궁지에 몰린다. 왕위를 물려받은 사르곤 2세는 북이스라엘의 사마리아를 완전히 점령한다.

사르곤이 이스라엘을 점령할 때 남유다의 왕은 히스기야였다. 히스기야는 때를 기다렸다가 반앗수르 연합을 조직한다. 사르곤에 이어 산헤립이 왕위에 올랐을 때였다. 산헤립의 공격을 받고 유다의 히스기야는 죽기살기로 막았으나 역부족이었다. 하나님이 전염병으로 18만 5천 명을 치시지 않았다면 유다도 이때 멸망했을 것이다. 산헤립은 돌아가 신전에서 예배하다가 암살되고 그의 아들 에살핫돈이 왕이 되었다. 꺾이지 않는 앗수르의 기세에 히스기야에 이어 왕이 된 므낫세는 정책을 바꾸어 앗수르에 조공한다.

앗수르왕들
아슈르나시르팔 2세와 그의 아들 살만에셀 3세, 그의 아들 삼쉬아닷 5세. 살만에셀 3세는 카르카르 전투에서는 아합과 맞섰고, 예후에게는 조공을 받았다.

에살핫돈은 이집트 원정으로 삼각주의 놉(멤피스)을 점령하였다. 앗수르는 에살핫돈에 이은 아슈르바니팔 2세 때 최고의 전성기를 누린다. 아슈르바니팔 2세는 나일강 상류의 수도 노아몬을 두 차례나 점령하였다. 그러나 한편으로 형제 샤마쉬 슘 우킨이 바벨론에서 일으킨 반란을 수습하느라 애를 먹었다. 엘람의 수사를 점령하고 최고의 제국을 이루었지만 반란이 끊이지 않다가 그의 사후에 앗수르는 급속도록 쇠퇴의 길을 걷게 된다. 마침내 남쪽에서 일어난 바벨론의 나보폴라살 연합군에 밀려 수도를 하란까지 옮기고 이집트 느고의 힘까지 빌렸으나 역사의 뒤안길로 밀려나고 만다.

| 앗수르 침공 이전 유다 남부 상황 4 |

영화로운 옛날은 갔다

성경 열왕기하 15-16장; 역대하 27-28장; 아모스; 호세아; 이사야 1-12, 15-16장 **연대** BC 750-715

역사적 배경 디글랏빌레셀 3세 통치

핵심 본문 디글랏빌레셀의 맹렬한 공격, 이사야, 미가 선지자 활동

지도 열왕기하 4, 열왕기하 5

: 39일

오늘 읽을 분량

성경 왕하 16, 미 1-7

본서 178-188쪽

성경의 맥 잡기

1. 유다왕 아하스 때 이스라엘과 아람의 협공을 받음
2. 미가는 쉐펠라 지역에서 앗수르의 등장으로 인한 유다 심판을 예언했다.

신구약 연결 포인트

1. 미가 5:2은 예수님이 베들레헴에 태어날 것을 예언한다.

묵상 가이드

1. 앗수르를 대적하기 위해 아람, 이스라엘, 유다의 협력이 필요했지만 유다는 거절하고 앗수르 편을 든다.
2. 미가가 예언한 쉐펠라 지역의 라기스는 유다의 병거성으로 하나님보다 병거를 더 의지하는 유다왕의 죄의 근본이 되었다.

유다왕 요담(BC 750-731): 두려움에 빠진 종교인 왕하 15:32-38; 대하 27:1-9 39일

유다의 전환점은 이사야의 글에 간단하게 기록되어 있다. BC 740년, 웃시야 왕이 죽던 해(사 6:1)까지 웃시야의 아들 요담은 아버지와 10년간 공동 통치하고 있었다. 그동안 유다는 안정을 유지하였으나 북쪽 다메섹과 이스라엘은 앗수르의 위협을 받았다. 요담은 비교적 무난하게 태풍 전야를 지내고 있었다. 다만 웃시야의 나병 트라우마로 하나님을 두려워했으나 가까이하지는 않았다. 그의 이 같은 신앙은 아들 아하스에 이르러 하나님을 멀리하는 결과를 가져왔다.

> **34** 요담이 그의 아버지 웃시야의 모든 행위대로 여호와께서 보시기
> 에 정직히 행하였으나 **35** 오직 산당을 제거하지 아니하였으므로 백
> 성이 여전히 그 산당에서 제사를 드리며 분향하였더라 요담이 여호
> 와의 성전의 윗문을 건축하니라 **왕하 15:34-35**

BC 740년, 유다는 위기의 순간에 중요한 결정을 앞두고 있었다. '예루

살렘이 동맹을 맺은 북쪽 나라 다메섹과 이스라엘과 함께 앗수르에 대항할 것이냐'가 그것이었다. 과거 비슷한 상황에서 아합은 연합 전선을 폈고 예후는 이를 해체하였다. 이제 어느 것을 선택할 것인가? 요담은 미적거리다 이스라엘과 아람 연합군에게 공격을 받게 되었다.

> 그때에 여호와께서 비로소 아람왕 르신과 르말랴의 아들 베가를 보내어 유다를 치게 하셨더라 왕하 15:37

유다왕 아하스(BC 731-715): 우르르 무너지다 왕하 16장; 대하 28장

다메섹과 이스라엘이 하나가 되었지만 유다는 주변 정세를 관망하고 있었다. BC 8세기 중반까지도 유다는 웃시야 시대의 번영을 누리고 있었다. 그러나 BC 735년 아하스가 아버지 요담과 함께 공동 치리자로 있던 때에 유다의 상황이 급속도로 악화되었다. 아람의 다메섹과 이스라엘이 연합하여 유다를 침공한 것이다. 아람의 르신은 남쪽 끝 홍해 도시 엘랏(현 에일랏)을 점령하고 아프리카 스바 여왕이 왔던 교역로를 빼앗아 버렸다. 이로써 유다의 홍해 무역이 막히고 말았다(왕하 16:6). 뿐만 아니라 에돔 사람들이 유다까지 치고 들어왔다.

> (아하스왕 때) 이는 에돔 사람들이 다시 와서 유다를 치고 그의 백성을 사로잡았음이며 대하 28:17

힘이 약해진 유다는 하루에 용사 12만 명이 죽는 일도 있었다(대하 28:6). 이 틈을 타서 그동안 조공을 받던 나라까지 일어났다. 블레셋 사람들은 쉐펠라(평지)의 소렉 골짜기와 엘라 골짜기에 올라왔고 네게브(남방)를 점령하고 눌러 살았다.

/ **아하스가 잃어버린 홍해의 타바 섬**
중세 시대 살라딘이 십자군에 대항해 세운 요새는 홍해를 점유하기 위한 노력이었다. 멀리 보이는 곳이 사우디아라비아다.

// **소고성**
블레셋이 소고를 차지함은 엘라 골짜기의 깊숙한 곳까지 정복하였음을 의미한다. 다윗과 골리앗이 대결했던 곳이 이 앞 골짜기다.

18 블레셋 사람들도 유다의 평지와 남방 성읍들을 침노하여 벧세메스와 아얄론과 그데롯과 소고 및 그 주변 마을들과 딤나 및 그 주변 마을들과 김소 및 그 주변 마을들을 점령하고 거기에 살았으니 19 이는 이스라엘왕 아하스가 유다에서 망령되이 행하여 여호와께 크게 범죄하였으므로 여호와께서 유다를 낮추심이라 대하 28:18-19

여기서, 묵상

유다왕 웃시야의 영화가 이렇게 무력하게 무너진 이유는 무엇일까? 역대하 28:1-4에서 아하스의 악한 행위, 특히 자식을 불사르는 가증한 일까지 행함이 그 원인이라고 말한다. 좋은 신앙의 가문이 이렇게 무너진 계기는 웃시야부터다. 웃시야는 여호와를 잘 섬기다가 인생 후반에 교만에 걸려 넘어져 나병을 앓게 되었다. 아들 요담은 이런 아버지를 보고 하나님을 두려워하였지만 성전에는 들어가지 않았다. 예배를 드리지 않은 신앙인이었던 것이다. 그러니 아하스는 신앙 교육을 받지 못한 채 자라 여호와를 떠난 삶을 살게 되었다. 가족과 함께 예배하지 않고 자기 신앙만 지킨 요담의 결과물이 아하스였던 것이다.

선지자 이사야 1 : 암흑 시대에 더욱 하나님을 의지하라

가나안 땅의 중요한 역사가 열왕기하 15:37, 16:1-6과 역대하 28:1-15, 이사야 7장에서 상세하게 언급된다. 웃시야 때부터 예언을 시작한 이사야는 요담, 아하스, 히스기야왕까지 4대에 걸친 선지자로 사역하였다.

남다른 통찰력을 가졌던 선지자 이사야는 웃시야가 죽던 해인 BC 740년에 부름 받았다(사 6:1). 본격적인 활동은 웃시야의 손자 아하스가 왕일 때부터였다. 아람왕 르신과 이스라엘왕 베가가 올라와서 예루살렘 주변을 폐허로 만들고 예루살렘을 포위한 시기다. 이때 이사야가 다윗성 윗못 수도 끝 세탁자의 밭 큰 길에 있던 아하스에게 나아가서 두려워 말라고 말한다(사 7:3-4).

이사야는 아하스왕에게 하나님이 승리를 주실 터이니 징조를 구하라고 했다. 그런데 아하스는 의외로 이를 거절했다. 이미 앗수르왕 디글랏빌레셀에게 조공을 보내어 도움을 청한 상태였기 때문이다. 하나님보다 사람을 더 의지하는 왕의 결과는 참담했다.

감람산 전망대에서 바라본 다윗성
왼쪽의 푸른 경사로 내려오는 길에 기혼 샘이 있다. 만약 이곳이 윗못 세탁자라고 하면 선지자 이사야에 이어 앗수르 랍사게가 이곳에서 유다왕에게 경고하였다.

> 앗수르왕 디글랏빌레셀이 그에게 이르렀으나 돕지 아니하고 도리어 그를 공격하였더라 대하 28:20

이사야는 친히 징조를 주실 하나님의 사역을 선포한다.

> 그러므로 주께서 친히 징조를 너희에게 주실 것이라 보라 처녀가 잉태하여 아들을 낳을 것이요 그의 이름을 임마누엘이라 하리라 사 7:14

얼마 후 이와 동일한 장소에 선 사람은 아람과 이스라엘을 완전히 멸망시킨 앗수르의 장수 랍사게였다. 하나님은 그곳에 설 사람이 누구이며 그가 무엇을 행할 것인가를 아셨다. 지리적인 중요성과 연관성을 결코 배제하지 않으신다(왕하 18:17).

이때 이사야는 국면을 타개할 한 징조로 유명한 말씀을 한다. 역사적으로 특별히 어려운 시기에 예수님의 모습이 더 분명히 나타난다. 여기에 언급된 임마누엘은 부정적인 면이 강하다. 악인에게 임마누엘은 심판의 상징이기 때문이다. 예수님은 구원과 심판을 동시에 이루실 분이다.

이사야 선지자는 디글랏빌레셀 3세가 돌아오는 것은 시간문제이며, 다메섹과 이스라엘이 이 맹렬한 공격을 버틸 수 없다는 것도 알았다. 만약 유다가 조금만 더 견뎌 준다면 타고 남은 숯덩이에서 연기 나는 것과 같은 이 두 국가로부터 오는 현재의 위협은 아무것도 아닐 것이다. 이사야 40장 이후로 이사야는 앗수르 위협 후에도 계속될 바벨론 포로기와 그 해방을 바라보면서 노래한다.

이사야
Isaiah

ישע + יהוה = יְשַׁעְיָהוּ

예사야후=여호와+야솨(구원하다)=여호와가 구원하신다

<table>
<tr><td rowspan="2">역사</td><td>정치</td><td colspan="6">이스라엘: 베가(BC 752-732)와 호세아(BC 732-722)
유다: 아하스(BC 735-715)와 히스기야(BC 728-686)
앗수르: 디글랏빌레셀 3세(BC 745-727)와 살만에셀 5세(BC 727-722)</td></tr>
<tr><td>사건</td><td colspan="6">앗수르 남진으로 다메섹과 이스라엘 위기 중 멸망, 히스기야 항전 및 소망</td></tr>
<tr><td colspan="2">지리</td><td colspan="6">북쪽 연합군 베냐민 지역 침공, 쉐펠라 라기스 전투, 예루살렘 랍사게의 협박</td></tr>
<tr><td colspan="2" rowspan="2">성경</td><td>1-12장</td><td>13-23장</td><td>24-27장</td><td>28-35장</td><td>36장</td><td>40-66장</td></tr>
<tr><td>유다 책망</td><td>주변 나라 책망</td><td>심판과 승리</td><td>남북 왕조 책망</td><td>앗수르 산헤립 침략</td><td>위로와 소망</td></tr>
</table>

선지자 미가: 환난의 날에도 소망을 이야기하다

지도 열왕기하 5를 보면서 미가서를 보라.

25년 전 웃시야는 욥바, 야브넬, 아스돗으로 세력을 확장하였다. 그러나 손자 아하스 때는 상황이 역전되어 블레셋의 침략을 받았다. 역대하 28:18은 블레셋이 유다의 어디를 침략하였는지를 묘사하고 있다.

블레셋의 침략으로 인한 위협은 초대 왕 사울이 당했던 것과 비슷하다. 블레셋이 쉐펠라를 차지하는 순간 산지로 오르는 길이 열리고, 쉽게 베냐민 산지와 유다 산지를 위협할 수 있었다. 에돔 통제권을 잃은 유다왕 아하스는 남서쪽 네게브로부터 블레셋의 공격에 심각하게 노출되었다.

지금은 유다의 서쪽에서, 헤브론의 남쪽 네게브(남방)에서 더욱 심각한 위기에 직면했다. 지도에 블레셋의 침투를 나타내기 위하여 블레셋 이름에서부터 북동쪽, 동쪽, 남쪽의 네게브(남방)를 향하여 몇 개의 굵고 긴 파랑 화살표를 그려 보라.

미가 시대의 상황

이사야와 미가는 BC 8세기를 마감하는 어려운 시대를 살던 선지자들이다. 두 사람은 약소국이 서로 경쟁하며 뛰놀던 지금까지의 상황이 종료되고 이제 거대한 힘이 역사 무대에 등장하는 것을 보았다. 그것은 앗수르의 디글랏빌레셀 3세였다.

미가서는 이 시대의 상황을 반영한다. 먼저 미가서 1장을 읽으라. 1장은 미가

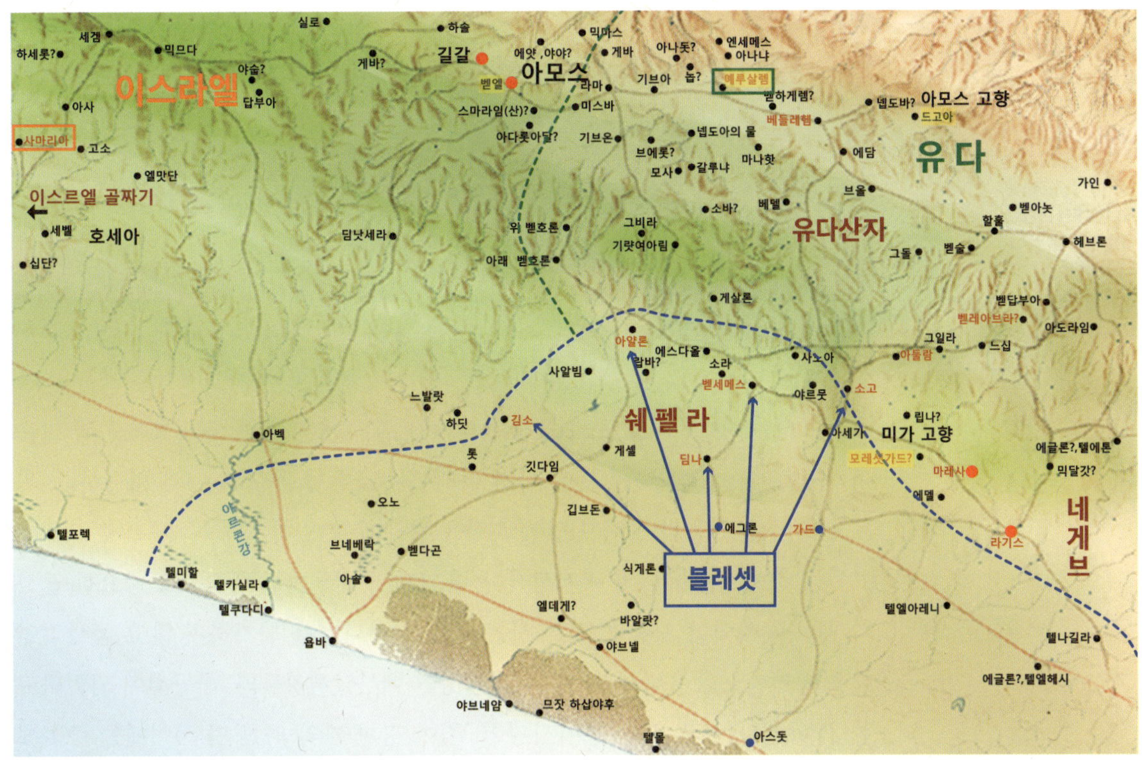

의 고향 모레셋 언덕에서 바라볼 수 있는 지경이다. 라기스와 마레사는 모레셋 남쪽의 주요 도시다. 이런 면에서 미가의 예언은 자신의 동네에서 바라본 지경을 주로 다루었다고 볼 수 있다. 표준새번역은 가드모레셋(모레셋가드)로 번역했다(미 1:14).

> 13 라기스(라키쉬) 주민아 너는 준마(레케쉬)에 병거를 메울지어다 라기스는 딸 시온의 죄의 근본이니 이는 이스라엘의 허물이 네게서 보였음이니라 14 이러므로 너는 가드모레셋에 작별하는 예물(모레쉣)을 줄지어다 악십의 집들이 이스라엘왕들을 속이리라 15 마레사 주민아 내가 장차 너를 소유할 자(모라스)로 네게 이르게 하리니 이스라엘의 영광이 아둘람까지 이를 것이라 미 1:13-15

1장에 언급된 많은 장소가 의미상 중요하나 정확히 밝혀지지 않은 곳이 대부분이다.

열왕기하 5
북이스라엘에 대한 경고와 미가 시대의 블레셋 팽창

미가의 고향인 가드모레셋에서 서쪽을 보면 마레사, 라기스가 보이고 멀리 유다 산지의 베들레헴 방향이 보인다. 그는 이 지역을 향하여 예언하였다.

/
라기스는 예루살렘 다음으로 큰 병거성이다. 병거가 올라가는 성문이 복원되고 있다.

//
마레사에서 바라본 쉐펠라 지역
평지가 많아 병거가 다니기 좋아 대규모 군대가 쳐들어오기 쉽다.

라기스는 히브리어로 준마(레케쉬)와, 가드모레셋은 작별 예물(모레쉣)과 발음이 비슷하다. 정복자라는 뜻을 가진 마레사는 소유할 자(모라스)와 비슷하다. 워드 플레이를 통해 각 도시가 당할 운명을 말해 주고 있다.

특히 라기스는 유다의 병거성이다. 유다에서 예루살렘 다음으로 중요한 군사기지다. 군사력이 집중된 이 도시는 왕들이 하나님을 의지하지 않고 군사적인 힘을 의지함으로 유다의 죄, 특히 시온성인 예루살렘왕들의 죄 근원이 되었다고 한다. 마레사는 몇 세기 전 아사왕이 "힘이 강한 자와 약한 자 사이에는 주밖에 도와줄 이가 없사오니"(대하 14:11)라면서 구스 군대 100만을 쳐부수던 곳이다. 이런 역사적인 장소가 이제는 적군에게 영광을 돌리는 장소로 사용될 것을 예언한다.

실제로 히스기야왕 때 쳐들어온 앗수르 산헤립은 라기스와 립나 등 쉐펠라를 집중 공격하여 일대를 초토화시켰다.

미가의 메시지는 나쁜 소식과 좋은 소식 둘 다를 포함한다. 가드모레셋에서 얻은 지리적인 조망과 함께 미가는 그 지경에서 일어난 유다의 역사와 조상에 대한 하나님의 약속을 깊이 묵상할 기회를 가졌을 것이다.

쉐펠라 고향에서 유다 산지를 바라볼 때 미가는 벧엘-헤브론 능선길인 족장의 도로를 따라 여행했던 족장과 그들에게 주어진 약속을 다시 기억하였으리라. 요셉을 낳고 오랫동안 자식을 생산치 못한 라헬이 베냐민을 낳다 죽은 후 야곱은 벧엘의 하나님과 맺은 약속을 믿는다는 것이 무척이나 어려운 일임을 깨달았을 것이다. 라헬은 베냐민을 낳다가 라마 곁에서 죽었다(렘 31장에서 암시). 이 비극은 야곱이 "내 환난 날에 내게 응답하시며 내가 가는 길에서 나와 함께하신 하나님"께 단을 세운 후(창 35:3) 벧엘에서 베들레헴까지 도로를 따라가는 길에 일어났다. 라헬을 장사한 후 야곱의 가족은 계속 여행해서 장막을 베들레헴 에델 망대 근처에 쳤다(창 35:16-21; 룻 4:11).

> 19 라헬이 죽으매 에브랏 곧 베들레헴 길에 장사되었고 20 야곱이 라헬의 묘에 비를 세웠더니 지금까지 라헬의 묘비라 일컫더라 21 이스라엘이 다시 길을 떠나 에델 망대를 지나 장막을 쳤더라 창 35:19-21

미가는 현재의 환난에도 불구하고 소망과 인내의 태도를 계속 견지한다. 미가서 4:1-5:9에서 선지자는 다윗의 날을 뒤돌아본다. 베들레헴의 천한 목동이고 이새의 막내였던 다윗은 이스라엘을 가장 위대하고 영광스런 시대로 이끌었다. 미가는 자신이 처한 시대의 어려움과 위협이 아직 끝나지 않았다는 것을 알았다. 광야에서 선한 목동과 함께 있는 양 떼처럼 레반트(大陸間地) 이스라엘의 안전과 번영은 하나님의 손에 달렸다.

> 너 양 떼의 망대요 딸 시온의 산이여 이전 권능 곧 딸 예루살렘의 나라가 네게로 돌아오리라 미 4:8
> 베들레헴 에브라다야 너는 유다 족속 중에 작을지라도 이스라엘을 다스릴 자가 네게서 내게로 나올 것이라 그의 근본은 상고에, 영원에 있느니라 미 5:2

북쪽에서 본 베들레헴 지역
중간 능선이 베들레헴의 동쪽 경사면이다.

다시 하나님의 약한 것이 사람의 강함보다 강하다는 것을 증명하였다(고전 1:25).

미가 Micah

מִי+כְּ+יהוה = מִיכָה

미카 = 여호와+케(-같이)+미(누구?)=여호와 같은 이 누군가?

역사	정치	유다: 요담(BC 750-731)-아하스(BC 735-715)-히스기야(BC 728-686)				
	사건	BC 734-732 앗수르 디글랏빌레셀 3세 레반트 침략, 732 다메섹 함락				
지리		쉐펠라 모레셋가드에서 마레사, 라기스 등과 유다 산지 예루살렘과 베들레헴 바라봄.				
성경		1-2장	3장	4-5장	6장	7장
		사마리아와 유다 쉐펠라 지역 경고	지도자 심판	구원의 약속	하나님의 호소	재앙 후 회복

미가서 개요

디글랏빌레셀 3세가 침략한 BC 734년에 이르기까지 요약

BC 853년과 841년 사이에 지방 정세가 극적으로 변하였다는 것은 지도 열왕기상 6과 열왕기하 2에서 이미 살펴보았다. 이어서 전개될 내용은 BC 9-8세기 앗수르의 디글랏빌레셀 3세의 극적인 정복 활동의 배경을 요약한다.

· 다메섹과 사마리아 사이의 물고 물리는 전투가 아합 말기에 더욱 치열해졌다. 때로 유다도 이스라엘과 함께 요단 동편 왕의 대로의 전략기지를 차지하기 위한 전쟁에 참여하곤 했다. 대표적인 사건이 라못길르앗 전쟁이다(왕상 20장, 22:1-37). 이 충돌 관계는 BC 853년에 북쪽 메소포타미아의 앗수르왕 살만에셀 3세의 공격에 대항한 연합 전선을 펴느라 잠시 중단되었다(왕상 22:1).

· 아합의 죽음과 함께 모압은 이스라엘에게 반기를 들었다. 이 반란은 다메섹을 보며 자극을 받았을 것이다. 이런 요단 동편의 새로운 상황은 정치적으로나 경제적으로나 이스라엘을 고통스럽게 했다. 이 반란을 진압하기 위한 유다와 이스라엘의 연합작전이 실패로 끝난 후(왕하 3장) 모압은 반군을 조직하여 유다를 공격하였으나 실패했다(대하 20:1-30).

· 다메섹과 사마리아의 군사 대결은 아합의 아들들의 치세 때도 계속된다. 그동안 유다는 요단 동편 남쪽의 에돔과 서쪽 해변길 근처의 일부 블레셋의 반란을 겪는다(왕하 6-8장; 대하 21장).

· 일련의 사건은 BC 841년에 이르기까지의 사건이다(지도 열왕기하 2). BC 841년 다메섹과 사마리아 모두 하사엘과 예후가 이끄는 혁명을 맞이한다. 북쪽 다메섹은 앗수르 살만에셀의 공격으로 얼마 동안 고통당하고, 유다는 내분으로 병들게 된다. 유다뿐 아니라 이스라엘의 국력도 심각하게 약화되었다. 이때 다메섹의 새로운 왕 하사엘이 이스라엘 땅과 요단 동편으로 밀고 들어와 양쪽 국제가도를 차지한다. 이것은 앗수르 아닷니라리 3세가 다메섹을 정복하기까지 약 한 세대(BC 806년경) 동안 계속된다. 덧붙이자면 이 혼란의 시기에 두로와 시돈은 해양 무역을 활발히 벌여 BC 814년에 식민지 카르타고를 건설한다. 로마를 거의 점령할 뻔했던 그 유명한 카르타고의 한니발도 두로와 시돈 사람이다.

· 앗수르에 의한 다메섹의 몰락은 이스라엘과 유다에게 정치적 안정과 영토 확장, 경제 부흥의 기회가 되었다. BC 8세기 초반에서 중반까지 두 나라는 괄목할 만한 회복을 이룬다. 특히 사마리아는 여로보암 2세 때 부흥의 절정을 맞는다. 그러나 선지자들은 이스라엘의 풍부로 인한 교만과 안전에 대한 잘못된 인식이 가져올 미래를 이미 알았기에 그에 대해 신랄하게 비판한다. 아모스와 호세아가 대표적인 선지자이고 요나도 이 배경에서 활동하였다. 예루살렘의 웃시야도 최고 절정기를 구가했다. 호시절이었음에도 불구하고 이스라엘과 유다 두 왕조 사이에 불신과 시기가 상존하였다. 유다의 도전을 받아들인 이스라엘왕이 예루살렘을 약탈하는 사건이 대표적이다(왕하 14:8-14; 대하 25:17-24). 이 풍요로운 기간에 대한 정보는 사마리아 주위의 인척 관계와 정착지, 농산물 등이 기록된 '사마리아 오스트라카'(질그릇 조각에 글씨를 쓴 문서)에 잘 나타나 있다.

/
아스글론에서 바라본 지중해
레반트 지역에서 해양무역은 두로와 시돈이 주도했다. BC 814년 두로는 카르타고를 식민지로 개발했다.

//
네게브 지역 산산나의 농경지
웃시야는 광야와 같은 땅을 가꾸어 풍요롭게 만들었고 번영의 시대를 이끌었다. 그러나 앗수르가 내려오면서 반짝 번영은 끝이 났다.

· BC 750년에서 735년 앗수르의 움직임은 참으로 긴장된 것이었다. 이스라엘의 내부 문제와 유다의 흔들리는 정부는 이런 상황에 제대로 대응하지 못하였다. 앗수르의 위협에 맞서 사마리아와 다메섹 중심의 연합군에 합류할 것인가는 유다로선 중대한 사안이었다. 그리고 유대의 마지막 결정은 지혜로웠다. BC 734년에서 732년까지 디글랏빌레셀은 모든 상황을 종료하는 듯이 일말의 여지도 남기지 않고 모든 방향의 길을 공격했다. 이후 이스라엘의 경계는 완전히 축소되었다. 영화로운 옛날은 지나갔다.

지도 그리기

열왕기하 4
열왕기하 5

부록에서
지도를 찾아
그리세요

경제 기반을 잃고 앗수르의 봉신이 되다 40일

성경 열왕기하 15-16장; 역대하 28장; 이사야 9장; 에스겔 47장

연대 BC 730년대

역사적 배경 디글랏빌레셀 3세 통치

핵심 본문 디글랏빌레셀의 3차 원정과 이스라엘 점령

지도 열왕기하 6

열왕기하 6
디글랏빌레셀은 3차에 걸친 레반트 원정을 감행했는데 3차에는 다메섹을 함락하고 마지막에 길르앗 아스다롯 지역을 정복했다.

디글랏빌레셀 3세
남쪽으로 3차의 원정을 하면서 이스라엘 전역을 점령하였다. 이스라엘은 이때부터 실질적인 앗수르의 속국이 된다. (대영박물관)

앗수르 디글랏빌레셀 3세 : 유능하지만 잔인한 군주

BC 753년 여로보암 2세의 죽음 이후 BC 740년까지 불과 13년 동안 5명이 이스라엘의 통치권을 놓고 싸웠다. 아람의 지지를 받은 살룸이 스가랴를 죽이고 왕이 되더니 한 달 만에 친앗수르파였던 므나헴에게 정권을 빼앗겼다. 그러나 므나헴이 죽고 그의 아들 브가히야가 정권을 잡으려 하자 BC 740년 아람의 지지를 받고 있던 베가가 동쪽에 이어 서쪽까지 들어와 정권을 잡았다. 드디어 북이스라엘과 아람이 손을 잡았다. 이때 웃시야가 죽었다. 물론 요담이 아버지를 대신해 통치하던 시절이지만 웃시야의 죽음은 연합군의 공격 신호탄이 되었다. 아람과 이스라엘 연합군은 남유다로 쳐들어가 예루살렘 주변을 약탈하고 함께 연합할 것을 요구했다. 이때 이사야가 선지자로 부름을 받았다(사 6:1). 유명한 선지자의 등장은 그만큼 어려운 시대가 다가왔음을 의미한다. 당시 유다왕 아하스는 디글랏빌레셀 3세에게 도움을 구했고 그는 응답했다. 이제 거대한 세력이 레반트를 주도하게 되었다.

마침내 BC 734년에 원정을 시작한 앗수르는 ① 해변 지역 ② 갈릴리와 길르앗 ③ 다메섹과 요단 동편의 전략적인 중심지를 모두 정복해 나갔다. 이후 가사의 남쪽 이집트 어귀까지 밀고 들어갔다. 이때 앗수르 군대의 우두머리는 유능하고 잔인하기로 유명한 디글랏빌레셀 3세였다. 그의 확장 정책으로 앗수르는 당시 세계에서 볼 수 없었던 거대한 제국이 되었다. 앗수르는 메소포타미아에서 이스라엘의 북쪽 다메섹까지 밀고 와서 베니게(페니키아)를 경유하여 해변길을 휩쓸었다. 해변길에 위치한 게셀과 가사를 정복하고 가나안과 현재 시나이 반도 북부 와디 엘-아리쉬인 애굽 시내까지 이르렀다. 이는 앗수르의 지배권을 이집트가 방해하지 못하게 하려는 조치였다.

이때 사용된 도로를 보라. 다른 많은 정복자도 이 길로 와서 노략질하고 사마리아와 유다를 침노했지만 어느 누구도 디글랏빌레셀 3세만큼 인상적이지 못했다. 그는 세상을 자유자재로 주무르고 가나안 전역을 궁극적으로 통치한 인물이었다.

여로보암 2세와 웃시야 때의 안전과 풍요를 이스라엘은 아직 생생히 기억하고 있었다. 지도 열왕기하 6에서 보는 원정은 수십 년의 풍요 시대에 만족하며 살아오던 이스라엘 사람들에게 견디기 어려운 환난이었다. 유다의 선지자 이사야는 당시 상황을 이렇게 묘사한다.

> 21 이 땅으로 헤매며 곤고하며 굶주릴 것이라 그가 굶주릴 때에 격분하여 자기의 왕과 자기의 하나님을 저주할 것이며 위를 쳐다보거나 22 땅을 굽어보아도 환난과 흑암과 고통의 흑암뿐이리니 그들이 심한 흑암 가운데로 쫓겨 들어가리라 사 8:21-22

매서운 추위가 더할수록 봄이 가까워 옴을 느끼듯 이사야는 가장 어려운 시기에 큰 빛을 기대하며 주님의 오심을 예비한다. 예언대로 스불론 나사렛에서 예수님이 자라나셨고 납달리 가버나움에서 활동하셨다.

> 1 전에 고통 받던 자들에게는 흑암이 없으리로다 옛적에는 여호와께서 **스불론 땅**과 **납달리 땅**이 멸시를 당하게 하셨더니 후에는 **해변길**과 요단 저쪽 이방의 갈릴리를 영화롭게 하셨느니라 2 흑암에 행하던 백성이 큰 빛을 보고 사망의 그늘진 땅에 거주하던 자에게 빛이 비치도다… 6 이는 한 아기가 우리에게 났고 한 아들을 우리에게 주신 바 되었는데 그의 어깨에는 정사를 메었고 그의 이름은 기묘자라, 모사라, 전능하신 하나님이라, 영존하시는 아버지라, 평강의 왕이라 할 것임이라 7 그 정사와 평강의 더함이 무궁하며 또 다윗의 왕좌와 그의 나라에 군림하여 그 나라를 굳게 세우고 지금 이후로 영원히 정의와 공의로 그것을 보존하실 것이라 만군의 여호와의 열심이 이를 이루시리라 사 9:1-7

1차, BC 734년 해변 지역 원정

BC 734년 베가왕 때 이루어진 디글랏빌레셀 3세의 공격 첫 번째 이유는 해변길을 지배하는 것이었다. 이후 수십 년 동안 이집트는 유다와 이스라엘에게 다양한 원조를 제공하면서 영향력을 되찾으려 했다. 때로 남쪽 해안을 따라 군사적 위협과 중재도 했다. 이 때문에 앗수르 군대를 움직이게 하였고, 이스라엘 수도 사마리아가 파괴되었으며, 유다의 수도 예루살렘도 심각한 위협을 받았다. 이때 이사야 선지자는 이집트가 구

: 40일

오늘 읽을 분량

성경 대하 28, 사 1-14

본서 190-194쪽

성경의 맥 잡기

1. 유다왕 아하스 때 이스라엘인 20만 명을 사로잡았다. 아하스는 앗수르에게 도움을 청함
2. 웃시야의 나병으로 요담은 성전에 들어가지 않고 그의 아들은 우상에 빠졌다.

신구약 연결 포인트

1. 이사야 선지자는 아하스에게 임마누엘(마 1:23)의 징조를 보여 주겠다고 함(사 7:14).
2. 이사야는 동정녀가 메시아를 낳을 것과 이새의 줄기, 그 뿌리에서 한 가지(나사렛)로 오실 것을 예언
3. 사 9:1-2은 예수님의 사역지가 갈릴리가 될 것을 예언함

묵상 가이드

1. 이사야 아들들의 이름은 모두 예언적인 이름들이다.
2. 앗수르 디글랏 빌레셀의 3차 원정은 북이스라엘을 거의 초토화시켰다.

/
전차에 오르는 디글랏빌레셀의 부조(BC 730-727)

//
디글랏빌레셀이 사마리아에서 베가왕을 정복하는 장면. (대영박물관)

원해 주리라고 생각하는 사람들을 비웃었다.

> 애굽의 도움은 헛되고 무익하니라 그러므로 내가 애굽을 가만히 앉은 라합이라 일컬었느니라 사 30:7

이사야는 이사야서 19, 30, 31, 36장 등 많은 지면을 할애하여 이집트(애굽)를 신랄하게 비난한다. BC 734년에 디글랏빌레셀 3세의 인상적인 해안 원정으로 갈릴리, 요단 동편의 길르앗과 심지어 시리아의 수도 다메섹까지 정복되었다. 이 원정에 관하여는 성경과 앗수르 문서에 기록되어 있다.

2차, BC 733년 갈릴리와 길르앗 원정

갈릴리와 길르앗 원정에 대한 성경의 기록을 주목해 보라.

> 이스라엘왕 베가 때에 앗수르왕 디글랏빌레셀이 와서 이욘과 아벨벳 마아가와 야노아와 게데스와 하솔과 길르앗과 갈릴리와 납달리 온 땅을 점령하고 그 백성을 사로잡아 앗수르로 옮겼더라 왕하 15:29

갈릴리의 잘 닦인 도로에서 벗어나 지중해변 '야노아'라는 도시를 주목해 보라. 한 이스라엘 학자가 아벨벧마아가에서 가까운 장소를 야노아라 보고, 열왕기하 15:29에 등장하는 이 지명이 하솔을 경유해서 갈릴리로 들어가는 주요 도로를 따라 있다고 주장했다. 또 다른 학자는 야노아가 아벨벧마아가에서 두로까지의 길보다 훨씬 더 북쪽에 있다고 주장했다. 전자의 주장을 받아들인다면, 성경 기자가 지리적인 감각을 가지고 점령된 순서에 따라 기록하려고 애썼음을 볼 수 있다.

3차, BC 732년 다메섹과 요단 동편 원정

지금까지 본 것을 차분히 살펴보라. 왜 디글랏빌레셀 3세가 북쪽 지경에 그렇게 신경을 썼을까? 7세기 전 남쪽에서 온 이집트 바로가 반대 입장에서 가졌던 동일한 관심 사항을 주목하라. 레반트의 고단한 주민에게 동정이 가는 것은 당연한 일이다.

이제 다시 지도 여호수아 5에 있는 납달리와 스불론 지파의 위치를 찾아보라. 그 지도를 지도 열왕기하 6의 내용과 비교해 보라. 그 영역은 지도 사무엘하 2에서 보는 것처럼 솔로몬을 부귀하게 했던 도로의 경제적인 가치에도 불구하고 지금은 별 매력이 없어 보인다.

실제로 그 가치를 알더라도 이 도로를 차지하려면 충분한 힘을 가져야 했다. 앗수르가 빈번하게 쳐들어온 것은 그 점을 입증한다. 그 강력한 욕구가 가져온 처참한 파멸의 충격은 요단 동편 왕의 대로까지 미쳤다. 왕의 대로를 따라 형성된 이스라엘 지파(르우벤, 갓, 므낫세 반 지파)가 앗수르에 사로잡힌 것이 성경에 언급된다.

니므롯(=칼라) 부조인 아래 그림은 디글랏빌레셀의 3차 원정인 BC 732년에 바산의 아스다롯을 점령하고 주민을 추방하는 모습이다. 아래는 병거를 탄 디글랏빌레셀 3세가 오른손을 들어 승리를 표시하고 왼손으로는 지휘봉을 잡고 있다. 왕의 오른쪽 신하는 왕권을 상징하는 파라솔을 들었고 왼쪽 신하는 마차를 몰고 있다.(대영박물관)

> 그의 아들은 브에라이니 그는 르우벤 자손의 지도자로서 앗수르왕 디글랏빌레셀에게 사로잡힌 자라 대상 5:6
>
> 25 그들이 그들의 조상들의 하나님께 범죄하여 하나님이 그들 앞에서 멸하신 그 땅 백성의 신들을 간음하듯 섬긴지라 26 그러므로 이스라엘 하나님이 앗수르왕 불의 마음을 일으키시며 앗수르왕 디글랏빌레셀의 마음을 일으키시매 곧 르우벤과 갓과 므낫세 반 지파를 사로잡아 할라와 하볼과 하라와 고산 강가에 옮긴지라 그들이 오늘까지 거기에 있으니라 대상 5:25-26

이 시점에서 이들 지경에 대한 가치를 극대화하는 최선의 방법은 다시 이사야서 9:1-7로 돌아가는 것이다. 지금 보는 시대와 예수님이 복음을 선포하시던 시대(마 4:12-25)를 서로 비교하라. 동일한 지경을 앗수르와 로마가 식민지로 삼고 박해하는 상황이다. 예수님 사역은 이사야의 예언 성취로 시작되었다.

13 나사렛을 떠나 스불론과 납달리 지경 해변에 있는 가버나움에 가서 사시니
14 이는 선지자 이사야를 통하여 하신 말씀을 이루려 하심이라 일렀으되
15 스불론 땅과 납달리 땅과 요단강 저편 해변길과 이방의 갈릴리여
16 흑암에 앉은 백성이 큰 빛을 보았고 사망의 땅과 그늘에 앉은 자들에게 빛
이 비치었도다 하였느니라 마 4:13-16

디글랏빌레셀 3세의 원정 이후

앗수르의 행정구역 편성

앗수르왕은 요단 동편 왕의 대로를 굳건히 장악함으로써 이 땅을 손아귀에 넣는 작업을 마무리한다. 그 도로의 열쇠는 아람의 수도 다메섹이었다. 앗수르의 니므룻(갈라)에서 발견된 부조는 요단 동편 가도의 핵심인 아스다롯에서 포로를 끌고 온 것을 보여 준다.

디글랏빌레셀의 원정 후 앗수르가 이스라엘 북쪽을 편입했다. 앗수르는 유명한 도시들 이름으로 지역명을 붙였다. 사론 평야 지역은 돌, 이스르엘과 갈릴리는 므깃도, 두로와 시돈 지역 그리고 길르앗은 그대로 부르고, 바산은 가르나임, 수리아는 다메섹, 그 북쪽은 소바, 하맛, 하드락, 아르밧이라는 행정명으로 불렀다.

앗수르가 북쪽 도로를 지배하고 행정구역을 나름대로 편성하게 되자 이스라엘은 경제적 기반을 잃고 완전히 앗수르의 봉신이 되었다. 지도 열왕기하 7에서 우리는 이스라엘이 이집트에 원군을 요청했을 때 앗수르의 기민하고 포악한 반응을 본다. 북왕국의 마지막 순간이었다.

이스라엘의 운명

이스라엘이 처한 현실은 암담하고 절망적이었다. 이런 때 이사야는 훨씬 더 먼 안목을 가지고 현재의 고난을 넘어 희망의 미래를 내다본다. 이사야는 이사야서 40:21-24에서 세상의 지도자들이 하나님 앞에서 바람에 나는 겨와 같이 날아갈 것이라고 했다.

지도 그리기

열왕기하 6

부록에서 지도를 찾아 그리세요

북이스라엘의 멸망 41일

성경 열왕기하 17-18장; 이사야 18-20장 **연대** BC 732-722

역사적 배경 살만에셀 5세와 사르곤 2세 통치

핵심 본문 앗수르에 의해 사마리아 멸망

지도 열왕기하 7

앞에서 북이스라엘의 사마리아 정부가 그 끝을 향해 치닫는 상황을 요약했다. 지도 열왕기하 6에서 보는 것같이 디글랏빌레셀 3세 원정 후 이스라엘 국경은 비참할 정도로 축소되었다. 이스라엘은 앗수르의 위세에 눌려 모든 요구에 굴복할 수밖에 없었다. 이스라엘 주변 나라도 앗수르의 정복 활동으로 재편성되었다. 이 상황이 몇 세기 지속될 동안 이스라엘은 과거의 영광이 회복되기를 간절히 소망하였다.

앗수르-사마리아 멸망 왕하 17장

디글랏빌레셀 3세의 죽음과 함께 사마리아에 여명의 빛이 비추는 듯했다. 앗수르의 압제에서 벗어나려는 이스라엘의 소망을 이집트가 독려하였다. 이집트는 나일강 부근까지 진군한 앗수르의 군사력에 충격을 받은 상태였다. 앗수르에 불만을 가진 나라는 이집트와 동맹을 맺었다. 다시 레반트는 메소포타미아와 이집트의 완충지대가 되었다.

이 독립의 유혹은 이스라엘의 마지막 왕 호세아도 강하게 받았다. 마침내 봉기를 일으켰을 때 사마리아성은 3년간(BC 724-722)이나 버티었지만, 호세아는 즉각적인 대응에 나선 앗수르에게 전쟁 포로가 되거나

: 41일

오늘 읽을 분량

성경 왕하 17, 암 1-9, 호 1-14

본서 195-202쪽

성경의 맥 잡기

1. 북이스라엘이 앗수르 살만에셀 5세에게 멸망당했을 때 왕은 호세아였고, 유다왕은 히스기야였다.
2. 이스라엘 말기에 아모스, 호세아 선지자가 경고하였다.

신구약 연결 포인트

1. 북이스라엘은 멸망 후 이방인과 혼혈이 되어 사마리아인이 되었고 예수님은 사마리아 여인과 만났다.
2. 아모스는 목자와 뽕나무 재배자로 베들레헴 근처 드고아가 고향인 선지자

묵상 가이드

1. 호세아 선지자는 자녀와 아내를 통해 이스라엘이 돌아오기를 바랐지만 여로보암 때 말씀을 맡은 레위인들을 내쫓아 돌아갈 곳이 없었다.
2. 호세아왕은 앗수르에 3년을 버텼으나 멸망 후 앗수르 주변 지역으로 끌려간다.

항복을 했다. 성경은 살만에셀이 사마리아를 멸망시켰다고 하나 앗수르 문서에는 사르곤 2세가 승리했다고 한 것으로 보아 BC 722년 살만에셀 5세를 이은 사르곤이 사마리아 함락을 마무리한 것 같다.

BC 722년, 에브라임 산지 출신인 느밧의 아들 여로보암이 세운 북이스라엘왕국은 사마리아의 함락으로 종말을 맞았다. 이번 패배는 그동안 흥망성쇠를 거듭하던 것과 성격이 완전히 달랐다. 대부분의 이스라엘 사람들이 앗수르로 끌려갔기에 다시 왕국을 세울 희망이 사라졌다.

앗수르는 해변길을 따라 궁극적 목표인 이집트까지 진군하였다. 사마리아가 함락된 때는 앗수르의 세력이 최고조에 다다른 때였다.

사마리아의 함락은 수세기 전 모세와 여호수아의 말이 성취된 것이었다. 이 중요한 사건에 대해 언급한 열왕기하 17:1-6, 18:9-12을 읽으라. 이 재앙의 이유는 열왕기하 17:7-41에 낱낱이 기록되어 있다. 성경은 또한 앗수르의 이주 정책을 분명히 진술하고 있다. 이주 정책은 수세기 후 헬라와 로마 치하에서도 행해졌다. 이제 새로운 시대가 시작되었다. 여러 민족이 이주해 온 사마리아는 앗수르 제국의 일부가 되었다. 앗수르왕의 비문(Inscription)이 성경과 일치한다.

> 나는 그들을 다스릴 관원들을 두고 앗수르 시민들을 위하여 그들에게 세금을 부과하였다.

이로써 이스라엘왕국의 역사는 막을 내렸다.

앗수르왕 사르곤 2세

앗수르왕 사르곤 2세는 이집트에 이르는 도로를 따라 일어난 반란에 직면했다. 전략적 요충지 하맛을 필두로 다메섹에서 지중해에 이르는 일대가 반란을 일으킨 것이다(BC 720). 블레셋의 해안 도시도 이집트를 의지하고 봉기하였다(BC 713-712). 앗수르 동쪽 바벨론도 반란을 일으킨 것 같다. 앗수르는 다시 원정에 올랐고, 봉기한 해변 일대는 10여 년 전 사마리아와 같은 운명에 놓이게 됐다.

열왕기하 7
사마리아의 함락과
살만에셀 5세와 사르곤 2세의 통치

> 나는 내 도시들을 재구성하고 개인적으로 정복한 동쪽 지역으로부터 사람들을 그 안에 이주시켰다. 나는 그들에게 나의 관원들을 세우고 그들을 앗수르의 시민으로 선포하였다….

앗수르왕은 당시 이집트를 다스리던 에티오피아조차도 수하에 두고 교역하는 것을 자랑하였다.

다음 10여 년 동안 유다는 히스기야왕의 영도 아래 반란을 계획하였다. 이 유명한 사건의 전모는 성경에 집중 조명된다.

앗수르는 BC 8세기 후반 동안 정복지를 효과적으로 통치하고 운영했다.

사르곤 2세의 수호신인 라마수 신전의 입구를 재현한 모습. (대영박물관)

선지자 호세아: 흩으셨으나 다시 심으셨다

이스라엘 출신의 선지자로 보이는 브에리의 아들 호세아는 여로보암 2세 말기부터 이스라엘이 멸망하는 날까지 40여 년간 활동한 선지자다.

웃시야와 요담과 아하스와 히스기야가 이어 유다왕이 된 시대 곧 요아스의 아들 여로보암이 이스라엘왕이 된 시대에 브에리의 아들 호세아에게 임한 여호와의 말씀이라 호 1:1

이스라엘이 멸망에 이르기까지 남유다왕은 네 명이나 언급하지만 북쪽은 예후 자손 여로보암 2세만을 언급한다. 아마도 여로보암 2세 이후로는 그 정통성을 인정하기 힘들다고 보았기 때문일 것이다. 호세아가 의도했든 그렇지 않았든 북이스라엘은 여로보암에서 시작하여 여로보암으로 끝났다고 보아야 할 것이다. '백성이 많아질 것이다'라는 뜻을 가진 여로보암은 그 이름의 뜻대로 민심은 얻었을지 모르나 하나님의 마음인 신심을 얻지는 못했다. 사람의 마음을 붙잡느라 세운 단과 벧엘의 금송아지는 '여로보암의 죄'가 되어 북이스라엘이 멸망한 첫 번째 이유가 되었다.

여로보암 2세가 죽고 나서 30년 동안 6명이나 왕이 바뀌면서 이스라엘은 완전히 멸망한다. 6명의 왕 중 왕위를 물려주고 죽은 왕이 므나헴밖에 없는 것을 보면 이 시기 정권 다툼이 얼마나 치열했는지를 알 수 있다. 후반기가 될수록 친앗수르파와 반앗수르파가 번갈아 가면서 왕위를 차지했다. 그러나 친앗수르파인 호세아왕도 과도한 조공에 못 견뎌 친이집트 정책으로 방향을 돌렸다가 앗수르의 침략을 받고 죽음을 맞고 말았다.

호세아 선지자가 사역한 중심 장소는 이스르엘 골짜기다. 4번이나 언급된 이스르엘은 부정적으로는 '하나님이 흩으시다'로, 긍정적으로는 '하나님이 심으시다'로 번역할 수 있다.

호세아 선지자는 행위와 이름으로 예언을 한다. '구원'이라는 의미를 가진 호세아가 '끝'이라는 고멜과 결혼한다.

첫 번째 아들은 '하나님이 흩으신다'는 뜻의 '이스르엘'이다.

두 번째 딸은 '긍휼이 없다'는 뜻의 '로루하마'다.

세 번째 아들은 '내 백성이 아니다'는 뜻의 '로암미'다.

므깃도에서 본 이스르엘 골짜기 지평선의 왼쪽 산이 다볼산, 모레산, 길보아산이다. 이스라엘에서 가장 기름진 이스르엘은 '하나님이 뿌린다'라는 뜻을 가지고 있다. 뿌린다는 단어는 '흩다, 심다'의 의미를 가진다.

그러나 이 이름이 반전을 일으켜 '하나님이 심으신다'는 이스라엘이 되고, 암미와 루하마가 된다(1:11, 2:1). 이 회복을 2장에서는 이렇게 말하고 있다.

이스르엘의 밭
가장 기름진 땅이기에 전쟁도 많았다.

궁금해요

역사적 사건과 함께한 이스르엘 골짜기

이스르엘 골짜기 남쪽은 사마리아 산지이고 남서쪽은 갈멜산이다. 갈멜산은 남쪽에서 올라오는 해변길과 북쪽에서부터 도단, 므깃도, 욕느암을 지나는 통로가 지나는 요로(要路)다. 특별히 므깃도는 좁기는 하지만 단거리로 통과할 수 있는 곳이기에 사람들이 많이 이용했다. 그러다 보니 이곳에 전쟁이 많아 계시록에는 이 장소를 '아마겟돈'이라 불렀다.

이스르엘 골짜기 북쪽을 감싸는 산지가 나사렛이다. 이스르엘 골짜기 동쪽은 남쪽부터 길보아산, 모레산, 다볼산이 위치하며 그 사이로 길이 나서 동쪽으로 나아갈 수 있다. 길보아산 아래는 하롯 샘이, 모레산 남쪽에는 수넴(술람)성이 있다. 모레산 북쪽에는 구약에는 엔돌이, 신약 시대에는 나인성이 있다.

또한 기드온의 고향 오브라도 이 산의 서쪽 혹은 남쪽에 위치한다. 다볼산은 밥그릇을 엎어 놓은 듯이 볼록 튀어나온 산으로 병거로는 도저히 접근할 수 없어 드보라 시대 사람들이 이를 피해 주둔하던 곳이다. 전통적으로 예수님의 변화산으로 추정되어 변화산 교회가 세워졌으나 로마 수비대가 주둔했던 유적이 발굴되어 그 가능성은 적어 보인다.

역사적으로 이스르엘 골짜기는 기드온이 미디안 전쟁에서 승리를 거두었던 장소다. 반면에 사울왕이 블레셋과 전투하다 아들들과 함께 전사한 곳이기도 하다. 아합은 이스르엘 도시에 겨울궁전이자 병거성을 세우고 북진 정책을 폈다. 그러나 예후의 혁명을 맞아 집안이 몰살되었다. 일진일퇴가 거듭되던 이스르엘이 호세아 선지자에게 부정과 긍정의 의미로 사용되는 것은 역사적 사건과도 밀접한 관계가 있다.

엘리야와 엘리사는 갈멜산에서 사역하였다. 엘리사는 수넴 여인에게 아들을 낳을 수 있도록 한 데다 그 아들이 죽자 살리는 기적을 행했다. 예수님은 이곳에 오시어 나인성 과부의 아들을 살리셨다. 또한 나병환자 열 명을 고쳤지만 사마리아인 한 사람의 감사만 받고 그에게 구원을 선포하셨다.

전쟁의 땅, 죽음의 땅 이스르엘이 위로의 땅, 부활의 땅, 구원의 땅으로 바뀌었다.

11 예수께서 예루살렘으로 가실 때에 사마리아와 갈릴리 사이로(이스르엘) 지나가시다가 **16** 예수의 발아래에 엎드리어 감사하니 그는 사마리아 사람이라 **19** 그에게 이르시되 일어나 가라 네 믿음이 너를 구원(호세아)하였느니라 하시더라 **눅 17:11, 16, 19**

22 땅은 곡식과 포도주와 기름에 응답하고 또 이것들은 이스르엘(하나님이 심으신
다)에 응답하리라 23 내가 나를 위하여 그를 이 땅에 심고 긍휼히 여김을 받지
못하였던 자(로루하마)를 긍휼히 여기며(루하마) 내 백성 아니었던 자(로암미)에게 향
하여 이르기를 너는 내 백성이라(암미) 하리니 그들은 이르기를 주는 내 하나
님이시라 하리라 하시니라 호 2:22-23

호세아
Hosea

הוֹשֵׁעַ ⇐ ישׁע

호쉐아 ⇐ 야솨(구원하신다)=여호와가 구원하신다

<table>
<tr><td rowspan="2">역사</td><td>정치</td><td colspan="3">이스라엘-여로보암 2세(BC 793-753)-호세아(BC 732-722),
유다-히스기야(BC 728-686)</td></tr>
<tr><td>사건</td><td colspan="3">앗수르의 침공으로 북 이스라엘 멸망(722), 선지자의 결혼과 음행</td></tr>
<tr><td colspan="2">지리</td><td colspan="3">북왕국 전역이나 특히 이스르엘 골짜기 비유로 사용</td></tr>
<tr><td colspan="2" rowspan="2">성경</td><td>1-3장</td><td>4-10장</td><td>11-14장</td></tr>
<tr><td>방탕한 부인과 결혼생활</td><td>방탕한 이스라엘 백성</td><td>회복의 소식</td></tr>
</table>

호세아서 개요

에필로그

지도 열왕기상 5, 열왕기하 6, 열왕기하 7을 돌아보고 서로 비교하라. 비록 지도 열왕기상 5는 엘리야 시대라도 여로보암 2세의 이스라엘을 나타낸다. 이 세 지도는 앗수르가 시내 광야 북쪽 애굽 시내까지 침투한 모습을 생생하게 보여준다. 초기의 번영은 멸망의 악몽과 절망으로 변하였다. 유다는 앗수르에 둘러싸여 홀로 남게 되었다. 이 시점에서 이사야 선지자는 많은 가르침을 주었고 히스기야는 반란을 계획하였다.

예루살렘의 바로 북쪽 벧엘에서 앗수르로부터 돌아온 사마리아 제사장이 사역하였다.

> 이에 사마리아에서 사로잡혀 간 제사장 중 한 사람이 와서 벧엘에 살며 백성에게 어떻게 여호와 경외할지를 가르쳤더라 왕하 17:28

절망적인 정치 상황에서도, 늘어나는 혼합 종교 속에서도 새로운 회개를 촉구하는 소리는 메아리쳤다. 우리는 이 제사장이 '여호와가 누구인가'를 깨닫게 한

것 외에 그에 대해 잘 알지 못한다(왕하 17:28). 이것은 에브라임 산지에 여전히 울려 퍼지는 메아리일 것이다.

BC 705년 사건까지 요약

지도 열왕기하 3, 열왕기하 4, 열왕기하 5를 통해 급격한 전환의 시대를 살펴보았다. BC 841년은 급격한 변화의 시기였다. 다메섹과 이스라엘 정부의 전복, 유다왕의 암살과 정권 교체, 게다가 앗수르 살만에셀 3세의 침입까지. BC 806년 앗수르왕 아닷니라리 3세는 하사엘 왕가가 다스리던 다메섹을 강하게 압박하였다. 이 압력에서 유다와 이스라엘이 예외일 리 없었다.

그 결과 BC 8세기 초반 특별히 BC 780년 이후 다메섹이 현저히 약화되었다. 마침 앗수르도 잠시 물러가자 이스라엘과 유다가 그 틈을 타 상당한 번영을 누렸다. 이스라엘의 여로보암 2세와 유다의 웃시야 통치가 이 시대를 절정으로 이끌었다. 그러나 이스라엘은 BC 740년경에 내부 문제와 앗수르의 침공에 의해 무참히 무너졌다.

이미 BC 742-741년에 앗수르의 거대한 쓰나미는 이 일대를 덮었다. 주변 나라가 앗수르에게 고분고분하게 조공을 바쳤다. 그러나 다메섹과 사마리아는 앗수르에 대항함으로 디글랏빌레셀 3세를 불러들인 꼴이 되었다.

지도 열왕기하 6은 격동의 한 세기의 끝을 보여 주는(BC 841-735년) 동시에 앗수르가 레반트에 행한 30여 년 원정의 시작을 알리고 있다. 원정과 병합 정책은 BC 732년경 하맛에서 시작하여 다메섹, 길르앗까지의 일대를 앗수르 제국의 속국으로 만들었다. 갈릴리와 돌도 앗수르 통제 아래 놓이게 되었다.

BC 8세기 후반 이집트는 이제 그 칼날을 자기에게 겨누고 시시각각 조여 오는 앗수르에 질겁했다. 이집트는 전쟁을 직접 치르기에는 군사력에 문제가 있으므로 주변 국가인 이스라엘과 유다, 블레셋의 반란을 유도하고 지원하였다.

이 시기 동안 해변길을 따라 존재하는 아스돗과 가사와 같은 도시뿐만 아니라 사마리아와 예루살렘조차도 어느 편을 택할 것인지를 두고 설전을 벌였다. 어떤 도시는 이집트를 믿었으며 앗수르 공격에 대항하였다. 지도 열왕기하 6과 열왕기하 7은 앗수르의 팽창과 이집트 외교 정책의 배경을 보여 준다. 이제 곧 레반트에서 BC 8세기를 닫는 사르곤의 죽음과 함께 산헤립이 히스기야를 치는 BC 705년으로 가 보자.

아람의 신 하다드
바알 신과 유사한 하다드 신은 아람왕의 이름인 하닷에셀(도움의 하다드), 벤하닷(하다드의 아들)에 쓰였다. (다마스커스 박물관)

디글랏빌레셀 3세의 원정은 아하스에게 틀림없이 안도감을 주었을 것이다. 그는 저항 운동의 아웃사이더가 되기로 했기 때문이다. 아하스는 이 혼란한 정치 상황을 이용해 이득을 얻을 것으로 기대했다. 그러나 그렇게 순조롭지 않았다.

> 아하스왕이 앗수르의 왕 디글랏빌레셀을 만나러 다메섹에 갔다가 거기 있는 제단을 보고 아하스왕이 그 제단의 모든 구조와 제도의 양식을 그려 제사장 우리야에게 보냈더니 왕하 16:10

아하스는 앗수르를 선택했다. 강력한 국가를 등에 업은 것은 정치적으로는 바른 선택이었다. 그러나 세상적인 지혜로움이었을 뿐이기에 부작용이 따랐다. 그는 다메섹까지 가서 디글랏빌레셀 3세를 맞고는 그곳에서 본 하다드 신전의 제단 모양을 예루살렘에 재현하도록 했다. 패전국의 신전 모양을 본떠 예루살렘 성전에 만들고 섬기는 어처구니없는 일을 행한 것이다. 그가 앗수르에 군박을 받는 장면은 작은 위험인 아람을 피하려다 더 위험한 적을 만난 셈이 되었다. 여호와를 의지하는 것이 유일한 해결책이었음을 그의 아들인 히스기야가 보여 준다. 아하스의 역사는 열왕기하 16:7-20과 역대하 28:19-27에 요약되어 있다.

> **19** 이는 이스라엘왕 아하스가 유다에서 망령되이 행하여 여호와께
> 크게 범죄하였으므로 여호와께서 유다를 낮추심이라 **20** 앗수르왕
> 디글랏빌레셀이 그에게 이르렀으나 돕지 아니하고 도리어 그를 공
> 격하였더라 **21** 아하스가 여호와의 전과 왕궁과 방백들의 집에서 재
> 물을 가져다가 앗수르왕에게 주었으나 그에게 유익이 없었더라 대하
> 28:19-21

지도 그리기

열왕기하 7

부록에서 지도를 찾아 그리세요

| 앗수르 산헤립의 침략과 유다 히스기야의 저항 |

인간의 한계를 넘지 못한 히스기야 42일

성경 열왕기하 18-21장; 역대하 29-33장; 이사야 10, 30, 36-39장; 미가 1장; 스바냐 2장(예레미야 1-20장; 나훔)

연대 BC 727-640년

역사적 배경 앗수르 사르곤 2세, 산헤립, 에살핫돈, 아슈르바니팔 통치, 이집트 디르하가 통치

핵심 본문 라기스 전투, 히스기야왕의 저항, 므낫세왕 통치, 이사야 선지자 사역

지도 열왕기하 8

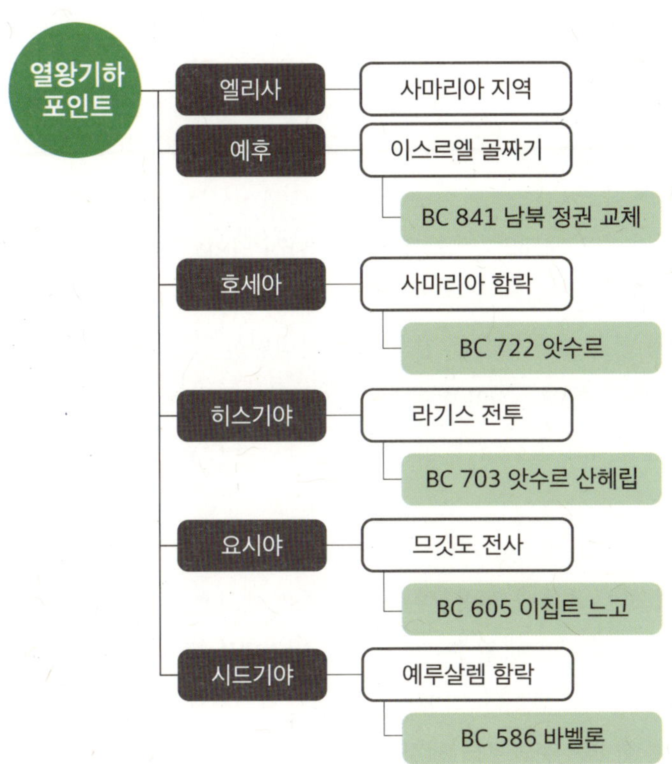

: 42일

오늘 읽을 분량

성경 왕하 18, 사 15-30

본서 203-213쪽

성경의 맥 잡기

1. 유다 히스기야의 개혁과 앗수르 산헤립의 침략
2. 이사야는 주변 나라들의 멸망 예언

신구약 연결 포인트

1. 히스기야가 만든 저수지가 실로암이며, 예수님은 이곳에서 맹인의 눈을 뜨게 한다.
2. 사 22:22은 계 3:7에서 다윗의 열쇠를 가진 예수님으로 인용된다.

묵상 가이드

1. 유다 히스기야는 힘을 키우고 전쟁 준비를 철저히 하였으나 역부족이었다.
2. 유다의 병거성 라기스를 포위한 상태에서 랍사게가 히스기야를 협박했다..

이스라엘의 역사는 너무 복잡하여 헛갈리기 쉽다. 그래서 쉽게 정리하도록 키워드가 되는 인물로 포인트를 잡으면서 열왕기 시대를 보면 좋을 듯하다.

키워드로 본 이스라엘

선지자/왕	사건	연도	관련 사항
엘리사	사마리아 지역		
예후	이스르엘	BC 841	남북 정권 교체
호세아	이스라엘 멸망	BC 722	앗수르 살만에셀 5세 / 사르곤 2세
히스기야	라기스 전투	BC 701	앗수르 산헤립
요시야	므깃도 전사	BC 609	이집트 느고
시드기야	예루살렘 함락	BC 605, 597, 586	바벨론 느부갓네살

BC 722년 사마리아가 멸망하였다. 이후 앗수르 살만에셀 5세의 계승자 사르곤 2세는 가사에서 하맛까지 일어난 반란에 직면한다. 이 반란은 BC 720년경 진압되었지만 아스돗과 그 주변에서 또다시 반란이 일어났다(BC 713/712). 아스돗은 그 결과 앗수르의 속국이 되었다.

왼쪽의 사르곤 2세가 아들 산헤립에게 왕권을 넘기고 있다.

유다왕 히스기야(BC 728-686): 앗수르의 허점을 노리다 **왕하 18-20장; 대하 29:1-32:33; 사 36-39장**

사르곤 2세가 죽던 해(BC 705년)에 반란이 다시 일어났다. 유다왕 히스기야가 이끈 반란이었다. 이에 대한 상세한 내용은 성경과 앗수르왕 산헤립의 기록에서 볼 수 있다. 두 기록 모두 자유를 얻기 위한 광범위한 전쟁 준비를 언급한다. BC 715년에 왕위에 오른 히스기야는 아스돗 반란이 실패한 것을 보았다. 이때 해안 일대가 앗수르의 속국이 되었다. 히스기야는 유다의 반란이 성공하도록 치밀하게 계획하였다.

히스기야는 독립의 적기를 기다렸다. 앗수르의 왕권 교체기를 틈타 저항 운동을 펼쳤다. 이 저항 운동에 해변길의 아스글론과 에그론도 동참했다. 베니게(페니키아)의 두로와 시돈 또한 앗수르의 멍에를 던져버리려 했다. 바벨론의 므로닥 발라단도 20년 이상 저항했다. 산헤립의 군대는 레반트에서 일어난 저항 운동을 진압하기 전에 바벨론 문제부터 해결해야만 했다. 이집트도 지금 행동하지 않으

궁금해요

성경에 언급된 앗수르왕

앗수르왕 불이 와서 그 땅을 치려 하매 므나헴이 은 천 달란트를 불에게 주어서 왕하 15:19

아하스가 앗수르왕 디글랏빌레셀에게 사자를 보내 이르되… 왕하 16:7

히스기야왕 제사년 곧 이스라엘의 왕 엘라의 아들 호세아 제칠년에 앗수르의 왕 살만에셀이 사마리아로 올라와서 에워쌌더라 왕하 18:9

앗수르의 사르곤왕이 다르단을 아스돗으로 보내매 그가 와서 사 20:1

히스기야왕 제십사년에 앗수르의 왕 산헤립이 올라와서 왕하 18:13

그가 그의 신 니스록의 신전에서 경배할 때에 아드람멜렉과 사레셀이 그를 칼로 쳐죽이고 아라랏 땅으로 그들이 도망하매 그 아들 에살핫돈이 대신하여 왕이 되니라 왕하 19:37

면 기회가 없다는 것을 깨달았다. 이집트가 이 분위기에 동참하지 않았다면 앗수르의 세력 확장을 저지하지 못했을 것이다.

이런 모든 요인을 한자리에 놓아 보라. 히스기야가 군사 행동을 한 배경을 더 잘 이해하게 될 것이다.

히스기야 통치 시기의 배경을 생각하며 다음을 읽어 보라.

열왕기하 18:1-8 해안 평야로 히스기야왕의 세력 확장
역대하 29-31장; 이사야 31:4-9 전 이스라엘 사람과 함께 주변 앗수르 영토를 통합하기 위한 종교개혁
열왕기하 20:20; 역대하 32:27-31; 이사야 22:8-11 히스기야의 준비, 예루살렘 안으로 물을 끌어오기 위한 수로 건설, 예루살렘 요새 강화, 폭넓은 국가 경제 기반 확립, 남쪽 네게브를 향한 세력 확장(그돌은 그랄로 읽어야 한다)

사도행전 7:39-43; 이사야 30:1-5 이집트를 의지하는 예루살렘의 경향

히스기야의 치적 중 중요한 세 가지 유물이 남아 있다.

1. 히스기야 터널: 앗수르가 쳐들어올 때를 대비하여 예루살렘성 밖에서 솟아나오는 기혼 샘을 성 안으로 끌어들였다. 끌어들인 장소에 연못을 만들어 실로암이라고 명하였다. 이것이 가능했던 이유는 성을 크게 확장하였기 때문이다.

> 히스기야의 남은 사적과 그의 모든 업적과 저수지와 수도를 만들어 물을 성 안으로 끌어들인 일은 유다왕 역대지략에 기록되지 아니하였느냐 왕하 20:20

/

533m의 히스기야 터널은 기혼 샘과 실로암 연못으로 연결하는 수로로 앗수르 산헤립의 침공을 대비하여 만든 상수도 시설이다.

//

히스기야 터널 안에서 발견된 터널 건설 기념 비문

2. 넓은 성벽: 성을 확장하고 앗수르의 공성 망치에 대항하여 더 두껍게 쌓았다. 히스기야가 쌓은 넓은 성벽은 두께가 7m나 된다. 성벽을 얼마나 급하게 쌓았던지 집터 위에 쌓기도 하고 집을 부숴 그 돌로 성벽을 쌓기도 한 흔적이 보인다. 이사야는 예루살렘이 골짜기를 메워 성벽을 만들고 물을 끌어들여 저장하고 가옥을 부숴 성벽을 만드는 일을 헛된 일로 묘사한다. 하나님 중심이 아닌 자신의 힘을 의뢰하는 자에 대한 경고다.

> 5 환상의 골짜기(예루살렘)에 주 만군의 여호와께로부터 이르는 소란과
> 밟힘과 혼란의 날이여 성벽의 무너뜨림과 산악에 사무쳐 부르짖는
> 소리로다 9 너희가 다윗성의 무너진 곳이 많은 것도 보며 너희가 아
> 랫못의 물도 모으며 10 또 예루살렘의 가옥을 계수하며 그 가옥을 헐
> 어 성벽을 견고하게도 하며(넓은 성벽) 11 너희가 또 옛 못의 물을 위하
> 여 두 성벽 사이에 저수지를 만들었느니라(실로암) 그러나 너희가 이를
> 행하신 이를 앙망하지 아니하였고 이 일을 옛적부터 경영하신 이를
> 공경하지 아니하였느니라 사 22:5, 9-11

/

히스기야의 넓은 성벽
앗수르의 포위를 견디기 위해 건설된 이 성벽은 길이 65m에 폭이 7m나 된다.

3. 히스기야왕의 인: 전쟁을 대비한 군수물자를 저장하는 그릇이 대

거 발견되었다. 그 저장 항아리 손잡이에는 '라멜렉, 왕에게 속한 것'이라는 표시가 선명하게 보인다.

여기서, 묵상

치밀한 준비에도 히스기야와 예루살렘을 지켜 준 것은 전염병으로 산헤립을 치사 승리를 마무리해 주신 하나님이었다. 사람의 준비가 참 헛되었다. 반면에 하나님은 한 사람의 기도로 18만 5천 명을 치시는 분으로 숫자 개념이 참 없으신 분이다. 하나님의 역사는 믿음의 한 사람이 이루어 가는 역사다. 대표성의 원리다.

/ **므깃도의 군수물자 창고** 길게 우물처럼 판 저장고는 성이 포위되었을 때 견딜 수 있는 식량을 보관한다.

// 히스기야 통치 시기에 큰 항아리에 위와 같은 손잡이가 많이 발견된다. '왕에게'라는 글이 새겨져 있는데 앗수르에 대항하여 수많은 군수물자를 준비했음을 알 수 있다.

라기스-앗수르 산헤립: 유다 공격

앗수르의 수도였던 니느웨 안팎에서 안정된 기반을 구축한 산헤립은 BC 702년 바벨론으로 진군했다. 이것은 산헤립 통치 중에 취한 가장 중요한 단독 행동이었다.

이 작전을 성공적으로 수행한 앗수르는 이제 군사력을 서쪽으로 향한다. 베니게와 이스라엘의 북쪽 해안 평야를 가로질러 잇달아 원정하면서 산헤립은 지도 열왕기하 8에서 보이는 욥바, 아벡, 깃다임 사이 삼각 도로 일대에서 군사기지를 세우고자 남쪽으로 진군했다. 거기서 방향을 유다 산지와 예루살렘으로 올라갈 수 있는 가장 중요한 접근로인 쉐펠라로 돌렸다.

이사야서 10:28-32을 보면 히스기야는 베냐민 산지를 경유한 앗수르의 공격 가능성을 염두에 둘지라도 쉐펠라의 아얄론 골짜기를 경유해서 예루살렘을 직접 침략하기 어렵게 만드는 치밀한 방어 전략을 구상했던 것 같다. 그래서 산헤립은 쉐펠라의 유다 요새를 파괴했다. 산헤립은 소렉 골짜기, 엘라 골짜기, 미가의 고향이었던 스바다 골짜기, 라기스 골짜기를 장악했다. 그의 전략은 산지의 군사 공급선인 쉐펠라를 장악하여 예루살렘을 고립시키는 것이었다.

이 작전이 진행되는 동안 산헤립은 위협적인 메시지를 예루살렘의 히스기야

열왕기하 8
앗수르 산헤립에 저항하는 히스기야

유다의 병거성 라기스
산헤립의 공격 때 가장 격렬한 전쟁이 있던 성으로 앗수르 수도 니느웨 궁전에 라기스 전쟁 부조가 조각되었다.

유다의 병거성 라기스
산헤립의 공격 때 가장 격렬한 전쟁이 있던 성으로 앗수르 수도 니느웨 궁전에 라기스 전쟁 부조가 조각되었다.

에그론의 네 뿔 향단
유다에서 주로 사용되던 네 뿔 향단이 발굴되었다. 히스기야 당시 에그론 파디 왕은 친앗수르 정책을 펴다 감금되었다.

에게 보내서 앗수르가 쉐펠라를 통제하고 있는 지금 히스기야의 행동이 무익하다는 것을 강조하였다. 산헤립은 싸움에 불리한 산지 공격을 원하지 않았기에 이런 회유를 지속했다.

앗수르 통치 말기

지도 열왕기하 8과 함께 열왕기하 18:13-19:37을 읽어라. 이 원정은 또한 역대하 32:1-23에도 묘사되어 있다. 열왕기하 20장과 역대하 32:24-33은 히스기야의 마지막 통치와 바벨론의 관계에 관해 기술되어 있다.

산헤립의 프리즘 연대기는 앗수르 진격과 욥바, 딤나, 에글론, 아세가, 가드 등지와 욥바 주변 상황을 상세히 알려 준다. 성경과 산헤립의 연대기 둘 다 앗수르 공격이 가장 맹렬했던 '라기스 전투'에 관심을 기울였다. 라기스는 쉐펠라의 병거성이자 가장 중요한 방어선이었다. 고고학 발굴에서 제3지층이 산헤립의 공격으로 생긴 층으로 밝혀졌고, 산헤립의 니느웨 라기스 부조도 이 점을 증명한다.

> 산헤립을 우주의 왕, 앗수르의 왕, 그의 앞에 라기스의 전리품들이 지나가고 있는(동안) 왕좌에 앉아 있는 (자)…

성경에서 지리적인 본문 중 가장 극적인 본문이 이사야서 10:28-32이다. 아얏(아이 곁)과 믹마스 사이 어귀를 지나오는 강한 앗수르 진격을 연상케 한다. 이 원정이 정말로 일어났는지 아니면 단지 예루살렘 북쪽으로 접근한 것을 언급하여 임박한 앗수르의 침략을 알려 주려 한 것인지는 모르겠다(본문의 상황을 보라).

> 28 그(산헤립)가 아얏에 이르러 미그론을 지나 믹마스에 그의 장비를 두고 29 산
> 을 넘어 게바에서 유숙하매 라마는 떨고 사울의 기브아는 도망하도다 30 딸 갈
> 림아 큰 소리로 외칠지어다 라이사야 자세히 들을지어다 가련하다 너 아나돗
> 이여 31 맛메나는 피난하며 게빔 주민은 도망하도다 32 아직 이 날에 그가 놉
> 에서 쉬고 딸 시온산 곧 예루살렘산을 향하여 그 손을 흔들리로다 사 10:28-32

지금까지 묘사한 사건들은 유다의 북쪽과 베냐민의 남쪽 산지에 있는 예루살렘이 어떤 위치에 있는지 말해 준다. 대규모 군대가 예루살렘 서쪽으로 바로 접근하려면 험한 소렉 골짜기가 막아선다. 네게브에서 올라오는 도로뿐만 아니라 베들레헴과 헤브론을 경유한 중요한 남쪽 접근로는 쉐펠라 골짜기를 지난다. 이사야가 사용한 베냐민 산지를 향한 염문은 앗수르가 몇 시간 이내에 예루살렘의 감람산 동쪽 놉까지 와서 쉽게 공격할 수 있음을 가리킨다(북쪽 접근로). 산헤립의 연대기에서조차 이스라엘의 지리를 강하게 느낄 수 있다.

산헤립의 프리즘 연대기
"…유대인 히스기야, 그는 나의 멍에 아래 복종하지 않았다. 나는 그의 46개의 강한 도시와 성채를 포획하였으며 그 영내의 셀 수 없이 많은 마을을 정복하였다. 나는 새장에 갇힌 새처럼 그를 예루살렘왕궁에 죄수로 가두었다…."

지도 열왕기하 8에 그려진 사건들은 BC 7세기(BC 700-605년)의 것이다. 이 시기 동안 레반트는 앗수르에서 이집트로 가는 해변길을 지나는 대군을 보았다. 이 사건은 다음에서 간략하게 요약된다.

선지자 이사야 2: 멸망의 예언 중 소망을 선포하다

웃시야 시대부터 예언한 이사야 선지자의 왕성한 활동은 히스기야왕 때 절정

앗수르 산헤립왕은 히스기야의 예루살렘을 치기 전 군사기지인 라기스를 먼저 쳤다. 예루살렘 다음으로 강했던 이 성은 때로 시온의 죄의 근원으로 언급된다. 앗수르 군대는 경사로를 만들어 공성퇴로 성을 부수며 진격하고, 라기스에는 횃불을 던져 공성 무기를 태우려 한다. 가운데 아래는 포로들이 잡혀 죽어 나무에 달리고 있다.

포로로 잡혀가는 라기스 주민과 전리품들
상단의 나무들은 포도나무로 라기스가 포도의 주산지임을 알려 준다. 아래로 종려나무들이 있다. (대영박물관)

을 이룬다. 그때는 북왕국 이스라엘이 앗수르에게 무너지고 남유다는 풍전등화에 놓였을 때다. 하나님은 위급할 때마다 위대한 선지자를 세워 시대의 등불이 되게 하셨다. 북이스라엘이 멸망할 즈음엔 북쪽에선 호세아 선지자가, 남쪽에선 미가와 이사야 선지자가 하늘의 뜻을 전했다.

이사야서는 성경의 압축판이라 할 수 있다. 1장부터 39장까지는 열왕의 역사와 주변 국가에 내려질 심판을 다루고 있고, 나머지 27장은 앞으로 오실 메시아에 초점을 맞추고 있다. 39권의 구약과 27권의 신약이 합쳐 66장이 되듯이 구성되었다.

선지서의 구조가 예의 그렇듯 이사야서의 전반부는 심판을 선포하고 후반부는 위로를 전한다. 이 구조가 너무 분명해서 학자에 따라선 후반부 40장부터 66장까지는 이사야가 아닌 다른 사람이 썼다고 보기도 한다.

앗수르가 성 정복을 위해 쌓은 동쪽의 경사로

산헤립에게 항복하는 라기스 주민
왼쪽 아래에 고문하는 장면이 있고 오른쪽 위에는 승전 보고와 라기스 지도자들이 엎드려 항복하는 장면이 있다. (대영박물관)

이사야는 전반부에서 혹독한 심판을 선포하는데 그런 와중에도 먹구름 속에 감춘 빛줄기를 암시하는 소망의 메시지를 수시로 전한다. 전반부는 유다 주변 민족의 심판을 선포한다. 3장에서는 예루살렘에 대한 심판을 선포하고 아하스왕에게 징조를 구하라 말한 뒤 그가 거절하고 앗수르를 의지하자 임마누엘 심판을 선포한다. 9장에서는 예수님이 일하실 장소를 구체적으로 언급하고 있다. 훗날 마태가 이를 인용한다.

> **1** 전에 고통 받던 자들에게는 흑암이 없으리로다 옛적에는 여호와께서 스불론 땅과 납달리 땅이 멸시를 당하게 하셨더니 후에는 해변길과 요단 저쪽 이방의 갈릴리를 영화롭게 하셨느니라 **2** 흑암에 행하던 백성이 큰 빛을 보고 사망의 그늘진 땅에 거주하던 자에게 빛이 비치도다 사 9:1-2; 마 4:14-16

마태복음에서는 스불론 땅의 나사렛과 납달리 땅의 가버나움에서 예수님이 자라고 일하신 이유를 이사야의 예언이 성취된 것이라 말한다. 특히 예수님이 나사렛이라는 이름을 가진 동네에서 성장하신 이유도 설명하였다.

> 이새의 줄기에서 한 싹이 나며 그 뿌리에서 한 가지(네쩨르)가 나서 결실할 것이요 사 11:1

가지라는 히브리어 네쩨르에서 나사렛이 나왔다고 볼 수 있다. 그래서 마태는 이 구절을 미드라쉬적으로 해석하여 이렇게 선포한다.

> 나사렛이란 동네에 가서 사니 이는 선지자로 하신 말씀에 나사렛(한 가지) 사람이라 칭하리라 하심을 이루려 함이러라 마 2:23

왕국 시대까지의 커다란 갈등은 야곱의 유언(창 49장)에서부터 비롯된다. 12지파 중에 야곱의 큰 축복을 받은 유다와 요셉(므낫세와 에브라임)은 주도권 싸움을 계속하였다. 요단강을 넘어 들어오면서 요셉 지파의 여호수아와 유다 지파의 갈렙은 가장 크고 중요한 땅을 차지했다. 두 지파 간의 긴장 관계를 완충하기 위해 베냐민과 단 지파가 그 사이에 위치했다. 그러나 사사기의 긴장 관계를 거쳐

나사렛의 예수님 수태 고지 교회

: 43일

오늘 읽을 분량

성경 왕하 19, 사 31-37

본서 213쪽

성경의 맥 잡기

1. 히스기야의 기도와 이사야의 협력
2. 앗수르 산헤립의 군대가 라기스는 쳤으나 예루살렘에 오던 중 18만 5천 명이 죽자 전쟁을 포기함

신구약 연결 포인트

1. 아하스 때 이사야가 임마누엘을 예언한 윗못 세탁자 밭에서서 위협함으로 심판의 임마누엘이 임함. 예수님의 오심은 죄인에게는 심판의 임마누엘로 임하는 것임.

묵상 가이드

1. 사 35장을 읽은 후 '사막에 샘이 넘쳐흐르리라'는 찬양을 하라.
2. 왕하 19장의 상황이 사 36-37장에 다시 언급된다.

왕국 시대에 이르러 결국 그 갈등은 표면화되었다.

에브라임 지파는 사울의 아들 이스보셋을 앞세워 유다 다윗의 독주를 막아 보려 했으나 다윗의 리더십에 굴복해야 했다. 그러나 그도 오래가지 못했다. 솔로몬이 죽자 에브라임 지파의 여로보암이 북왕국으로 독립했다. 갈등이 다시 점화된 것이다. 이사야는 이 점을 통찰했다. 그는 이 갈등이 하나님께서 보내신 메시아가 와야 해결 가능하다는 걸 알았다.

> 에브라임의 질투는 없어지고 유다를 괴롭게 하던 자들은 끊어지며 에브라임은 유다를 질투하지 아니하며 유다는 에브라임을 괴롭게 하지 아니할 것이요 사 11:13

에브라임 중심으로 편재된 이스라엘과 유다 중심의 남왕국이 화해하고 한 민족이 된다는 예언이다. 분열이 끝나고 하나 되는 일은 결국 예수님이 오셔서 사마리아에 복음이 전파됨으로 성취되었다.

이사야는 또 13장부터 일찌감치 바벨론의 부상을 경고하면서 14장에서는 바벨론을 아침의 아들 계명성이라 칭하며 사탄의 도성이라 일컫는다. 요한계시록도 세상 왕국의 대표로서 바벨론을 묘사한다.

> 힘찬 음성으로 외쳐 이르되 무너졌도다 무너졌도다 큰 성 바벨론이여 귀신의 처소와 각종 더러운 영이 모이는 곳과 각종 더럽고 가증한 새들이 모이는 곳이 되었도다 계 18:2

13장부터 주변 국가들의 심판을 선포하고 있는데, 특히 15-16장에서 모압의 심판을 선포할 때는 모압의 기르와 디본, 느보, 메드바, 헤스본, 엘르알레, 야하스, 야셀, 길하레셋, 소알 등지 외에도 수많은 도시를 언급하며 심판을 구체적으로 설명한다. 17-19장에서는 다메섹에 이어 구스와 애굽까지 언급한다. 20장에서는 앗수르 사르곤이 아스돗을 취하는 BC 720년에 애굽과 구스가 포로가 될 것을 예언한다. 이어서 바벨론, 두마, 아라비아, 게달, 엘람 등을 경고한다.

23장부터는 두로와 시돈을 경고한다. 그리고 애굽에 도움을 구하러

가는 이스라엘을 비난한다. 이렇듯 계속된 멸망의 예언 중에서도 이사야는 소망을 선포한다.

43일 32장부터 35장까지 은혜를 비는 기도를 드린 후 36장에서 히스기야왕의 이야기가 등장한다. 사르곤에 이어 왕이 된 산헤립과 전쟁하는 장면을 묘사하며 희망의 소식을 전한다. 앞에서도 언급했지만 히스기야는 초반에 하나님을 절대적으로 의뢰하는 한편, 군수물자를 준비하고 주변 나라와 관계를 재정립하는 등 전쟁 준비를 철저히 했다.

그러나 앗수르와 격돌한 1차 전쟁의 결과는 무참했다. 사르곤에서 산헤립으로 정권이 교체되는 틈을 타 반기를 들었으나 앗수르의 엄청난 힘 앞에 무릎을 꿇어야 했다. 전쟁의 패배로 은 300달란트와 금 30달란트를 배상금으로 낸 것은 물론, 여호와의 성전 보물과 심지어 성전 기둥에 입힌 금까지 벗겨 주었다(왕하 18:13-16).

이즈음 히스기야가 병이 들었다. 아들 므낫세가 12세에 왕위에 올랐던 것을 보면 당시 그에겐 후사가 없었다. 더구나 국가는 앗수르 앞에서 풍전등화와 같은 신세였다. 히스기야가 지금 죽는다면 유다의 운명은 어떻게 될지 알 수 없었다. 히스기야는 벽을 향해 통곡하며 기도했고, 하나님은 그에게 15년의 수명 연장을 약속하시며 아하스의 해시계가 10도 뒤로 가게 하셨다(사 38:8).

앗수르는 2년 후인 BC 699년에 2차 침입을 한 것으로 보인다. 히스기야는 1차 원정 때 군사력을 소진하고 애굽을 점령한 구스 왕 디르하가의 도움을 받고 있었다. 그러나 그 도움도 사라지고 더 이상 소망이 없을 때 오직 여호와 신앙만을 붙잡았다.

열왕기하 18장과 19장에 나오는 본문이 이사야서 36장과 37장에서 병행으로 언급된 것으로 보아 유다왕 히스기야와 선지자 이사야의 협력이 긴밀하게 이루어진 것으로 보인다.

44일 1차 전쟁과 2차 전쟁 사이에 일어난 히스기야 병의 발병과 회복에 관한 기사(사 38-39장)는

: 44일

오늘 읽을 분량

성경 왕하 20, 사 38-50

본서 213-217쪽

성경의 맥 잡기

1. 히스기야의 벽을 향한 기도
2. 이사야의 희망의 말씀, 바벨론 포로에서 나오며 바사 고레스를 일으킬 것임

신구약 연결 포인트

1. 사 42:1-4의 예수님 긍휼 사역은 마 12:17-21, 눅 4:18-21에서 성취
2. 사 50:6-7에는 예수님의 고난 일부를 예언한다.

묵상 가이드

1. 히스기야의 기도는 왕위를 이을 자손이 없어 더 절박했다.
2. 이사야서는 1-39장까지 과거 역사를, 40-66장까지 예언을 말함으로써 성경의 축소판처럼 보인다.

/ 아스돗은 해안가에 있으나 항구 기능은 미약했다.

// 아스돗의 항구 텔몰

/
라기스에서 발굴된 유물들과 산헤립의 전적 기록 연대기
화살촉은 물론 물맷돌이 많이 발견되었는데, 당시 물맷돌이 전쟁에서 한몫했음을 알 수 있다.

//
히스기야의 기도가 응답되는 징표로 아하스가 만든 해시계가 뒤로 10도 물러갔다. (엔아엘 소재)

오늘 읽을 분량

성경 대하 29-32, 사 51-66

본서 217-218쪽

성경의 맥 잡기

1. 히스기야의 개혁과 유월절
2. 앗수르 산헤립의 공격

신구약 연결 포인트

1. 사 53장은 예수님의 고난을 눈에 보듯 예언함
2. 사 52:13에는 부활 승천하실 예수 그리스도를 바라봄
3. 사 60:22의 작은 자가 천 명을 이룸은 예수님이 제자들을 통해 하나님 나라를 이룰 것을 예언
4. 사 66장의 새 하늘과 새 땅은 계시록의 새 하늘과 새 땅과 연결

묵상 가이드

1. 이사야는 고난의 환경 중에도 현재의 고난과 견주지 못할 영광의 나라를 바라본다.
2. 사 53장에서 예수님의 고난은 신약보다 더 감동 있게 묘사되었다.

좋은 소식 같으나 나쁜 소식이 포함된 사건이다. 히스기야는 병에서 회복된 뒤 바벨론 사절을 극진히 대접하며 그들과 연합할 의도로 온갖 것을 보여 준다. 그러나 이는 유다의 모든 것이 바벨론으로 옮겨 갈 것을 암시하는 사건이 되었다.

히스기야는 처음에는 군사력을 의지했다. 그러자 앗수르가 군사기지 라기스를 쳤다. 이어서 동맹을 많이 만들어 남쪽 애굽과 북쪽 바벨론을 의지하려 했던 것 같다. 그러나 이 모든 시도도 무위로 끝났을 뿐 아니라 해로움으로 돌아왔다. 솔로몬이 인간의 지혜로 행하여 쓴 열매를 남겼는데 히스기야도 그 한계를 넘어서지 못했다. 히스기야가 남긴 열매는 아들 므낫세 대에서 나타나게 된다.

불완전한 회복을 본 이사야는 40장부터 완전한 회복을 이루실 메시아를 바라본다. 히스기야에게 예언하였듯이 바벨론으로 모든 것이 옮겨 가겠으나 다시 회복될 것을 노래한다.

> 풀은 마르고 꽃은 시드나 우리 하나님의 말씀은 영원히 서리라 하라
> 사 40:8

45장에서는 그 회복자가 구체적으로 '고레스'라고 언급한다. 이런 분명한 문체 때문에 40장부터는 제2이사야서로 부르기도 한다. 이사야가 저자가 아니라고 주장하는 이들도 있다.

그러나 1947년 이스라엘 독립 1년 전 가장 오래된 성경인 쿰란사본이 발견되었다. 그중 첫 번째로 발견된 이사야서를 보면 39장과 40장은 자연스럽게 이어져 있다. 적어도 2200년 전에는 이사야서가 1, 2로 나뉜 흔적이 전혀 없다. 완벽하게 이사야서 전문이 발견된 것은 하나님의

니느웨에서 발견된 산헤립의 전적 기록
성경을 보면 산헤립이 BC 701년에 있은 전쟁 바로 뒤에 죽은 것으로 보이나 사실 그는 그 후 20년가량 더 생존해 있다가 BC 680년에 죽었다.

경륜이다. 일점일획도 틀리지 않게 완벽하게 보존된 이사야서를 보면서 하나님이 유대인을 통하여 어떻게 말씀을 보존해 왔나를 알 수 있다.

> 1 그런즉 유대인의 나음이 무엇이며 할례의 유익이 무엇이냐
> 2 범사에 많으니 우선은 그들이 하나님의 말씀을 맡았음이니라 롬 3:1-2

45일 바벨론의 심판과 예루살렘의 회복을 이야기하다가 53장에 이르러서는 고난의 종, 예수님을 아주 분명하게 묘사한다.

이사야가 본 비전은 이스라엘에 겨울비가 내리면 사진처럼 광야가 꽃동산이 되는 환경을 보면서 선포한 내용이다.

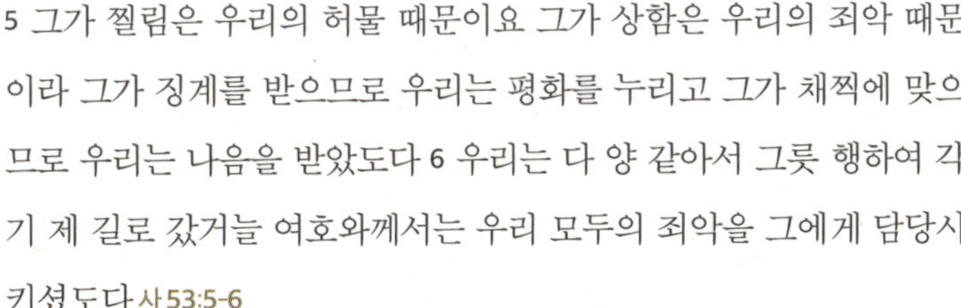

> 5 그가 찔림은 우리의 허물 때문이요 그가 상함은 우리의 죄악 때문이라 그가 징계를 받으므로 우리는 평화를 누리고 그가 채찍에 맞으므로 우리는 나음을 받았도다
> 6 우리는 다 양 같아서 그릇 행하여 각기 제 길로 갔거늘 여호와께서는 우리 모두의 죄악을 그에게 담당시키셨도다 사 53:5-6

60장에서는 예수님이 오셔서 일할 제자 사역을 말씀한다.

> 그 작은 자가 천 명을 이루겠고 그 약한 자가 강국을 이룰 것이라 때가 되면 나 여호와가 속히 이루리라 사 60:22

61장은 예수님이 나사렛 회당에서 읽으신 말씀이다. 예수님의 사역이 어떻게 펼쳐질 것인가를 분명히 보여 준다.

> 1 주 여호와의 영이 내게 내리셨으니 이는 여호와께서 내게 기름을

쿰란 이사야서 사본
1947년 한 목동이 발견한 쿰란사본의 첫 문서가 완벽한 이사야서였다.

쿰란의 4동굴과 말씀
1947년 이스라엘 독립 1년 전 쿰란 사본이 발견되었고 현대 이스라엘은 독립 후 다시 말씀 보존의 사명을 맡게 되었다.

부으사 가난한 자에게 아름다운 소식을 전하게 하려 하심이라 나를 보내사 마음이 상한 자를 고치며 포로된 자에게 자유를, 갇힌 자에게 놓임을 선포하며 2 여호와의 은혜의 해와 우리 하나님의 보복의 날을 선포하여 모든 슬픈 자를 위로하되 사 61:1-2

예수님에 대한 예언은 복음 전파 후 이어질 일까지도 언급한다. 심지어 새 하늘과 새 땅을 언급한 계시록과 흡사하다(사 65:17).

이사야서는 구약의 최고 전환기에 기록되었다. 북이스라엘이 멸망하면서 실질적으로 이스라엘 전역이 독립을 잃어버린 시기에 참된 자유가 어디서 오는가를 알려 준다.

: 46일

오늘 읽을 분량

성경 왕하 21-23, 대하 33-35, 나 1-3

본서 218-226쪽

성경의 맥 잡기

1. 므낫세의 범죄는 유다의 죄악 중 최고조에 달한다.
2. 요시야는 재위 18년에 성경을 발견하고 그 말씀대로 개혁을 실시하였다.
3. 이 시기에 나훔의 예언대로 앗수르는 멸망하고 있었다.

신구약 연결 포인트

1. 요시야 때 예언한 선지자 훌다의 무덤은 성전 남쪽 아래에 위치하는데 신약시대에 남쪽의 들어오는 문을 훌다문이라고 불렀다.
2. 요시야왕이 죽은 므깃도는 계 16:16에서 아마겟돈이라고 불린다.

묵상 가이드

1. 므낫세의 범죄는 성전 안을 우상전으로 만들어 더 심각했다.
2. 요시야는 최고의 개혁자였다. 그의 개혁 도구는 성경이고 열매는 사람들이었다.

유다왕 므낫세(BC 697-642): 가장 악한 왕이 되다 왕하 21:1-18; 대하 33:1-20 46일

가장 오랫동안 통치했지만 가장 악한 왕이 므낫세다. 아버지 히스기야의 저항에도 앗수르의 힘은 꺾이지 않았다. 이집트를 향한 앗수르의 행군은 산헤립의 아들 에살핫돈(BC 681-669)과 아슈르바니팔(BC 669-627) 치하에서도 계속되었다. 10여 년에 걸친 원정(BC 671-660년)으로 BC 671년 에살핫돈이 삼각주 지대와 멤피스를 점령했고, BC 664년 상부 이집트의 수도 노아몬이 아슈르바니팔에게 점령당했다.

이 기간 히스기야의 아들 므낫세가 유다를 다스렸다. 므낫세의 통치 기간 중 7세기 중반은 제국 전체가 불안정한 상황이었다. 이 안정되지 않은 상황이 아버지의 정책에 의심을 품게 하였고 므낫세의 마음을 흔들었다.

열왕기 저자는 므낫세를 혹독하게 표현한다. 다른 왕들과 다르게 여호와의 성전에 온갖 우상과 제단을 세워 여호와를 진노하게 하였다고 말한다.

3 그의 아버지 히스기야가 헐어 버린 산당들을 다시 세우며 이스라엘의 왕 아합의 행위를 따라 바알을 위하여 제단을 쌓으며 아세라 목상을 만들며 하늘의 일월 성신을 경배하여 섬기며 4 여호와께서

전에 이르시기를 내가 내 이름을 예루살렘에 두리라 하신 여호와의 성전에 제단들을 쌓고 5 또 여호와의 성전 두 마당에 하늘의 일월성신을 위하여 제단들을 쌓고 6 또 자기의 아들을 불 가운데로 지나게 하며 점치며 사술을 행하며 신접한 자와 박수를 신임하여 여호와께서 보시기에 악을 많이 행하여 그 진노를 일으켰으며 왕하 21:3-6

앗수르왕 에살핫돈이 점령한 멤피스에 있는 스핑크스

삼각주의 북쪽 꼭짓점에 위치한 멤피스를 정복했다는 것은 삼각주 전체를 손에 넣었음을 의미한다.

이 같은 행위가 유다가 멸망하는 가장 큰 원인이 되었다(왕하 23:26, 24:3).

상대적으로 역대기 기자는 므낫세에 대하여 호의적이다. 역대하 33:9-17에서 언급된 것처럼, 앗수르왕의 지휘관에 의해 바벨론에 포로로 잡혀갔다 돌아온 후 정책을 반전시켜 원래의 신앙으로 돌아갔다.

앗수르왕 아슈르바니팔은 신의 도움을 받은 대제사장 역할을 하였다. 전쟁은 나라마다 섬기는 신들과의 전쟁이었다.

므낫세가 바벨론으로 끌려간 때를 BC 648년으로 추측해 보면 앗수르왕 아슈르바니팔에게 잡혀 갔을 것이다. 역대하 33:11의 "사로잡고"라는 표현은 코에 갈고리가 꿰어 끌려가는 모습을 말한다. 이처럼 한 나라의 왕이 치욕스런 모습으로 앗수르가 정복한 바벨론 땅으로 끌려간 것은 당시 앗수르가 바벨론 반란을 진압하는 동시에 심각한 위기가 요단 동편 왕의 대로를 따라 전개되었기 때문이다.

여기서, 묵상

선한 아버지 밑에서 어떻게 이처럼 악한 왕이 나올 수 있을까?

므낫세는 12세에 왕이 되었다. 히스기야가 15년 생명 연장을 받고 나서 태어난 아들이다. 따라서 므낫세는 아버지 히스기야가 앗수르와

/ 앗수르왕 아슈르바니팔의 사자 사냥은 거대한 벽화로 장식되어 있다. 므낫세는 이 잔인한 왕에게 잡혀갔다 돌아온다.

// 앗수르왕의 사자 사냥에서 사자가 병거를 공격한다. 아슈르바니팔은 나일강 상류에 있는 이집트의 수도 노아몬까지 정복했다.

앗수르의 보호 신들
왼쪽 세 형상은 물고기 모양의 보호막을 걸치고 있다. 유다는 앗수르의 신들을 함께 섬겼다.(대영박물관)

전쟁하는 중에 하나님의 도우심을 어떻게 받았는지를 알지 못한다. 히스기야도 다음 세대에 대한 안타까움이 적었던 것 같다. 바벨론 사신에게 보여 준 모든 것이 바벨론으로 옮겨 갈 것이라고 이사야가 말했을 때 히스기야는 당장 자기 앞가림하기도 버거웠던지 어떤 행동도 취하지 않았다.

히스기야의 다음 세대인 므낫세는 눈에 보이는 것을 따라갔다. 앗수르의 강력함과 대비되는 조국의 황폐함을 보며 더 이상 아버지의 정책을 따를 필요를 못 느꼈고 제 갈 길로 갔다. 하나님은 요시야왕(므낫세의 손자)의 철저한 신앙에도 불구하고 므낫세의 성전 모독죄를 용납할 수 없어 유다를 멸하기로 결정하셨다.

'참는 것도 한도가 있다'는데 그 한도를 넘은 인물이 므낫세다. 요셉이 아들에게 '잊음'이라고 지어 준 이름이(창 41:51) 하나님을 '잊음'이 되어 버렸다.

유다왕 아몬(BC 642-640): 신복에 살해당하다 왕하 21:19-26; 대하 33:21-25

가장 오랫동안 통치한 아버지 므낫세에 비하여 아몬은 2년밖에 다스리지 못하였다. 그것도 신복의 반역으로 살해되었다. 이 신복은 예루살렘 귀족들 중 친이집트파였을 가능성이 높다. 남쪽과 북쪽, 어느 제국을 택할 것인가는 힘이 없던 유다의 가장 큰 불안 요인이었다. 이 반란은 유다 주민에게 지지를 받지 못했으며 신복도 죽임을 당했다. 8세의 어린 나이에 왕위에 오른 요시야는 친앗수르파에 의해 추대를 받았다(왕하 21:19-26).

지도 그리기

열왕기하 8

부록에서 지도를 찾아 그리세요

애통하다, 예루살렘 멸망

성경 열왕기하 22-25장; 역대하 34-36장; 예레미야; 하박국; 오바댜; 시편 137편; 예래미야애가 4장; 스바냐

연대 BC 640-582년

역사적 배경 이집트 느고, 바벨론 느부갓네살 통치

핵심 본문 요시야왕~시드기야왕 등극, 예레미야, 나훔 선지자 사역

지도 열왕기하 9

유다왕 요시야(BC 640-609): 종교개혁을 일으키다 왕하 22-23장; 대하 34-35장

BC 7세기 중반 아슈르바니팔의 죽음과 함께 앗수르가 급격히 쇠퇴하기 시작했다. 이 틈을 타 BC 7세기 후반에 이집트가 독립했으며, 메소포타미아 남쪽의 바벨론에서는 두 번이나 밀려났던 느부갓네살의 아버지 나보폴라살이 다시 앗수르를 위협했다.

이스라엘 주변에 대한 앗수르의 통제도 느슨해졌다. 유다는 다시 세력을 확장할 수 있었고, 31년을 통치한 요시야(BC 640-609년)의 영도 아래 마지막 번영을 누릴 수 있었다. 내부 개혁과 함께 고고학적 증거가 드러낸 것처럼 요시야는 블레셋 북부뿐 아니라 앗수르의 속국인 사마리아와 므깃도까지 세력을 확장했다. 그는 때를 놓치지 않고 대대적인 종교개혁을 단행했다. 재위 18년(BC 622)에 발견된 율법책은 개혁에 불을 지폈다(왕하 22:8). 말씀을 듣고 옷을 찢은 요시야는 예루살렘의 둘째 구역으로 알려진 다윗성 아래 미쉬네에 사는 훌다에게 이 말씀의 결과에 대하여 물어보았다.

이에 제사장 힐기야와 또 아히감과 악볼과 사반과 아사야가 여선지 훌다에게로 나아가니 그는 할하스의 손자 디과의 아들로서 예복을 주관하는 살룸의 아내라 예루살렘 둘째 구역에 거주하였더라 그들이 그와 더불어 말하매 왕하 22:14

존경받는 왕은 통치권에 해당하는 왕과 사법권에 해당하는 대제사장, 입법권에 해당하는 선지자와 협력 관계가 원만하도록 유도한다. 다윗 시대에 이어 요시야 때도 왕-제사장-선지자가 삼권 분립을 조화롭게 이루었다.

므낫세로 인하여 진노가 있을 것이라는 선포를 듣고도 요시야는 개혁을 계속한다.

1 왕이 보내 유다와 예루살렘의 모든 장로를 자기에게로 모으고 2 이에 왕이 여호와의 성전에 올라가매 유다 모든 사람과 예루살렘 주민과 제사장들과 선지자들과 모든 백성이 노소를 막론하고 다 왕과 함께한지라 왕이 여호와의 성전 안에서 발견한 언약책의 모든 말씀을 읽어 무리의 귀에 들리고 3 왕이 단 위에 서서 여호와 앞에서 언약을 세우되 마음을 다하고 뜻을 다하여 여호와께 순종하고 그의 계명과 법도와 율례를 지켜 이 책에 기록된 이 언약의 말씀을 이루게 하리라 하매 백성이 다 그 언약을 따르기로 하니라 왕하 23:1-3

요시야가 여호와 앞에서 언약을 세우고 바로 행동에 옮긴 것이 우상 제거였다. 특별히 역대 어떤 왕도 하지 못하던 산당을 전국적으로 제거했다. 신명기 말씀대로 중앙성소제도를 확립한 것이다.

아하스, 므낫세가 세운 우상들을 태우고, 힌놈의 골짜기의 도벳 신당을 제거하였다. 특히 솔로몬이 정략결혼을 하면서 아내들을 위해 예루살렘 동쪽 산에 세운 시돈의 아스다롯, 모압의 그모스, 암몬의 밀곰 신전을 파괴하였다. 이곳은 신전 뿐 아니라 각 나라의 대사관 역할을 하던 장소였다. 젊은 요시야는 물불을 가리지 않았다. 그는 히스기야도 하지 못했던 개혁을 단행했으나 다행히 주변 나라들이 거의 멸망한 상태라 눈치 보지 않아도 되었다.

또 예루살렘 앞 멸망의 산 오른쪽에 세운 산당들을 왕이 더럽게 하였으니 이

/
요시야의 우상 제거
요시야왕은 다윗성 앞에 있는 멸망산에서 솔로몬 시대부터 있던 신전들을 제거하고 멸망산이라 불렀다.

//
예루살렘 성전의 남쪽 면 아래 훌다의 무덤
계단 오르기 전 뾰쪽한 지붕이 훌다의 무덤이다. 예루살렘 문도 훌다게이트라 부른다.

는 옛적에 이스라엘왕 솔로몬이 시돈 사람의 가증한 아스다롯과 모압 사람의 가증한 그모스와 암몬 자손의 가증한 밀곰을 위하여 세웠던 것이며 왕하 23:13

이어서 북쪽으로 개혁의 발길을 옮겼다. 앗수르의 힘이 약화되면서 무주공산이 된 에브라임 산지, 사마리아 지역에 간 요시야는 느밧의 아들 여로보암이 벧엘에 세운 산당을 불사르고 아세라 목상을 제거했다(왕하 23:15). 여로보암 때 요시야라는 인물이 나와 벧엘의 산당을 제거하리라는 하나님의 사람의 예언이 성취되는 순간이었다(왕상 13:2).

통일왕국 시대의 영토를 거의 회복하고 종교개혁을 단행한 요시야는 전국에 유월절을 지키도록 명령한다. 유월절은 이스라엘을 하나로 만드는 정체성의 명절이었다.

/
브엘세바에서 발견된 제단
제단은 다듬지 않은 돌로 만들어야 했는데 당시 이렇게 변질되었다.

21 왕이 뭇 백성에게 명령하여 이르되 이 언약책에 기록된 대로 너희
의 하나님 여호와를 위하여 유월절을 지키라 하매 22 사사가 이스라
엘을 다스리던 시대부터 이스라엘 여러 왕의 시대와 유다 여러 왕의
시대에 이렇게 유월절을 지킨 일이 없었더니 23 요시야왕 열여덟째
해에 예루살렘에서 여호와 앞에 이 유월절을 지켰더라 왕하 23:21-23

요시야의 개혁은 전무후무하였다. 히스기야가 성전을 회복했다면, 요시야는 예배를 회복한 왕으로 다윗에 이어 어떤 부정적인 평가도 듣지 않았다.

서쪽에서 바라본 므깃도(아마겟돈)
해변길의 교통 요지인 므깃도에서 요시야는 이집트 진군을 막으려다 전사한다.
(므깃도 전시관 사진)

므깃도-요시야 전사 왕하 23:28-30; 대하 35:20-27

이즈음 북쪽에서는 큰 힘이 바뀌고 있었다. 바벨론의 독립(BC 626년)부터 앗수르의 망명 정부가 무너질 때까지는 불과 20년밖에 걸리지 않았다. 이 20년 동안 레반트와 제국 전체에 걸쳐서 전쟁의 소문이 무성했다. 이 시기에 이집트도 메소포타미아 전쟁에 개입했다. 이집트는 바벨론에 대항하여 생존을 위한 전투를 하던 앗수르를 돕기 위해 진격하였다. 어제의 적이 오늘의 친구가 된 것이다.

이집트는 이런 원정을 적어도 3번 이상 하였다. 이득이 그리 크지 않았지만 이런 전쟁을 계속한 이유는 분명하다. 그것은 신흥 국가 바벨론이 앗수르처럼 이스라엘을 넘어 세력을 확장하는 것을 막는 동시에 자신의 세력을 유브라데강까지 뻗칠 기회였기 때문이다. 이런 원정을 통해 잠시나마 중왕국 18, 19왕조 시대에 설정된 경계를 뛰어넘을 수 있었다.

유다의 요시야왕은 히스기야 때부터 동맹을 맺은 바벨론과 손잡는 것이 남쪽에서 세력을 확장하는 이집트를 막는 유일한 전략임을 알았다. 이런 의도로 바벨론을 대적하러 올라가는 이집트를 해변길의 최고 요지인 므깃도에서 막으려 했다.

BC 609년에 요시야는 레반트를 가로질러 북쪽 메소포타미아 갈그미스와 하란을 향하여 진격하는 이집트 바로 느고 2세를 막으려다 그 전투에서 전사한다. 이로써 유다의 마지막 번영이 끝났다. 약 천 년 전에 동일한 장소에서 이집트의 투트모스 3세가 큰 승리를 얻은 적이 있다.

왕국 시대의 마지막 왕이라고 해도 과언이 아닌 요시야가 죽은 므깃도는 후에 요한계시록에서 '아마겟돈'이라 표현되며 인류 마지막 전투가 있을 곳으로 묘사된다(계 16:16). 역사는 반복된다.

여기서,
묵상

말씀에 근거한 신앙의 개혁!

정권이 바뀔 때마다 개혁을 외친다. 열왕기의 가장 개혁적인 왕은 히스기야와 요시야다. 둘의 공통점은 우상을 제거하고 유월절을 지켰다는 점이다. 개혁에는 버림과 취함이 동시에 일어난다. 마지막 때 심판과 구원이 동시에 일어나는 것과 같은 원리다. 두 왕은 모두 우상을 제거했다. 구원의 근본이 되는 유월절을 기념하여 공동체의 정체성을 회복하려고 했다. 산당을 제거하고 우상을 제거하는 데에는 요시야가 히스기야보다 뛰어났다. 히스기야가 감히 하지 못한 산당을 모두 제거한 것이다. 유월절도 전무후무하게 성대하게 치렀다. 그는 철저히 율법에 근거하여 그 일을 했다. 히스기야가 다음 세대에 무관심한 반면 요시야는 노소를 구분하지 않고 사람을 모아 율법을 읽혔다. 개혁은 13년간 계속되었다. 유대인은 13세에 성인식을 하는데 이 개혁의 시기에 자란 꿈나무들이 요시야의 신앙을 이어 갔다.

므깃도
이스라엘에서 가장 기름지고 교통의 요지에 위치하여 수많은 전쟁의 흔적을 가지고 있다. 투트모스 3세의 전쟁 기록이 있으며, 유다왕 솔로몬이 병거성을 삼은 이후 아하시야에 이어 요시야까지 이곳에서 죽음을 맞았다.

예레미야애가

요시야의 죽음은 역대하 35:20-25에서 잘 묘사되어 있다.

> **23** 활 쏘는 자가 요시야왕을 쏜지라 왕이 그의 신하들에게 이르되 내가 중상을 입었으니 나를 도와 나가게 하라 **24** 그 부하들이 그를 병거에서 내리게 하고 그의 버금 병거에 태워 예루살렘에 이른 후에 그가 죽으니 그의 조상들의 묘실에 장사되니라 온 유다와 예루살렘 사람들이 요시야를 슬퍼하고 **25** 예레미야는 그를 위하여 애가를 지었으며 모든 노래하는 남자들과 여자들은 요시야를 슬피 노래하니 이스라엘에 규례가 되어 오늘까지 이르렀으며 그 가사는 애가 중에 기록되었더라 대하 35:23-25

종교개혁에 앞장섰던 많은 사람들이 당황했으며, 예레미야도 슬픔을 감추지 못하고 요시야를 위한 애가를 지었다.

> 우리의 콧김 곧 여호와께서 기름 부으신 자(요시야왕)가 그들의 함정에 빠졌음이여 우리가 그를 가리키며 전에 이르기를 우리가 그의 그늘 아래에서 이방

갈그미스의 마차는 이집트와 바벨론의 전투를 연상하게 한다.

터키 방향에서 바라본 갈그미스성
현재도 갈그미스는 터키-시리아의 국경 초소로 사용되고 있다.

인들 중에 살겠다 하던 자로다 애 4:20

예레미야애가서 개요

예레미야애가 Jeremiah — **각장이 알파벳 순서에 따른 절제된 5개의 애가로 구성**

역사	정치	시드기야(BC 597-586) 통치				
	사건	예루살렘 멸망(BC 586)				
지리		예루살렘과 미스바, 여리고 평지 등				
성경		1장	2장	3장	4장	5장
		예루살렘 황폐	멸망	자비 간구	예루살렘 포위	중보기도

여기서, 묵상

신앙인의 비참한 죽음

하나님을 신뢰하였던 사람이 이렇게 무참히 쓰러질 수 있는가? 그는 실패한 것인가? 이런 의문이 신앙인에게도 든다. 그러나 역사는 길다. 열매를 보고 그 사람을 평가해야 한다. 요시야는 죽었지만 그가 교육시킨 다음 세대, 즉 다니엘과 세 친구, 에스겔 같은 사람이 개혁에 참여했다. 앞으로 닥쳐 올 포로기의 암흑기를 밝힌 인물은 모두 요시야의 개혁에 영향을 받은 사람들이었다. 이미 망할 것을 알면서도 요시야가 자기 영토를 넘어 벧엘까지 가서 우상을 제거하는 열심이 헛되지 않았다. 그가 성대하게 치른 출애굽을 기념한 유월절은 또 다른 출바벨론의 소망을 갖게 하였다.

인간의 계획은 잠시 유익과 평화를 주는 듯하나 솔로몬의 끝처럼 열매가 쓰다. 그러나 하나님의 말씀을 실천한 열매는 당장은 어렵고 힘들지만 참 진리의 열매로 영원하다.

노아몬의 룩소 신전
당시 노아몬의 영화는 사라졌지만 이집트에서 가장 중요한 위치를 점하고 있었다.

선지자 나훔: 악인의 심판을 예언하다

선지자 나훔은 '여호와의 위로'라는 뜻으로 느헤미야와 동일한 의미다. 그는 니느웨의 멸망을 예언했는데 악인의 심판은 의인의 위로이기에 그 이름대로 예언했다. 예수님이 위로의 마을 가버-나움(케퍼르-나훔)에 와서 사람을 위로하신 것도 지명과 관련된 일이다.

끝없이 팽창하던 앗수르는 아슈르바니팔 사후 유다 요시야왕 때 와서 급격히 쇠퇴하였다. 아슈르바니팔은 BC 664-663년 노아몬(테베 Thebes)을 정복했지만 바벨론과 메대 연합군에 의하여 BC 612년 수도 니느웨가 함락된다. 나훔 선지자는 노아몬 정복은 과거로 기록하고 니느웨 함락은 미래사로 기록했는데, 이를 보아 BC 663년과 612년 사이에 이 말씀을 전한 것으로 본다. 이때는 요시야왕의 통치기였다.

> 8 네가 어찌 노아몬보다 낫겠느냐 그는 강들 사이에 있으므로 물이 둘렸으니
> 바다가 성루가 되었고 바다가 방어벽이 되었으며 9 구스와 애굽은 그의 힘이
> 강하여 끝이 없었고 붓과 루빔이 그를 돕는 자가 되었으나 10 그가 포로가 되
> 어 사로잡혀 갔고 그의 어린 아이들은 길 모퉁이 모퉁이에 메어침을 당하여
> 부서졌으며 그의 존귀한 자들은 제비 뽑혀 나뉘었고 그의 모든 권세자들은
> 사슬에 결박되었나니 나훔 3:8-10

특별히 앗수르의 수도 니느웨를 직접 겨냥한 나훔서와 해변길과 요단 동편 가도를 따라 새로이 전개되는 군사 활동을 반영하는 스바냐서를 읽어 보라.

나훔 Nahum		נחם ⇐ נַחוּם 나훔 ⇐ 나함(위로하다)=위로받은 자		
역사	정치	앗수르-아슈르바니팔(BC 669-627), 유다-요시야(BC 640-609)		
	사건	애굽 노아몬 멸망(BC 663) 후, 니느웨 멸망(BC 612) 직전		
지리		유다에서 앗수르 니느웨를 향해 예언		
성경		1장	2장	3장
		하나님의 위엄	니느웨 심판	심판의 정당성

: 47일

오늘 읽을 분량
성경 왕하 24, 합 1-3, 습 1-3
본서 226-232쪽

성경의 맥 잡기

1. 바벨론 느부갓네살은 1차에 다니엘 같은 왕족을 잡아가고, 2차에는 여호야김을 죽이고 여호야긴왕과 에스겔 등을 잡아갔다.
2. 하박국과 스바냐는 정의롭지 못한 사회에 대한 징계로 바벨론이 침략할 것을 예언했다.

신구약 연결 포인트

1. '의인은 믿음으로 말미암아 살리라'는 응답을 받은 하박국의 고민은 바울의 사상(롬 1:17)이 되었다.

묵상 가이드

1. 여호야김은 두 강국인 애굽과 바벨론 중 누구 편을 드는 정책을 펼 것인가를 결정해야 했다.
2. 하박국은 의인의 고난에 대한 고민을 하던 중 하나님을 뵙고 찬양한다.
3. 습 1:10-11은 예루살렘이 차례로 정복되는 장면을 눈에 보듯 묘사한다.

유다왕 여호아하스(BC 609): 느고가 폐위시키다 왕하 23:31-35; 대하 36:2-4

유다 백성은 재빠르게 요시야의 아들 여호아하스를 왕으로 세웠다. 그는 셋째 아들로 그 뒤를 이어 왕위에 오른 여호야김보다 어렸다. 그럼에도 불구하고 그는 국민의 지지를 얻어 왕이 되었다. 그러나 세 달밖에 통치하지 못하였다. 요시야가 전사한 후 유다에 온 이집트군은 여호아하스를 인질로 잡아갔다. 대신 요시야의 다른 아들 엘리아김을 여호야김으로 이름을 바꾸고 왕으로 세운다. 창씨개명과 같은 치욕을 받고 식민지가 된 것이다. 바로는 자기에게 협조적인 왕자를 내세워 친이집트 정부를 지속시키려 했으나 그리 오래가지는 못했다(왕하 23:31-34; 대하 36:1-4).

유다-여호야김(BC 609-597, 바벨론 1, 2차 침략: 1차 바벨론 포로 유수 왕하 23:36-37; 대하 36:5-8 47일

유다의 18대 왕 여호야김의 통치 시기(BC 609-597년)는 이집트의 속국이나 다름없었다. 그러나 머지 않아 바벨론이 앗수르를 무너뜨렸고 이집트도 밀리기 시작했다.

BC 605년, 여호야김 4년에 유브라데강가 갈그미스에서 앗수르/이집트 연합군과 바벨론 군대가 맞섰다(갈그미스 전투). 이 세기의 대결에서 이집트는 치명적인 재난을 맞았다. 예레미야 46장은 그때 상황을 생생하게 그리고 있다.

애굽에 관한 것이라 곧 유다의 요시야왕의 아들 여호야김 넷째 해에 유브라데강가 갈그미스에서 바벨론의 느부갓네살왕에게 패한 애굽의 왕 바로느고의 군대에 대한 말씀이라 렘 46:2

갈그미스의 유브라데강
갈그미스 앞에는 유브라데강이 펼쳐져 메소포타미아의 관문 역할을 했다.

이 전쟁에서 승리한 바벨론은 BC 9세기 후반 다메섹의 하사엘과 BC 8세기 후반의 앗수르의 디글랏빌레셀 3세가 이용한 다볼산과 갈멜산을 경유하여 이집트로 가는 해변길을 따라 레반트를 침공했다. 이 상황이 예레미야 25장에 기록되어 있다. 이 말씀은 여러 면에서 한 세기 전 이사야의 선포와 유사하다. 예레미야 36장은 이 격동의 시간(BC 605-604) 동안 선지자의 행동에 관하여 잘 묘사하고 있다. 이사야의 큰 서판(사 8:1)과 같이 예레미야의 두루마리 책이 청중에게 선포되었다.

BC 605-604년 여호야김 5년에 바벨론 군대가 레반트에 도착했다. 이 때부터 앗수르와 이집트의 지배가 끝나고 새로운 역사가 펼쳐진다. 열왕기하 24:7은 몇 년 후의 상황을 말해 준다.

애굽왕이 다시는 그 나라에서 나오지 못하였으니 이는 바벨론왕이 애굽 강에서부터 유브라데강까지 애굽왕에게 속한 땅을 다 점령하였음이더라 왕하 24:7

다시 강력한 제국의 성장과 몰락에 관한 이사야의 말을 들어 보자.

그들은 겨우 심기고 겨우 뿌려졌으며 그 줄기가 겨우 땅에 뿌리를 박자 곧 하나님이 입김을 부시니 그들은 말라 회오리바람에 불려 가는 초개 같도다 사 40:24

여호야김은 바로 바벨론에 굴복했다. 느부갓네살(BC 605-562)은 여호야김의 굴복이 믿기지 않았는지 왕족을 잡아간다. 그때 잡혀간 인물이 다니엘과 세 친구 하나냐, 미사엘, 아사랴였다. 그들의 이름은 바뀌어 벨드사살, 사드락, 메삭, 아벳느고가 되었다. 여호야김의 굴복은 오래가지 않았다. 3년 뒤 BC 602년 여호야김은 이집트로 마음이 기울었다. 느부갓네살은 다시 원정군을 보냈다.

예레미야는 끊임없이 권고했으나 여호야김이 예레미야의 두루마리를 화로에

다윗성의 인장들
인장 51개가 발견된 장소로 예레미야의 글이 선포된 '사반의 아들 그마랴'의 인장도 발견되었다.

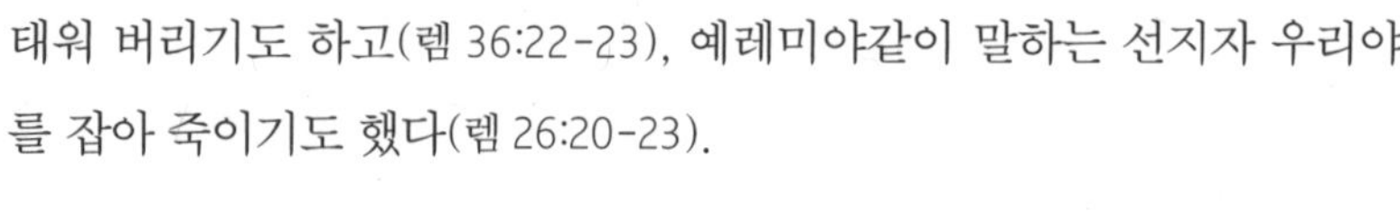

태워 버리기도 하고(렘 36:22-23), 예레미야같이 말하는 선지자 우리야를 잡아 죽이기도 했다(렘 26:20-23).

> **10** 바룩이 여호와의 성전 위뜰 곧 여호와의 성전에 있는 새 문 어귀 곁에 있는 사반의 아들 서기관 그마랴의 방에서 그 책에 기록된 예레미야의 말을 모든 백성에게 낭독하니라 **23** 여후디가 서너 쪽을 낭독하면 왕이 면도칼로 그것을 연하여 베어 화로 불에 던져서 두루마리를 모두 태웠더라 렘 36:10, 23

이런 와중에도 여호야김이 큰 궁전을 세우고 그 값을 지불하지 않은 것에 대해 하박국 선지자가 분노했다. 예루살렘에서 베들레헴 가는 길에 위치한 현재 벧학게렘에서 발견된 거대하고 화려한 궁전이 이때의 것으로 추정된다. 예레미야는 22:13-19에서 북쪽에서 오는 바벨론의 위협을 무시하던 왕과 상류층의 사치를 꾸짖었다. 미가도 동일한 말씀을 선포하였다(미 3:10-12).

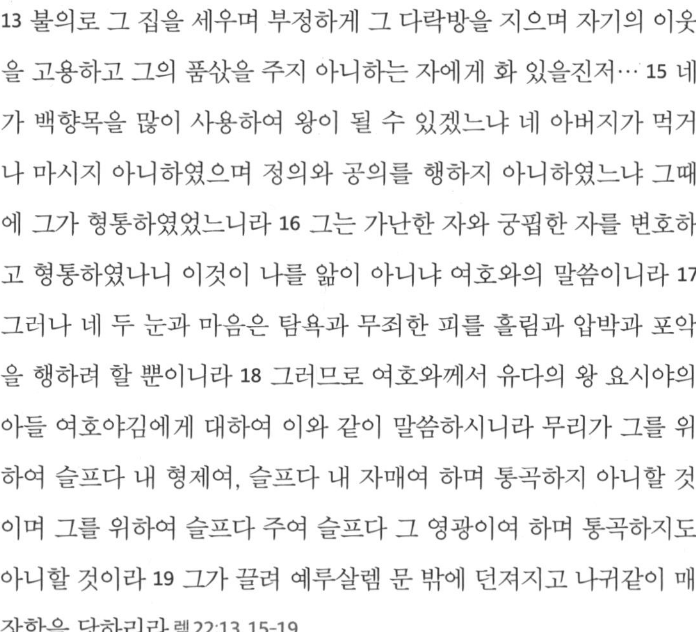

> **13** 불의로 그 집을 세우며 부정하게 그 다락방을 지으며 자기의 이웃을 고용하고 그의 품삯을 주지 아니하는 자에게 화 있을진저… **15** 네가 백향목을 많이 사용하여 왕이 될 수 있겠느냐 네 아버지가 먹거나 마시지 아니하였으며 정의와 공의를 행하지 아니하였느냐 그때에 그가 형통하였었느니라 **16** 그는 가난한 자와 궁핍한 자를 변호하고 형통하였나니 이것이 나를 앎이 아니냐 여호와의 말씀이니라 **17** 그러나 네 두 눈과 마음은 탐욕과 무죄한 피를 흘림과 압박과 포악을 행하려 할 뿐이니라 **18** 그러므로 여호와께서 유다의 왕 요시야의 아들 여호야김에게 대하여 이와 같이 말씀하시니라 무리가 그를 위하여 슬프다 내 형제여, 슬프다 내 자매여 하며 통곡하지 아니할 것이며 그를 위하여 슬프다 주여 슬프다 그 영광이여 하며 통곡하지도 아니할 것이라 **19** 그가 끌려 예루살렘 문 밖에 던져지고 나귀같이 매장함을 당하리라 렘 22:13, 15-19

벧학게렘 유적
여호야김은 위기 상황에도 예루살렘 남쪽에 궁전을 지은 뒤 재정이 부족해 임금을 주지 않아 예레미야와 하박국의 지탄을 받았다.

BC 598년 느브갓네살의 두 번째 원정 때 모압과 암몬이 연합하여 공격하였다. 역대기 기자는 여호야김은 바벨론으로 끌려갔다고 한다(대하 36:6). 예레미야는 그가 죽어 던져진 뒤 매장되었다고 하였다(렘 36:30; 왕하 24:6). 이는 두 번째 침략이지만 역사적으로 바벨론의 최초 침략부터 이 두 번째 침략까지를 1차 침략 기간으로 본다(렘 52:28).

바벨론은 여세를 몰아 블레셋 아스글론을 차지하고 애굽 경계까지 들어가서 전쟁하였다. 그러나 이 전쟁에서 두 나라 모두 큰 피해를 보자 바벨론은 돌아갈 수밖에 없었다.

선지자 하박국: 의인은 믿음으로 살리라

하박국은 이스라엘의 북쪽 입구를 통해 바벨론의 공격이 임박한 때에 살았다. 이런 배경을 마음에 두고 하박국서를 읽어 보라. 한 세기 전 이사야의 소명(사 6장)처럼 모든 것을 잃은 것 같은 상황에서 하나님을 새로이 바라보고 또 그분과의 만남으로 얻었던 고백에 주목하라.

하박국은 여호야김왕이 애굽에 당하고 바벨론의 위협 중에 있음에도 벧학게렘 궁전을 만들고 노동의 대가도 지불하지 않는 불의한 세상을 보고 분노했다. 특히 하나님이 그 일에 침묵하심을 보고 따지듯이 물었다.

> 여호와여 내가 부르짖어도 주께서 듣지 아니하시니 어느 때까지리이까 내가 강포로 말미암아 외쳐도 주께서 구원하지 아니하시나이다 합 1:2

그러자 여호와께서는 불의한 사람들을 징계하시기 위하여 사납고 성급한 갈대아 사람을 일으켰다고 응답하셨다(합 1:6). 그러자 하박국은 어찌 거룩하신 이가 바벨론을 사용해 그보다 덜 악한 자들을 삼키게 하는지 이해할 수 없다고 따진다(합 1:13). 하박국 선지자는 이 모순의 해답을 얻기 위해 파수하는 곳, 성루에 섰다. 그러자 여호와께서는 정한 때를 말씀하시면서 이해할 수 없더라도 "의인은 그의 믿음으로 말미암아 살리라"(합 2:4)고 말씀하신다. 물이 바다 덮음같이 여호와의 영광을 인정하는 것이 세상이 가득한 날이 올 것을 믿으라 하신다. 그리고 그 바벨론도 심판 받을 것이라 알려 주신다.

전에 이스라엘의 몽둥이와 막대기로 앗수르를 사용했다면(사 10:5), 이제 유

성루의 나팔 부는 곳
선지자는 파수꾼같이 말씀의 나팔을 부는 자다. (오펠 지역)

성전산 남서쪽 모서리
하박국은 성루의 나팔 부는 곳같이 높은 곳에서 하나님의 응답을 기다렸다.

다를 위해서는 바벨론을 사용하신다. 몽둥이는 쓸모가 없어지면 버려질 것이나 여호와의 백성은 정금같이 나오게 된다. 그렇기에 하박국 선지자는 이렇게 외칠 수밖에 없었다.

> 오직 여호와는 그 성전에 계시니 온 땅은 그 앞에서 잠잠할지니라 합 2:20

그리고 그는 이렇게 노래했다.

> 2 여호와여 내가 주께 대한 소문을 듣고 놀랐나이다 여호와여 주는 주의 일을 이 수년 내에 부흥하게 하옵소서 이 수년 내에 나타내시옵소서 진노 중에라도 긍휼을 잊지 마옵소서 16 내가 들었으므로 내 창자가 흔들렸고 그 목소리로 말미암아 내 입술이 떨렸도다 무리가 우리를 치러 올라오는 환난 날을 내가 기다리므로 썩이는 것이 내 뼈에 들어왔으며 내 몸은 내 처소에서 떨리는도다 합 3:2, 16

비록 진노가 확정되었지만 긍휼을 요청한다. 그리고 그의 마음에 해당하는 '창자'가 떨린다고 한다. 고난 후의 위로를 바라보지만 닥쳐올 고난이 두려운 것은 어쩔 수 없다. 하박국의 노래는 동쪽에서 오는 적들을 말하고, 천둥과 번개를 동반한 비구름과 관계된 자연 현상을 빗대어 상황을 묘사한다. 바벨론은 동쪽의 적이었고 유다를 칠 때 데만의 에돔, 구산 등 동쪽의 적들이 동조하여 공격하여 왔다.

> 3 하나님이 데만에서부터 오시며 거룩한 자가 바란 산에서부터 오시는도다 (셀라) 그의 영광이 하늘을 덮었고 그의 찬송이 세계에 가득하도다 7 내가 본즉 구산의 장막이 환난을 당하고 미디안 땅의 휘장이 흔들리는도다 합 3:3, 7

이 상황은 다음과 같은 결과를 가져온다.

> 17 (봄에는)비록 무화과나무가 무성하지 못하며 (여름에는) 포도나무에 열매가 없으며 (가을에는) 감람나무에 소출이 없으며 (겨울에는) 밭에 먹을 것이 없으며 우리

에 양이 없으며 외양간에 소가 없을지라도 합 3:17

봄, 여름, 가을, 겨울 그리고 농업과 목축에서 모든 소망이 끊어지는 그날, 하박국 선지자는 하늘을 바라본다. 그리고 절벽을 맘대로 뛰어다니는 사슴과 같이 어렵고 힘든 상황에서도 여호와로 인하여 즐거워하고 기뻐할 것을 노래한다. 하나님은 최선의 것을 주실 것이다.

18 나는 여호와로 말미암아 즐거워하며 나의 구원의 하나님으로 말
미암아 기뻐하리로다 19 주 여호와는 나의 힘이시라 나의 발을 사슴
과 같게 하사 나를 나의 높은 곳으로 다니게 하시리로다 이 노래는
지휘하는 사람을 위하여 내 수금에 맞춘 것이니라 합 3:18-19

/
감람(올리브)나무와 수확물
올리브는 가을에 수확한다.

//
엔게디의 사슴
사슴은 절벽을 자유롭게 뛰어다닌다. 하박국 선지자는 소망이 없는 시대에 여호와로 즐거워하며 사슴처럼 안전하게 뛰겠다고 노래한다.

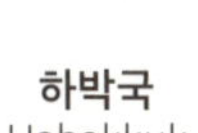

하박국
Habakkuk

חֲבַקּוּק ⇐ חבק

하바쿡 ⇐ 하바크(켜 안다)=(주의 품에) 안긴 자

역사	정치	유다-요시야(BC 640-609) 말기, 혹은 여호야김(BC 609-597) 초기		
	사건	애굽과 바벨론의 갈그미스 전투(BC 605), 여호야김 새 궁전 건축, 바벨론 1차(BC 605), 2차(BC 598) 침공		
지리		유다 예루살렘, 새 궁전-벧학게렘, 성의 망루		
성경		1장	2장	3장
		악이 계속됨에 대한 질문과 응답	악한 백성이 징벌 도구인가 질문과 응답	감사와 찬양

/
하박국서 개요

여기서, 묵상

의인이 받는 고난

의인의 고난에 대한 하박국 선지자의 이해는 행위로 인한 구원과 대가를 믿은 유대인의 사상과 반대되는 것이었다. 의인도 고난받을 수 있다는 사상은 욥기와 시편 73편, 하박국 선지자를 통해 정리된다. 이 사상은 의인으로 고난받을 예수 그리스도를 뒷받침하는 이해가 된다. 사도 바울은 이 이해의 기초 위에 이해할 수 없는 상황에서도 '의

인은 믿음으로 살리라'는 말씀을 수차례 강조한다(롬 1:17; 갈 3:11; 히 10:38). 그는 믿음으로 살다 보니 약할 때 강함이 되시는 하나님의 뜻도 이해할 수 있었다.

> 나에게 이르시기를 내 은혜가 네게 족하도다 이는 내 능력이 약한 데서 온전하여짐이라 하신지라 그러므로 도리어 크게 기뻐함으로 나의 여러 약한 것들에 대하여 자랑하리니 이는 그리스도의 능력이 내게 머물게 하려 함이라 고후 12:9

: 48일

오늘 읽을 분량

성경 왕하 25, 렘 1-15

본서 232-235쪽

성경의 맥 잡기

1. 시드기야가 바벨론을 배반하면서 예루살렘이 완전히 멸망하고 성전이 파괴된다.
2. 예레미야는 유다 멸망을 가장 애통하게 예언한 선지자다.

신구약 연결 포인트

1. 살구나무의 환상은 예수님의 바람과 성령을 사용한 워드플레이와 같은 형식의 예언이다.

묵상 가이드

1. 예레미야는 요시야부터 시드기야까지 예언하였다.
2. 렘 13에서 예레미야에게 허리띠를 유브라데로 가서 숨기라고 했는데, 유브라데는 아나돗 동쪽의 파라 샘으로 여겨진다.

유다왕 여호야긴(BC 597): 2차 바벨론 포로 유수 왕하 24:8-17

BC 598년 여호야김이 반역하자 바벨론의 느브갓네살은 예루살렘에 와서 약탈하고 성전의 물건을 그들의 전쟁의 신 '므로닥' 신전에 가져갔다. 그때 여호야김의 아들 여호야긴(여고냐)과 함께 귀족과 숙련공이 바벨론으로 끌려가므로 그 땅엔 빈천한 자만 남았다(왕하 24:10-17). 이때 3023명의 포로와 함께 잡혀간 사람 중에 제사장 에스겔이 있다.

> 유다의 왕 여호야긴이 그의 어머니와 신복과 지도자들과 내시들과 함께 바벨론왕에게 나아가매 왕이 잡으니 때는 바벨론의 왕 여덟째 해이라 왕하 24:12

유다왕 시드기야(BC 597-586): 예루살렘 멸망-바벨론 포로 왕하 24:8-18-20; 대하 36:11-12; 렘 52:1-3 48일

여호야김이 죽고, 그의 아들은 바벨론으로 잡혀갔다. 이제 누가 왕이 될 것인가? 바벨론은 요시야의 아들이요, 여호야김의 형제인 맛다니아를 왕으로 세우면서 개명하여 시드기야라 불렀다. 시드기야는 9년 만에 바벨론을 버리고 친이집트파로 돌아선다. 자세한 이야기는 예레미야서에 언급되어 있다. 그는 예루살렘성에서 2년 정도를 버티었으나 북쪽 성벽이 무너지면서(왕하 25:4), 더 이상 소망이 없음을 알고 왕의 동산 곁문

길로 도망하여 여리고로 내려가는 아라바 길을 달려 요단강 가까이 이르렀으나 넘지 못하고 여리고 평지에서 잡혔다. 그는 리블라에 있는 느부갓네살에게 잡혀가 눈이 뽑히고 놋사슬에 결박되어 바벨론으로 가서 죽는다(왕하 25:1-7; 대하 36:13-21; 렘 52:3-11).

/
오른쪽 바위들은 다윗왕의 무덤으로 추정되고 아래 계곡에 왕의 동산이 위치했을 것이다. 이곳을 통해 빠져나간 시드기야는 여리고 평지에서 잡히고 만다.

//
여리고 평지
오른쪽으로 보이는 산지가 예루살렘에서 내려오는 길이며 왼쪽으로 가면 요단강 너머 모압이 나온다. 시드기야는 이 길에서 잡혔다.

여기서, 묵상

왕의 동산 곁문은 므낫세 이후로 아몬 등 왕들이 장사되던 다윗성 남동쪽 지역이었던 것 같다(왕하 21:18, 26). 특히 므낫세 묘지를 지나며 므낫세의 죄로 인하여 용서받지 못한다던 일이(왕하 23:26, 24:3; 렘 15:4) 그대로 실현되고 있음을 시드기야와 신하들은 알았을까?

위기 중 여호와의 스피커, 유다를 향한 여호와의 선지자들

요시야 때부터 유다가 멸망할 때까지 그 어느 시대보다 선지자들이 많이 등장한다. 평안할 때 들리지 않던 음성이 위험할 때 더 크게 들릴 수밖에 없다. 다음에 나타난 선지자들의 글은 역사서 후반기 삶을 자세하게 언급하고 있다. 그들의 삶을 통해 유다가 왜 멸망당할 수밖에 없었는지, 하나님의 마음은 어떠했는지 때로는 아버지의 마음으로, 남편의 마음으로, 법관의 모습으로 설득하고 있다.

아합 시대에는 엘리야와 엘리사를, 북이스라엘 멸망 직전에는 아모스, 이사야, 호세아, 미가 선지자를 보내 주셨다. 이제 남유다가 위태롭자 예레미야, 나훔, 스바냐, 하박국, 오바댜 등의 선지자를 보내 주셨다.

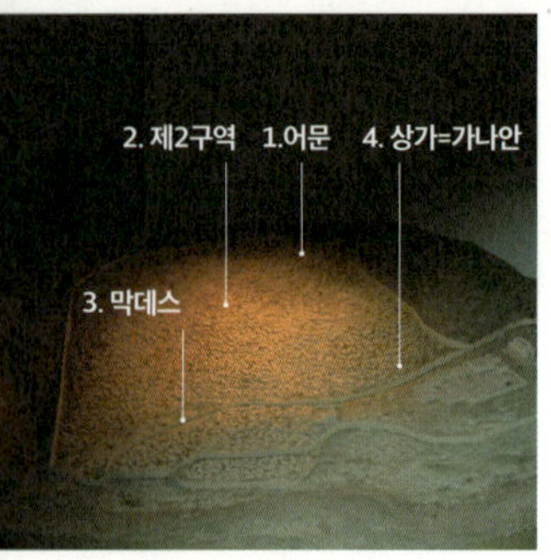

멸망 전 제1성전 시대의 예루살렘
스바냐는 예루살렘이 북서쪽에서 뚫려 차례로 점령되는 모습을 그렸다.

선지자 스바냐: 우리 가운데 계신 여호와

스바냐 선지자는 히스기야의 4대손인 왕족이었다. 그는 요시야 시대에 예언한다.

1 아몬의 아들 유다왕 요시야의 시대에 스바냐에게 임한 여호와의 말씀이라
스바냐는 히스기야의 현손이요 아마랴의 증손이요 그다랴의 손자요 구시의
아들이었더라 2 여호와께서 이르시되 내가 땅 위에서 모든 것을 진멸하리라
습 1:1-2

스바냐는 예루살렘이 함락될 것을 예언하면서 그 광경을 순서대로 묘사한다.

10 나 여호와가 말하노라 그날에 어문에서는 부르짖는 소리가, 제 이 구역에
서는 울음 소리가, 작은 산들에서는 무너지는 소리가 일어나리라 11 막데스
주민들아 너희는 슬피 울라 가나안 백성이 다 패망하고 은을 거래하는 자들
이 끊어졌음이라 습 1:10-11

예루살렘의 가장 취약한 북쪽이 바벨론에게 무너진다. 점령군은 북문인 어문(생선문)을 통과해 미쉬네라고 알려진 제2구역을 지난다. 이 지역은 훌다 선지자가 살던 지역으로 둘째 구역이라 번역되기도 한다(왕하 22:14; 대하 34:22). 그리고 통곡의 벽 서쪽에 위치한 부분을 통과한다. 이어서 낮은 곳이라 번역할 수 있는 막데스로 온다. 다윗성의 서쪽 계곡과 그 언덕 부분을 말한다. 다음 성전산 바로 서쪽 상가를 덮친다. 그곳에서 장사하는 사람을 '가나안' 백성이라 부른다. 스바냐는 상인을 나쁜 말로 '가나안'이라 부른다. 당시 악한 상거래를 하던 상인을 부정적 언어로 칭한 것이다. 우리말로는 '장돌뱅이'가 어울리지 않을까?

그는 예루살렘 멸망 외에도 블레셋의 아스글론과 아스돗, 에그론의 무너짐도 선포한다. BC 598년 느부갓네살이 예루살렘을 치고 아스글론을 완전히 함락시킨 사건은 이 예언의 성취다.

이어서 스바냐는 모압, 암몬, 구스, 심지어 앗수르 니느웨의 무너짐도 선포한다. 그러나 선지서가 그렇듯이 이런 심판 뒤에는 하나님의 백성에게 회복을 선

포한다. 예루살렘은 하나님의 말할 수 없는 사랑으로 회복된다. 왜냐하면 여호와가 그들 가운데 계시기 때문이다.

> 너의 하나님 여호와가 너의 가운데에 계시니 그는 구원을 베푸실 전능자이시라 그가 너로 말미암아 기쁨을 이기지 못하시며 너를 잠잠히 사랑하시며 너로 말미암아 즐거이 부르며 기뻐하시리라 습 3:17

스바냐
Zephaniah

צְפַנְיָה = יהוה+צפן

쩨판야 = 여호와+짜판(보호하다)=여호와가 보호하셨다.

역사	정치	유다-요시야(BC 640-609) 개혁 전, 앗수르-아슈르바니팔(BC 669-627)			
	사건	애굽 노아몬 멸망(BC 663), 니느웨 멸망(BC 612) 직전, 바벨론 부흥			
지리		예루살렘에서 유다 심판, 서쪽-블레셋, 동쪽-모압과 암몬, 남쪽-에티오피아, 북쪽-앗수르 심판 예언			
성경		1장	2장	3:1-13	3:14-20
		유다에 임할 심판	주변 나라 심판	예루살렘과 열방 심판	열방의 개종과 유다 회복

스바냐서 개요

여기서, 묵상

옆 성전 모형은 신약의 모형이다. 제2구역엔 헤롯의 궁전과 마가의 다락방이 지어졌고, 상인이 있던 성전의 서쪽 성벽은 여전히 가나안인과 같은 이들이 득세하면서 성전 뜰까지 물건을 가져가 팔았다. 이는 제사장들과 모종의 거래가 있었기 때문에 가능했다. 결국 가나안인이라고까지 불리던 상인들의 서쪽 벽은 '통곡의 벽'이 되어 수천 년간 성전이 무너지고 없는 상태를 서러워하면서 우는 장소가 되었다.

: 49일

오늘 읽을 분량

성경 대하 36, 렘 16-29

본서 236-243쪽

성경의 맥 잡기

1. 유다왕 여호야김과 시드기야 시대 유다 멸망과 포로
2. 렘 21-22장에서 요시야의 아들인 시드기야, 여호아하스, 여호야김과 그의 아들 여호야긴에게 말씀

신구약 연결 포인트

1. 렘 18장의 토기장이 비유는 사도 바울이 로마서에서 사용한다.
2. 렘 19의 힌놈 골짜기 하시드 문에서 옹기를 깨뜨리며 죽임의 골짜기가 되리라는 예언은 가룟 유다가 죽음으로 이뤄진다.

묵상 가이드

1. 예레미야는 아나돗의 제사장이었다.
3. 유다 회복에 대한 소망을 보라.

선지자 예레미야: 멸망은 속히 임한다 49일

연대표에서 BC 605년과 586년 사이의 왕의 명단을 보라. 외세에 의해 교체되는 왕들을 보면서 이제 왕국의 마지막에 다다랐음을 직감할 수 있다. 다른 어떤 사건보다 BC 586(또는 587)년 예루살렘을 함락하고 성전을 파괴한 느부갓네살의 원정이 중요하다. 열왕기보다 예레미야서에서 반역의 상황과 유다를 치기 위해 내려오는 바벨론의 원정이 더 자세히 그려져 있다. 열왕기하 24:20은 시드기야가 바벨론 느부갓네살왕을 배반하였다고 말한다(대하 36:13).

> 시드기야가 바벨론왕을 배반하니라 왕하 24:20

예레미야는 앗수르의 팽창과 위엄이 절정일 때에 태어났다. 그는 40대의 평범한 시민으로서 바벨론이 BC 612년 니느웨를 함락하고 BC 605년 갈그미스에서 이집트를 이기면서 그 힘을 남쪽으로 향하는 것을 보며 살았다. 요시야가 예루살렘을 나와 베냐민 산지를 가로질러 므깃도에서 이집트 군대와 싸우기 위하여 진군하는 것도 보았다. 이때 전사한 요시야왕(BC 609년)을 위해 애가도 지어 바쳤다.

제사장 가문의 예레미야 선지자는 유다 광야와 요단 동편이 보이는 예루살렘의 북동쪽 아나돗에서 태어났다. 아나돗은 솔로몬 때 밀려난 아비아달 가문이 머물던 곳이다. 실로의 엘리 제사장으로 인해 저주받은 재야의 제사장 가문이 살던 곳이다.

> 26 왕이 제사장 아비아달에게 이르되 네 고향 아나돗으로 가라 너는 마땅히 죽을 자이로되 네가 내 아버지 다윗 앞에서 주 여호와의 궤를 메었고 또 내 아버지가 모든 환난을 받을 때에 너도 환난을 받았은즉 내가 오늘 너를 죽이지 아니하노라 하고 27 아비아달을 쫓아내어 여호와의 제사장 직분을 파면하니 여호와께서 실로에서 엘리의 집에 대하여 하신 말씀을 응하게 함이더라 왕상 2:26-27

남서쪽에서 바라본 아나돗
아나돗은 예루살렘 북쪽에 있으며 실로 엘리의 후손, 아비아달과 예레미야의 고향이다.

예레미야는 그가 활동하던 예루살렘과 아나돗에서 떠오르는 붉은 태양을 바라보며 무수한 생각에 잠겼으리라. 그는 북쪽에서 끓는 가마가 유다 쪽으로 기울어 쏟아지기 시작한 재앙이 조만간 요단 동편 왕의 대로와 서쪽의 해변길에 다다를 것을 깨달았다(렘 1:13).

예레미야는 초기 사역에서 단을 경유하여 들어오는 바벨론 소식을 듣고 임박한 전운에 휩싸인 유다 백성을 향하여 경고하였다(렘 4:11-31, 8:14-9:3).

한 세기 전 이사야처럼 예레미야는 예루살렘의 환경과 문화적 상황을 이용하여 예언했다. 유다 농작물인 포도, 무화과, 아몬드(살구로 번역), 곡물과 목축, 광야, 목동, 수로 등에서 얻은 교훈들은 선지자의 책 속에 자연스럽게 스며들었다. 예레미야 1-20장을 읽으면 예레미야의 극적인 문체를 발견하게 될 것이다. 그 중 몇 구절은 모세의 소명과 사무엘이 타락한 세대를 향하여 선포한 회개의 메시지를 연상시킨다(렘 1:4-10, 15:1).

> 여호와께서 내게 이르시되 모세와 사무엘이 내 앞에 섰다 할지라도 내 마음은 이 백성을 향할 수 없나니 그들을 내 앞에서 쫓아 내보내라 **렘 15:1**

예레미야 1:11-12의 히브리 단어는 메시지의 급박함을 강조한다. 성경에 살구나무로 번역된 아몬드나무는 아무도 열매를 기대하지 않는 겨울 동안 제일 먼저 열매를 맺는 나무다. 아몬드가 일찍이 겨울을 깨워 봄이 옴을 알려 주듯 여호와께서 요시야의 번영기에서 예루살렘의 함락과 유다의 포획까지 이어지는 급속한 변화를 지켜보신다고 말씀한다. 예레미야는 히브리어 '아몬드나무'의 어근과 '지켜보다'의 어근이 동일한 것을 이용해 이런 점을 강조하고 있다.

이것은 분명히 마태복음 26:31-46에서 예수님이 제자들에게 곧 일어날 예기

/
아몬드 꽃
살구나무로 번역된 아몬드는 이른 봄에 꽃을 피워 '잠을 자지 않는 나무'로 여겨진다.

//
예레미야는 꽃을 본 것이 아니라 가지를 보았기에 겨울나무를 본 셈이다. 아몬드와 '지켜보다'는 단어의 어근이 같아 두 단어는 워드플레이로 사용되었다.

치 못한 사건에 대비하기 위해 깨어 지켜보기를 명하실 때 사용한 단어와 동일하다.

11 주님께서 또 나에게 말씀하셨다. "예레미야야, 너는 무엇을 보고 있느냐?" 내가 대답하였다. "저는 살구나무(아몬드 샤케드 שָׁקֵד) 가지를 보고 있습니다." 12 주님께서 나에게 말씀하셨다. "네가 바로 보았다. 내가 한 말이 그대로 이루어지는 것을 내가 지켜보고 있다(שֹׁקֵד 쇼케드)." 렘 1:11-12, 표준새번역

40 제자들에게 오사 그 자는 것을 보시고 베드로에게 말씀하시되 너희가 나와 함께 한 시간도 이렇게 깨어 있을 수 없더냐 41 시험에 들지 않게 깨어 기도하라 마음에는 원이로되 육신이 약하도다 하시고 마 26:40-41

예레미야는 메시지의 배경으로 예루살렘을 내려다볼 수 있는 감람산에서 몇 십분 이내에 위치한 고향 아나돗을 사용한다. 그곳은 자연적으로 물 공급을 받지 못해 수로를 통해 물을 이용하는 마을이었다(렘 2:9-13, 13:1-11).

예레미야의 고향에서 유브라데를 갔다오려면 몇 달이 걸리는 데다 전쟁 상황에선 그럴 수도 없었다. 유브라데는 아나돗에서 동쪽 여리고 방향으로 몇 시간 내려가면 있는 '파라'라는 샘으로 번역하는 것이 여러 정황상 옳다.

예레미야 13:4에서 '유브라데'라고 번역된 פְּרָת(페랏)은 아마도 유브라데와 방향이 같고 아나돗 북동쪽 1시간 거리의 깊은 석회암 계곡 샘인 파라(Farah)일 것이다. 히브리어도 이것을 지지한다. 유브라데는 당시 상황과 너무 먼 거리에 있다. '파라'에서 나온 샘은 와디 킬트를 흘러 여리고까지 내려가고, 헤롯은 이 샘을 끌어들여 신약시대에 여리고를 만들었다. 그 흔적과 물이 흐르는 수로를 지금도 볼 수 있다.

4 너는 사서 네 허리에 띤 띠를 가지고 일어나 유브라데(파라, 원어 파라로, NIV 번역을 보라)로 가서 거기서 그것을 바위 틈에 감추라 하시기로 5 내가 여호와께서 내게 명령하신 대로 가서 그것을 유브라데(파라) 물가에 감추니라 렘 13:4-5

이집트는 레반트 지역을 짧은 기간 지배했다. 예레미야는 바벨론 역시 이집트처럼 레반트를 짧게 지배할 것이라 여겼다(BC 604년). 이집트는 더 이상 실세가 아니었다. 예레미야는 고향에서 동쪽을 바라볼 때마다 틀림없이 바벨론이 요단 동편에서 공습해 올 것을 직감하였으리라(왕하 24:2; 렘 9:23-26, 27:2).

여호와께서 그의 종 선지자들을 통하여 하신 말씀과 같이 갈대아의 부대와 아람의 부대와 모압의 부대와 암몬 자손의 부대를 여호야김에게로 보내 유다를 쳐 멸하려 하시니 왕하 24:2

예레미야
Jeremiah

ירם+יהוה = יִרְמְיָהוּ

예렘야후 = 여호와+야람(높아지다)=여호와는 높아지리라

<table>
<tr><td rowspan="2">역사</td><td>정치</td><td colspan="4">요시야(BC 640-609)부터 시드기야(BC 597-586)까지</td></tr>
<tr><td>사건</td><td colspan="4">요시야의 종교개혁과 전사, 바벨론 1-4차 침공</td></tr>
<tr><td colspan="2">지리</td><td colspan="4">저자는 베냐민 땅 아나돗 출신, 예루살렘성과 성전에서 유다와 열국 심판 예언</td></tr>
<tr><td colspan="2" rowspan="2">성경</td><td>1장</td><td>2~45장</td><td>46~51장</td><td>52장</td></tr>
<tr><td>소명</td><td>유다의 죄와
심판 예언</td><td>주변 족속들 정죄</td><td>패망 후</td></tr>
</table>

예레미야서 개요

예루살렘의 불멸사상

예레미야는 7장과 26장에서 '예루살렘이 여호와의 전이기에 멸망치 않으리라'고 생각한 유다 지도자들을 비난한다. 예루살렘의 영원 불멸사상은 히스기야 시대까지 거슬러 올라간다. 히스기야 때 앗수르의 산헤립이 유다 주변을 모두 정복하였지만 예루살렘은 함락시키지 못하고 결국 자기 나라로 돌아가 죽었다.

이 사건은 유다 지도층의 자존심을 고양시키고 '예루살렘 불멸사상'을 낳았다. 이에 맞서 예레미야, 미가, 우리야, 스바냐 같은 많은 선지자가 예루살렘이 회개치 않으면 멸망한다고 선포하였다. 예루살렘 불멸 신학은 너무 강하여 이에 반대하던 우리야 같은 선지자는 죽음을 맞았다. 우리야는 여호야김이 이집트가 세운 왕이라는 것을 심각하게 고려하지 않고 이집트로 도망했다가 잡혀 예루살렘에서 죽는다. 예레미야는 당시 귀족이었고 몇 사람의 보호 덕택에 겨우 살아남았다(렘 26:20-23). 유다의 예루살렘 불멸신학은 BC 586년 예루살렘 함락 때 절정을 이루었다.

너희는 이것이 여호와의 성전이라, 여호와의 성전이라, 여호와의 성전이라 하는 거짓말을 믿지 말라 렘 7:4

/
앗수르인들이 섬겼던 풍요의 여신 이쉬타르

//
예루살렘 대제사장 집으로 추정되는 곳에서도 풍요의 여신상들이 다수 발견되었다.

유다는 하늘 여왕(=이쉬타르)이라는 풍요의 여신을 섬겼으며, 그 앞에 제사를 드리면서도 하나님의 은혜를 구하며 예루살렘이 무너지지 않는다고 믿었다(렘 7:18, 44:17-25).

5세기가 지나 로마가 유다를 지배할 때 예수님도 예루살렘이 로마에 반기를 들 줄 아시고 그들의 미련한 믿음의 종말을 예견하셨다. 예루살렘이 내려다보이는 감람(올리브)산에서 예수님은 구약의 예레미야와 유사한 생각을 하셨으리라. 복음서의 많은 구절에서 예레미야의 음성이 메아리친다. 하박국은 예레미야 8:13을 참고하였고 예수님도 그 말씀을 인용하신다.

> 9 너희가 도둑질하며 살인하며 간음하며 거짓 맹세하며 바알에게 분향하며 너희가 알지 못하는 다른 신들을 따르면서 10 내 이름으로 일컬음을 받는 이 집에 들어와서 내 앞에 서서 말하기를 우리가 구원을 얻었나이다 하느냐 이는 이 모든 가증한 일을 행하려 함이로다 11 이름으로 일컬음을 받는 이 집이 너희 눈에는 도둑의 소굴로 보이느냐 보라 나 곧 내가 그것을 보았노라 여호와의 말씀이니라 렘 7:9-11

궁핍한 자를 도우라는 가르침(마 25:31-46)은 태평한 요시야왕의 통치와 여호야김 당시의 자기중심적인 생활 태도를 비교한 예레미야 말씀을 상기시킨다(렘 22:13-17).

예루살렘을 위하여 흘리신 예수님의 눈물(눅 19:41-44)과 십자가의 길을 가실 때 예루살렘의 딸에게 하신 말씀(눅 23:27-31)은 일찍이 예레미야 선지자의 눈물에서 그 전조를 발견한다(렘 9:1, 17-22, 13:15-17; 애 2:11-18, 3:46-51).

예수님은 많은 하나님(왕국) 나라의 비유에서 종종 다른 사람의 기민한 행동에도 불구하고 조심성 있게 남아서 기다리는 필요성과 신속함에 관하여 말씀하셨다. 예수님은 예레미야의 날들처럼 로마와 전쟁의 소용돌이를 향해 가는 이스라엘에게 그 위험성을 반복적으로 경고하셨다. 이 경고는 예수님의 죽음에 대하여 전혀 의식하지 못하던 제자들의 태도와도 관련된다.

예레미야는 다가오는 멸망 후의 회복에 관해서 언급했다. 예레미야 30-31장

/
예루살렘 성전산에서 바라본 감람산 눈물교회
이곳에서 예루살렘을 향해 눈물 흘리셨던 예수님같이 예레미야도 눈물을 흘리며 애가를 기록했으리라.

//
예수님은 이곳 마가의 다락방에서 성찬으로 새 언약의 예식을 행하시고, 성령님을 부어 주셔서 새 언약을 완성하셨다.

중 특별히 31:31-33의 새 언약을 보라.

> 31 여호와의 말씀이니라 보라 날이 이르리니 내가 이스라엘 집과 유다 집에
> 새 언약을 맺으리라
> 32 이 언약은 내가 그들의 조상들의 손을 잡고 애굽 땅에서 인도하여 내던 날
> 에 맺은 것과 같지 아니할 것은 내가 그들의 남편이 되었어도 그들이 내 언약
> 을 깨뜨렸음이라 여호와의 말씀이니라
> 33 그러나 그날 후에 내가 이스라엘 집과 맺을 언약은 이러하니 곧 내가 나의
> 법을 그들의 속에 두며 그들의 마음에 기록하여 나는 그들의 하나님이 되고
> 그들은 내 백성이 될 것이라 여호와의 말씀이니라 **렘 31:31-33**

예수님은 말씀으로 오셨고 그 말씀은 성령 강림 때 각 사람의 머리 위에 임함으로 완성되었다. 모세가 돌판을 받은 오순절에 성령이 임하여 새 언약을 이루었다.

여호야김과 시드기야 시대를 배경으로 하는 예레미야 23:1-8, 33:1-26, 예레미야애가 3:19-57과 같은 구절은 예수님이 마태복음 24-25장 등에서 제자들에게 다가올 미래에 대하여 말씀하실 때 인용하신 글이라고 할 수 있다. 특히 마태복음 25:13의 "깨어 있으라"는 분명히 예레미야의 말을 기억하신 말씀이다. 예수님은 제자들이 예상치 못한 일을 가르치셨다. 예루살렘의 열심당원은 그 시대를 파국으로 치닫게 하였다. 그럼에도 '하나님은 누구신가'를 깨닫고 이에 따라 살 수 있는 시간은 있었다. 예루살렘에서 예레미야의 예언과 예수님 사역의 말기를 비교하라.

23 여호와께서 이와 같이 말씀하시되 지혜로운 자는 그의 지혜를
자랑하지 말라 용사는 그의 용맹을 자랑하지 말라 부자는 그의 부
함을 자랑하지 말라 24 자랑하는 자는 이것으로 자랑할지니 곧 명
철하여 나를 아는 것과 나 여호와는 사랑과 정의와 공의를 땅에
행하는 자인 줄 깨닫는 것이라 나는 이 일을 기뻐하노라 여호와의
말씀이니라 렘 9:23-24

예루살렘을 향한 수많은 선지자들의 경고는 예수님 때에 이르러 마지막 경고가 된다. 예수님은 감람산에서 제자들에게 깨어 있으라 말씀하셨다.

바벨론 시대: 앗수르에 대항해 크게 일어나다

살펴본 바와 같이 아슈르바니팔 때 형제가 다스리던 바벨론과 전쟁을 치른 일은 앗수르의 국력을 약화시켰다. 그 틈을 타 갈대아인의 왕 나보폴라살(BC 625-605)이 앗수르에게서 독립을 시도하더니 앗수르의 수도 니느웨까지 함락시켰다. 이렇게 일어난 신바벨론의 최고 공헌자는 나보폴라살의 아들 느부갓네살이었다. 그는 히브리어로 '네부카드네짜르'로 '느보여, 나의 지계석을 지켜 주소서'라는 뜻이다. 그는 니느웨에 이어 하란으로 피신한 앗수르의 잔당을 쳤고, 이를 도우러 갈그미스까지 온 애굽의 바로 느고 군대와도 싸워 이겼다. 그는 정복 사업에 이어 건설 사업에 주력하였다. 관개와 치수를 통해 바벨론의 복지를 꾀했고 특히 천문학을 발전시켰다. 태음력과 태양력을 조화시켜 그 오차를 줄이는 데도 공헌했다. 당시 바벨론의 영화는 궁중에 포로로 잡혀가 살던 다니엘의 삶을 통해 가늠해 볼 수 있다.

유다는 느부갓네살이 왕위에 오른 때부터 지속적인 침략을 받았다. 바벨론의 목표는 사실 유다가 아니라 이집트였다. 바벨론은 유다를 두고 이집트와 20년간 힘을 겨루었던 것이다. 앗수르가 쇠퇴하고 바벨론이 부흥하자 레반트에서 이집트의 영향력이 점차 힘을 잃어 갔다. 이집트는 이때 유다에게 바벨론, 갈대아 왕조에 대하여 반역하라고 부추겼다.

므낫세가 앗수르에게 한 것처럼 유다의 왕이 자중하여 자기 위치에 자족할 수 있었다면 아마도 바벨론과 대결하지 않았을 것이다. 그러나 유다 사람들은 히스기야와 요시야의 날을 회상했고 완전한 독립을 갈망했다. 유다는 시대가 바뀐 것과 바벨론이 앗수르 제국보다 더 많은 영토를 통치하려는 경향을 눈치 채지 못했다. 그들은 바벨론의 경고를 들었고, 선지자 예레미야도 이를 경고했지만 무시했다.

심지어 예루살렘 함락 후에도 일부 과격파는 소망을 잃지 않고 바벨론이 임명한 지역 총독 그다랴까지 살해했다. 그러나 보복이 두려워 이집트 유대인 정착지로 달아났다. BC 582년에 더 많은 바벨론 포수가 벌어졌다. 예레미야의 마지막 장(렘 52:28-30)에 기록된 추방자 명부는 BC 597, 586, 582년에 무익한 반역이 진압되는 것에 대한 슬프고도 조용한 증거다.

28 느부갓네살이 사로잡아 간 백성은 이러하니라 제칠년(BC 597년)에
유다인이 삼천이십삼 명이요
29 느부갓네살의 열여덟째 해(BC 586)에 예루살렘에서 사로잡아 간 자
가 팔백삼십이 명이요
30 느부갓네살의 제이십삼년(BC 582년)에 사령관 느부사라단이 사로잡
아 간 유다 사람이 칠백사십오 명이니 그 총수가 사천육백 명이
더라 렘 52:28-30

이런 배경에서 왕이 된 시드기야가 바벨론의 지배를 벗어나려 하자 예레미야는 그에게 시기상조라고 말했다. 그의 통치 초기에 예레미야 선지자는 두 무화과 광주리 환상을 보고 새로운 통치자가 완전히 버림받을 것을 알았다(렘 24장).

시드기야 통치 정책에 관한 정보가 예레미야 32-34장, 37-41장에 많이 포함되어 있다.

유다의 멸망: 애통하나 희망은 남아 있다 50일

예레미야의 이 장들을 읽을 때 특별히 다음 주제들을 주목하라.

느부갓네살 침공(BC 588/587년) 렘 32:1-5, 34:1-7

짧지만 당시 지리적인 면을 보여 주는 열왕기하 24:20-25:7과 역대하 36:13-20을 보라.

: 50일

오늘 읽을 분량

성경 렘 30-46

본서 243-246쪽

성경의 맥 잡기

1. 새 언약과 아나돗 밭 매매를 통한 약속 예증
2. 함락 전 유다왕 시드기야와 레갑 사람들에 대한 말씀과 함락 후 사건들

신구약 연결 포인트

1. 렘 31:15의 바벨론 침략을 예수님의 유아 학살 사건과 연결함(마 2:17-18)
2. 렘 31장의 새 언약은 마가의 다락방 성령 강림으로 각 사람 마음에 언약이 새겨짐
3. 렘 35장의 레갑 자손은 겐 족속의 후손으로 예수님 탄생 때 방문한 목자들과 관련 있음

묵상 가이드

1. 렘 30-33장은 유다의 회복에 대한 소망으로 새 언약과 예증을 다룬다.
2. 예루살렘이 함락되며 많은 이가 바벨론으로 끌려가고, 일부는 애굽으로 흩어진다.

열왕기하 9
유다 말기와 예루살렘의 함락

1 시드기야 제구년 열째 달 십일에 바벨론의 왕 느부갓네살이 그의 모든 군대
를 거느리고 예루살렘을 치러 올라와서 그 성에 대하여 진을 치고 주위에 토
성을 쌓으매 2 그 성이 시드기야왕 제십일년까지 포위되었더라 3 그 해 넷째
달 구일에 성 중에 기근이 심하여 그 땅 백성의 양식이 떨어졌더라 4 그 성벽
이 파괴되매 모든 군사가 밤중에 두 성벽 사이 왕의 동산 곁문 길로 도망하여
갈대아인들이 그 성읍을 에워쌌으므로 그가 아라바 길로 가더니 5 갈대아 군
대가 그 왕을 뒤쫓아가서 여리고 평지에서 그를 따라 잡으매 왕의 모든 군대
가 그를 떠나 흩어진지라 6 그들이 왕을 사로잡아 그를 립나에 있는 바벨론왕
에게로 끌고 가매 그들이 그를 심문하니라 왕하 25:1-6

예레미야 34:7은 단지 유다의 쉐펠라에 남은 두 요새 라기스와 아세가에 대해서만 언급한다. 라기스의 성문에서 발견된 오스트라카(ostraca, 항아리 파편에 쓰인 글자)는 이 상황을 자세히 묘사하고 있다. 이 편지는 유다 산지에서 엘라 골짜기 아세가와 라기스를 볼 수 있었던 어떤 군대장관이 기록하였을 것이다.

그때에 바벨론의 왕의 군대가 예루살렘과 유다의 남은 모든 성읍들을 쳤으니 곧 라기스와 아세가라 유다의 견고한 성읍 중에 이것들만 남았음이더라 렘 34:7

우리는 아세가로부터 더 이상 봉화를 볼 수 없기 때문에 라기스의 봉화를 고대하고 있습니다… 라기스 편지 제 4번

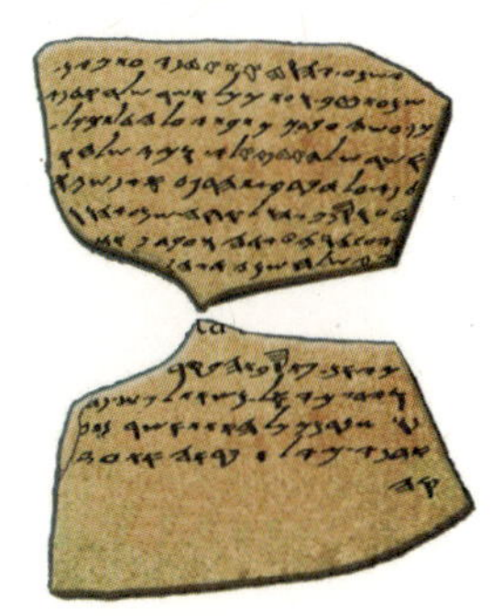

/
라기스의 네 번째 편지
라기스성의 멸망 직전 기록으로 아세가의 봉화가 보이지 않는다고 기록한 후 라기스가 함락되었다. 예레미야 34:7에는 유다의 성 중에 아세가, 라기스, 예루살렘만 남았다고 하였다.

예레미야는 아세가가 그래도 남아 있을 때 한 편의 글을 썼다. 그러나 오스트라카가 라기스에 보내질 때 봉화가 더 이상 보이지 않았던 것으로 보아 아세가가 함락되었음을 알 수 있다. 이제 마지막 남은 쉐펠라의 성은 라기스였다.

유다를 도우러 온 이집트의 실패(한 세기 전 히스기야 시대에서처럼) 렘 37:3-15

예루살렘 함락, 성전 파괴, 시드기야의 도망 렘 39:1-10

예루살렘 공격을 위하여 미리 점령한 쉐펠라를 제외하고는 바벨론의 접근로는 알려지지 않았다.

예루살렘 함락 후 바벨론이 미스바에서 그다랴(그달리야)를 유다 총독으로 임명 렘 40장

6 예레미야가 미스바로 가서 아히감의 아들 그다랴에게로 나아가서 그 땅에
남아 있는 백성 가운데서 그와 함께 사니라 7 들에 있는 모든 지휘관과 그 부
하들이 바벨론의 왕이 아히감의 아들 그다랴에게 그 땅을 맡기고 남녀와 유
아와 바벨론으로 잡혀가지 아니한 빈민을 그에게 위임하였다 함을 듣고 렘
40:6-7

/
예루살렘 북쪽 성벽 아래 위치한 시드기야 동굴
솔로몬이 석재를 파낸 곳으로 여겨지고 프리메이슨의 집회 장소로 사용된 동굴은 시드기야가 도망갈 때 이런 통로를 사용했으리라 생각되어 시드기야 동굴이라 부른다.

//
다윗성의 화장실 변기
구멍 뚫린 변기 아래 흙을 채취하여 조사한 결과 성이 포위되어 거친 음식을 먹고 설사를 자주했음을 알아냈다.

그다랴는 요시야 때 율법서를 발견하여 넘겨준 서기관 사반의 손자요 예레미야를 도왔던 아히감의 아들이다. 그는 예레미야의 경고를 듣고 일찍이 바벨론 편에 섰던 것이 분명하다.

그다랴(그달리야) 암살과 도주 렘 41장

사무엘의 회개 집회가 있던 미스바를 수도로 삼은 그다랴는 얼마지 않아 암몬 왕 바알리스의 사주를 받은 이스마엘에게 살해된다(BC 582). 친암몬 정부를 요하난이 진압하지만 바벨론의 보복이 두려워 예레미야의 만류에도 불구하고 예레미야까지 데리고 이집트로 이동한다. 이집트에 마련된 일부 정착지로 피신한 것이다. 실제로 나일강 상류 엘레판틴에서는 유대인 공동체 흔적이 고스란히 발견되었다. 이집트로 간 이들의 이야기는 예레미야 42-43장에 묘사되었다.

여기서,
묵상

음란한 시대의 명문 가문

신앙의 가문이 4대를 잇기가 쉽지 않다. 아브라함-이삭-야곱-요셉으로 이어지는 가문 외에 다윗의 가문도, 예후의 가문도 신실한 신앙인을 계속 배출하지 못했다. 그러나 위기 중에서 빛난 가문들이 있다. 그 첫째가 레갑 자손이다. 예후 시대부터 내려온 레갑의 아들 요나답(여호나답)의 교훈을 지켜 가난한 중에도 신앙을 지켜 온 자손들이 여호와께 칭찬을 받았다(렘 35장). 또 다른 가문은 사반의 가문이다. 요시야 때부터 관직에 있던 사반 가문은 그의 아들 그마랴와 아히감, 그리고 손자 그다랴에 이르기까지 선지자 예레미야를 보호하고 그의 말씀을 듣고 순종하였다(렘 39:14). 시대는 인물을 드러낸다. 믿음의 가정들이 악하고 음란한 세대에 정금 같은 신앙의 명문 가문으로 설 수 있기 바란다.

선지자 오바댜: 에돔의 멸망 51일

예루살렘이 무너질 때 유다를 둘러싼 주변 국가는 유다의 약화된 지위를 이용했다. 바벨론의 공격은 서쪽 쉐펠라에 집중되었다. 그때 에돔은 남쪽으로 와서 네게브(남방)를 점령했다. 이로써 해변길 가사에서 왕의 도로를 포함한 에돔까지 동서 무역로가 완전히 에돔의 수중에 들어갔다. 이는 에돔의 오랜 숙원이었다. 주변국의 지배만 받던 에돔이 처음으로 국가다운 국가를 이루게 되었다. 이제 네게브에 살던 유대인들은 목자 없는 양 떼나 다름없었다. 예루살렘 함락 후 더 이상 안전을 유다에 의지할 수 없었다. 남이 어려울 때를 이용하여 약한 자를 약탈하는 에돔은 얄미운 하이에나와 같다. 오바댜 선지자는 그런 에돔을 비난하며 저주한다.

> 11 네가 멀리 섰던 날 곧 이방인이 그의 재물을 빼앗아 가며 외국인
> 이 그의 성문에 들어가서 예루살렘을 얻기 위하여 제비 뽑던 날에
> 너도 그들 중 한 사람 같았느니라 12 네가 형제의 날 곧 그 재앙의 날
> 에 방관할 것이 아니며 유다 자손이 패망하는 날에 기뻐할 것이 아
> 니며 그 고난의 날에 네가 입을 크게 벌릴 것이 아니며 옵 1:11-12

유다가 멸망한 후 헤브론과 쉐펠라에 침투한 에돔 사람은 신약시대까지 그곳에 눌러 살게 된다. 후에 하스모니아 왕가의 힐카누스에 의하여 개종하기는 하나 신약성경은 이 사람들을 여전히 '이두매'인이라고 부른다. 대표적인 이두매인이 헤롯왕이다.

바벨론으로 끌려간 유대인들은 바벨론 여러 강변에 머물면서 예루살렘을 그리워하는 한편 얄미운 에돔을 저주했다.

> 1 우리가 바벨론의 여러 강변 거기에 앉아서 시온을 기억하며 울었
> 도다 7 여호와여 예루살렘이 멸망하던 날을 기억하시고 에돔 자손을
> 치소서 그들의 말이 헐어 버리라 헐어 버리라 그 기초까지 헐어 버
> 리라 하였나이다 시 137:1, 7

: 51일

오늘 읽을 분량

성경 렘 47-52, 애 1-5, 옵 1

본서 247-248쪽

성경의 맥 잡기

1. 주변 민족들에 대한 경고
2. 예루살렘 멸망과 백성들의 처리와 애가
3. 멸망 때 유다를 괴롭힌 에돔 족속에 대한 경고

신구약 연결 포인트

1. 에돔 족속은 유다 남부에 정착하여 이두매 족속이 되었고 그 후손이 헤롯 왕가다.

묵상 가이드

1. 렘 52장은 왕하 24-25장의 사건을 자세히 풀어 놓았다.
2. 예레미야애가는 히브리어 알파벳순으로 기록하여 큰 슬픔을 절제하며 적었다.

제1성전 전시관에 있는 예루살렘 점령 모습
예루살렘성은 북쪽이 무너지면서 함락되었다. 에돔은 전쟁에 패한 유다인들을 팔아넘겼다.

예레미야애가는 가슴에 사무치는 이 시대의 모든 아픔을 표현한다. 다음 짧은 구절에서 예레미야가 예루살렘의 비참한 모습을 보며 애통해하는 모습이 그려진다.

> 시온의 도로들이 슬퍼함이여 애가 1:4

선지자들이 선포한 '남은 자' 사상과 회복의 약속은 성전이 파괴되고 바벨론 포로로 끌려간 이스라엘이 붙들 수 있는 한 가닥 희망이었다. 이 희망을 노래한 예레미야의 글은 유다왕국 말기의 수십 년 동안 활동했으나 빛을 보지 못한 그의 사역에 비해 오랫동안 많은 이들이 인용하는 유명한 구절이 되었다(렘 29:10-14).

오바댜서 개요

오바댜
Obadiah

עבד+יהוה=עֹבַדְיָה

오바드야 = 여호와+아바드(섬기다)=여호와를 섬기는 자

역사	정치	유다 여호람(853-841) 혹은 시드기야(597-586)	
	사건	블레셋과 아라비아의 침략 시(대하 21:16-17), 혹은 바벨론에 멸망 때(586)	
지리		에돔과 이스라엘	
성경		1:1-16	1:17-21
		이스라엘 패배, 에돔 심판, 만국 심판	이스라엘 회복과 에서 지역 정복

지도 그리기

열왕기하 9

부록에서 지도를 찾아 그리세요

역사와 묵상

01 이스라엘은 작지만 수많은 사연을 안고 있는 땅이다. 지금도 아랍인과 유대인의 참혹한 갈등의 땅으로 남아 있다. 과거에는 에브라임 지파의 북이스라엘과 유다왕국의 전쟁터가 되었다. 성경은 이 땅이 하나 되어 평화가 올 수 있는 유일한 길을 이렇게 말씀한다.

> 1 이새의 줄기에서 한 싹이 나며 그 뿌리에서 한 가지가 나서 결실할 것이요
> 13 에브라임의 질투는 없어지고 유다를 괴롭게 하던 자들은 끊어지며 에브라임은 유다를 질투하지 아니하며 유다는 에브라임을 괴롭게 하지 아니할 것이요 사 11:1, 13

다윗의 계보로 오셨지만 계보를 초월하신 예수 그리스도만이 이 땅의 갈등을 해결할 유일한 분이시다. 평화의 왕이신 예수님을 묵상하며 참된 평화가 없는 곳을 위해 기도하자.

---

02 엘리야가 세례 요한이라면 엘리사의 삶은 예수님과 닮았다. 엘리사는 모레산 남쪽에 있는 수넴에서 한 소년을 살렸고(왕하 4:32-36), 예수님은 모레산 북쪽 나인성에서 과부의 아들을 살렸다(눅 7:11-17). 엘리사는 적은 음식을 가지고 100명을 먹이는 오병이어와 같은 기적을 행했다(왕하 4:42-44). 나병환자 나아만 장군을 고쳤던 엘리사처럼(왕하 5:14) 예수님도 비슷한 지역에서 나병환자 10명을 고치셨다(눅 17:12-14). 예수님과 엘리사의 이름 뜻이 모두 '구원'이다. 그 구원 사역이 어떻게 이루어지는지 구약과 신약을 연결하여 묵상해 보라.

---

03 아합과 결혼한 베니게의 이세벨은 바알 신앙을 들여왔고, 그녀의 딸 아달랴는 유다의 왕과 결혼하여 남북 모두를 오염시켰다(왕상 16:31). 계시록에서는 악한 길로 빠지게 하는 존재를 이세벨이라는 이름으로 언급한다(계 2:20). 우리를 얽어매고 있는 이세벨은 무엇인가?

04 예후는 혁명을 일으켜 바알 신앙을 따르던 북왕국 왕과 이세벨, 유다왕 아하시야까지 죽였다. 이후에 남쪽 유다와 북서쪽 베니게와의 관계가 단절되었다. 동맹이 없어진 예후는 북쪽 수리아에게 무력하게 당할 수밖에 없었다. 정의로운 길을 간다는 것은 고립과 가난을 의미한다. 그래도 그 길을 가려는가?

히스기야는 개혁 후 라기스 전투에서 패하고 나라 전역이 피해를 입었다. "의를 위하여 핍박받는 자는 복이 있나니 천국이 그들의 것임이라." (대영박물관)

05 요시야왕은 국제 정세 속에서 바벨론 편을 들다가 므깃도에서 전사했다. 유월절 개혁을 이룬 히스기야나 요시야 모두 충성된 일을 한 후에 고난을 받았다. 요시야는 죽기까지 하였다. 그러나 그 고난은 장차 올 영광과 비교할 수 없다. 히스기야는 능력 있는 기도로 앗수르 산헤립을 물리친 왕으로 칭송을 받았다. 요시야는 허무하게 죽었으나 그의 철저한 종교개혁은 훗날 다니엘과 세 친구, 에스겔과 같은 시대정신의 인물을 남겼다. 어려운 시대에 별처럼 빛나는 한 사람이 한 알의 밀이 죽어 썩어짐으로 얻은 열매들이었다. 뿌린 씨앗은 열매를 맺는다.

06 솔로몬부터 시작한 인간적인 신앙이 북이스라엘을 타협의 신앙으로 변질시켰다. 어려운 시기에 등장한 엘리야와 엘리사는 세례 요한과 예수님의 그림자였다. 열왕들의 마지막 시대에 가장 많은 선지자와 탁월한 능력을 가진 선지자가 등장한 것은 인간의 깊은 타락만큼 하나님도 강도를 높여 더 크고 세밀하게 말씀하셨다는 증거다. 신앙의 건강도와 선지자 수는 언제나 반비례한다. 북이스라엘은 금송아지를, 남유다는 산당을 끝까지 포기하지 못했다. 신실하신 하나님의 자비하심이 열왕들의 역사를 이끌어 왔고 또 새로운 시대를 열어 간다(애 3:22).

북이스라엘은 여로보암의 죄인 금송아지 숭배를 버리지 못했고, 남유다는 산당 제사를 버리지 못했다. 남북 모두 우상숭배로 멸망했다.

제국시대

이스라엘은 주권을 잃어버리고 앗수르와 바벨론에 포로로 잡혀갔다. 하나님께서 가나안 땅에 입성하기 전 모세를 통해 경고하던 일이 실제로 일어난 것이다. 본격적인 디아스포라가 시작되어 이스라엘 민족이 사방으로 퍼져나갔다. 이제 바벨론에서 신앙의 훈련을 받고 정금같이 되어 돌아온 사람들이 다음 세대를 책임지게 되었다. 디아스포라 시기에 하나님은 이스라엘만의 하나님이 아니라 온 제국의 하나님임을 알려 주셨다.

PART 6

포로기와 그 이후

에스라 · 느헤미야 / 선지서

포로기와 그 이후

개관 52일 · 53일 · 54일

BC 722년에 사마리아가 3년간의 항전 끝에 멸망하고 많은 사람이 앗수르로 끌려갔다. 이때 민족 이주 정책으로 혼혈이 진행되었다. 혼혈로 생겨난 사마리아인은 종교적으로도 섞였다. 그들은 여호와와 함께 이주 민족의 신도 섬겼다.

BC 605년부터 586년까지 바벨론이 유다를 짓밟고 약탈하는 동안 유다의 핵심 지도층은 바벨론 강가로 잡혀가 그곳에 정착한다. 그러나 일반 서민은 거의 본토에 남아 있었다.

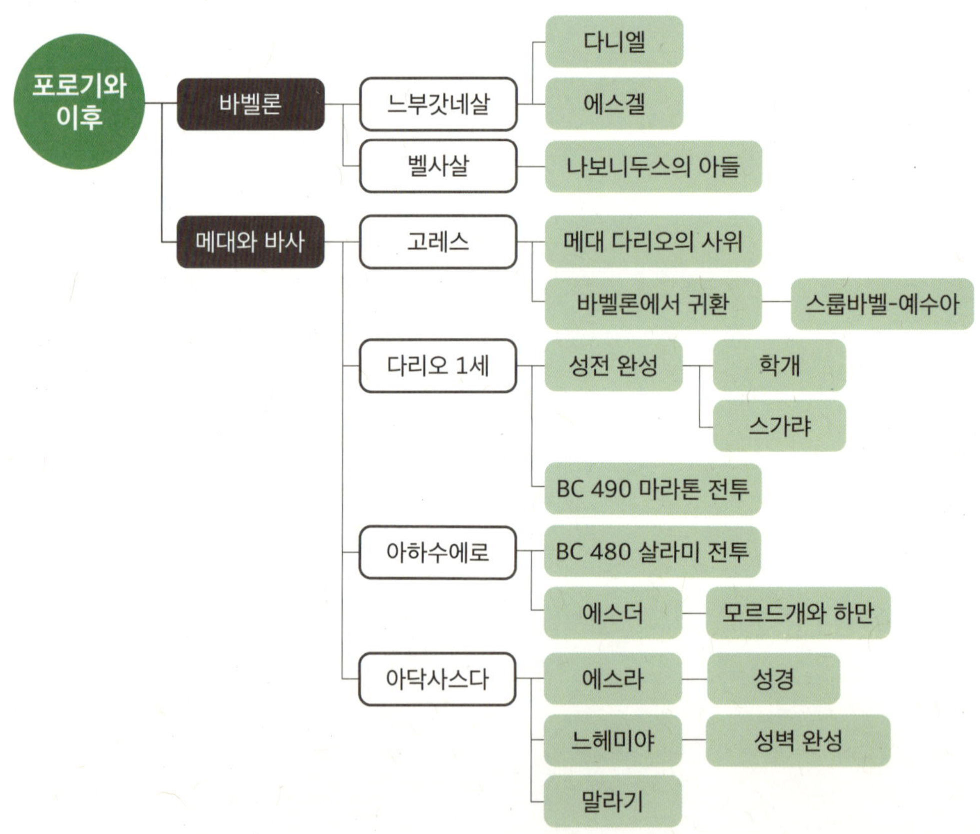

> 느부갓네살의 제이십삼년(BC 582)에 사령관 느부사라단이 사로잡아 간 유다 사람이 칠백사십오 명이니 **그 총수가 사천육백 명**이더라 렘 52:30

끌려간 사람을 모두 합해야 4600명밖에 되지 않으니 전체 국민에 비해서는 아주 낮은 비율이었다. 분명 본토 사람이 더 많았음에도 불구하고 성경은 이들에 초점을 맞추지 않고 끌려간 소수에게 초점을 맞춘다. 바벨론에서 신앙의 훈련을 받고 정금같이 되어 돌아온 사람들이 다음 세대를 책임지게 된다. 이제 모세가 예언했던 한 사이클이 돌았다.

모세는 신명기 28장에서 순종하는 자에게 내릴 축복과 불순종하여 받을 저주를 말했다. 왕국 시대에 순종하여 받은 축복의 경험은 짧았고 불순종으로 받은 저주는 참혹했다. 불순종하여 받는 저주가 단계적으로 이루어졌다.

불순종하여 받는 저주의 첫 단계는 내부와 주변의 적 때문에 받는 고통이었다. 사사 시대에 이스라엘을 괴롭혔던 가나안 족속과 모압, 암몬, 미디안의 위협은 순간적이거나 지엽적이었다. 큰 제국의 위협과 비교되지 않았다.

둘째 단계는 전염병과 기근이었다. 이스라엘은 용수를 의존할 만한 강이 없어서 샘에 의존하는데 겨울철 우기에 비가 내리지 않으면 샘이 말라 살 수가 없다. 기근의 강도가 심하면 이슬이 내리지 않는데 그러면 나무까지 말라 버린다. 아합 시대 3년 반 동안의 기근은 비와 이슬(雨露)이 내리지 않는 중한 징계였다. 다윗 시대에는 염병으로 하루에 7만 명이 죽었다(삼하 24:15).

그래도 하나님께로 돌아오지 않을 때 사용되는 최후의 채찍은 대제국을 일으켜 온 나라를 쓸어버리고 포로로 잡혀가 훈련 받게 하는 것이다. 이때 땅은 안식을 누리는 반면, 사람은 혹독한 훈련을 받는다. 훈련에서 합격한 자들만이 안식을 누릴 땅으로 돌아온다(신 28:20-25).

바벨론 포로기까지

이스라엘은 완전히 주권을 잃어버렸다. 바벨론 포수는 야곱이 가족을

: 52일

오늘 읽을 분량

성경 겔 1-16

본서 254-264쪽

성경의 맥 잡기

1. 에스겔은 여호야김이 죽고 여호야긴이 끌려갈 때(597년) 바벨론으로 잡혀간 제사장이다.
2. 에스겔의 환상, 상징과 설교 등을 통한 예루살렘 함락 예언

신구약 연결 포인트

1. 에스겔의 환상 중(1장) 네 생물의 환상은 계 4:6-8의 환상과 비교된다.
2. 겔 3의 두루마리 먹는 사건은 계 10:8-11의 요한이 두루마리 먹는 사건과 병행된다.

묵상 가이드

1. 에스겔은 포로로 끌려온 상태에서 예루살렘의 마지막 멸망을 눈에 보듯 예언한다.
2. 여러 상징으로, 특히 겔 4에서 예루살렘 포위와 멸망을 직접 재현하는 에스겔의 삶을 보라.

: 53일

오늘 읽을 분량

성경 겔 17-32

본서 254-264쪽

성경의 맥 잡기

1. 독수리, 신포도, 불붙는 삼림, 칼, 심판의 풀무, 두 여인, 끓는 가마, 아내의 죽음 등을 통한 확실한 심판에 대한 경고
2. 암몬, 모압, 에돔, 블레셋, 두로와 시돈, 애굽에 대한 심판 예언

신구약 연결 포인트

1. 겔 17:23의 나무 비유는 마 13:32에서 예수님이 인용하였다.

묵상 가이드

1. 표적과 메시지를 가지고 한 예언은 새와 농사, 숲, 생활과 관계된 심판에 이어 최고조는 아내의 죽음이었다.
2. 주변 민족에 대한 심판은 요단 동편 세 나라에서 서쪽의 블레셋, 두로, 시돈과 남서쪽 애굽에 이른다.

이끌고 이집트로 갈 때와는 상황이 완전히 달랐다. 야곱과 자손은 이집트 최고 실권자의 환영을 받으며 들어가 400년을 지냈지만 앗수르와 바벨론 포수는 강제 압송이었다. 하나님께서 가나안 땅에 입성하기 전 모세를 통해 그렇게도 경고하던 일이 실제로 일어난 것이다.

> 네가 만일 네 하나님 여호와의 말씀을 순종하지 아니하여 내가 오늘 네게 명령하는 그의 모든 명령과 규례를 지켜 행하지 아니하면 이 모든 저주가 네게 임하며 네게 이를 것이니 신 28:15

다니엘서, 에스겔서, 에스더서 모두 포로기 시대에 기록된 성경이고 많은 외경이 이 시대를 배경으로 쓰였다. 그동안 초점이 맞춰지던 레반트를 벗어나 메소포타미아로 나아갈 수밖에 없다. 이집트 또한 무시할 수 없는 것이 예레미야를 데려간 유대인 무리가 나일강변 쪽으로 이동했기 때문이다. 본격적인 디아스포라가 시작되어 이스라엘 민족이 사방으로 퍼져 나갔다. 이 시점에서 시야를 넓혀 역사를 큰 안목에서 살펴보는 것이 필요하리라 본다.

메소포타미아: 앗수르에서 페르시아(바사)까지

앗수르는 가나안 땅을 완전히 통제한 메소포타미아의 첫 번째 제국이었다. 살만에셀 5세가 사마리아를 무너뜨리고 산헤립이 히스기야를 위협했다. 히스기야는 예루살렘을 지킬 수 있었지만 그 외 모든 지경이 폐허가 되었다.

히스기야의 아들 므낫세는 더욱 강해진 앗수르에 승복하여 봉신으로 돌아갔다. 앗수르의 힘은 BC 7세기 전반에 최고 절정에 이르렀다.

사마리아를 완전히 무너뜨린 사르곤 2세 때부터 앗수르의 위협을 줄곧 받아 오던 이집트는 이때 구스 출신의 25왕조가 막 창건되었으나 BC 663년 앗수르왕 아슈르바니팔에게 무너졌다.

앗수르의 몰락도 의외로 속히 찾아왔다. 앗수르는 왕위 승계 문제로 형제간에 전쟁을 벌이다 국력이 약해져 숙적 바벨론에게 격파되었다. BC 626년부터 밀리던 앗수르는 BC 612년에 수도가 함락되고 하란으로

옮겨 가 버티기에 들어갔다.

이때 메소포타미아에 일어난 분쟁을 이용해 세력을 넓히려는 이집트가 북쪽으로 움직였다. 바벨론에 밀리는 앗수르를 돕는다는 명목이었다.

BC 609년 고래 싸움에 끼이게 된 유다가 신흥 바벨론 편을 들다가 이집트 바로 느고에 호된 맛을 본다. 너무 일찍 바벨론 편에 붙은 것이다. 결국 이집트의 북방 원정을 저지하던 유다의 요시야왕은 므깃도에서 전사하고 아들 중 한 명인 여호야김이 이집트 왕의 임명을 받아 왕위를 계승한다.

그러나 느고의 군대는 유다를 무너뜨릴 수 있었는지 모르지만 바벨론은 당해 내지 못했다. 느고는 BC 605년 아브라함의 고향 하란 남서쪽 갈그미스에서 바벨론과 충돌했으나 패배했다. 비록 전쟁에서 패배했으나 이집트는 소기의 목적을 달성해 레반트를 다시 차지할 수 있었다. 하지만 그로부터 얼마 되지 않아 바벨론의 불길은 활화산처럼 타올라 레반트를 덮쳤다.

바벨론왕 느부갓네살은 갈그미스에서 이집트를 격파하고 내정을 안정시킨 후 바로 레반트로 돌아왔다. 유다왕은 다시 바벨론의 봉신이 되었다. 바벨론은 여호야김의 친이집트 정부를 무너뜨리고 요시야의 아들 시드기야를 왕위에 앉혔다. 하지만 시드기야가 얼마 후 이집트로 돌아서는 바람에 바벨론이 다시 유다로 올 수밖에 없었다.

바벨론은 반역자를 가만두지 않았다. 예루살렘을 완전히 멸망시켰다. 이때 옆에서 반란을 부추기던 이집트는 유다에 아무런 도움이 되지 못했다. 멸망당한 유다왕국의 지도자들은 바벨론 강가로 끌려갔다. 나머지 얼마는 바벨론이 임명한 총독 그다랴가 과격파 이스마엘에게 죽은 것을 보고 보복이 두려워 이집트로 도망했다. 그들은 얼마 동안 무사할 수 있었다.

바벨론은 끓는 냄비와 같았다. 제국의 쇠퇴도 그만큼 빨랐다. 느부갓네살왕이 죽은 후 세 아들이 제국을 분할 통치했다. 그중 한 명인 에윌므로닥은 유다왕 여호야긴, 즉 여고냐에게 자유를 주었다(왕하 25:27).

: 54일

오늘 읽을 분량

성경 겔 33-48

본서 254-264쪽

성경의 맥 잡기

1. 이스라엘의 회복에 대한 예언으로 참된 목자들, 새 언약을 말씀하심
2. 마른 뼈 환상과 생명수 강가를 통한 이스라엘의 소생 예언

신구약 연결 포인트

1. 마른 뼈 환상과 생명수 강가 환상은 예수님이 생수의 근원 되심을 선언하고 성령 강림을 통해 구원이 확장됨을 예언
2. 메시아 왕국의 성전, 땅은 계시록의 새 하늘과 새 땅과 비교

묵상 가이드

1. 새 성전 설계도를 솔로몬 성전과 비교하며 보라.
2. 생명수 강가를 계시록의 강(계 22:1)과 비교하며 읽어라.

| 유다의 바벨론 포로기 |

단련 후 정금같이 나오리라

성경 에스라; 스가랴; 학개; 다니엘 **연대** BC 605-538

역사적 배경 바벨론 느부갓네살, 나보니두스, 벨사살왕

핵심 본문 바벨론 포수, 디아스포라 시작, 에스겔, 다니엘 사역

지도 포로기

포로기: 신앙의 용광로에서 단련받다

포로기를 어느 때부터 계산하는가는 의견이 분분하다.

바벨론의 느부갓네살은 총 4번에 걸쳐 유다 원정을 하였으나 예레미야 선지자는 1차와 2차를 하나로 묶어 1차로 계산했다(렘 52:28-30). 성경 인물과 관계된 원정은 4차 중 3차에 해당하므로 3차까지만 다루도록 한다. 주요 인물과 관련하여 포로기를 요약하는 것이 기억하기가 좋다.

1차 BC 605 다니엘
2차 BC 597 에스겔, 여호야긴
3차 BC 586 시드기야

바벨론은 느부갓네살 때 최고의 번영기를 누렸다. 그가 건설한 바벨론성은 얼마나 화려한지 BC 450년경 이곳을 방문한 그리스 역사가 헤로도투스는 이 성을 향해 최고의 찬사를 보냈다. 바벨론 최고의 신은 '마르둑'이었는데 그 신전이 거의 90m가 넘는 계단식 피라미드 모양의 지구라트 위에 있었다. 마르둑의 지구라트는 청색으로 된 이슈타르 성문을

포로기:
바벨론 포로와 귀환 과정
3차에 걸쳐 포로로 잡혀간 유다가 3차에 걸쳐 돌아온다. 포로에서 벗어난 일부는 애굽의 북쪽과 남쪽에 흩어졌다. 특히 애굽의 남쪽 상류 엘레판틴에선 유대인 자치 섬까지 발견되었다. 고레스가 리디아(루디아) 왕 사데의 크로이소스를 이기면서 열린 왕의 도로는 '황금길'로 알려질 만큼 사데의 금을 가져올 수 있는 교역로였을 뿐 아니라 바벨론 제국을 압박하는 둘레길이 되었다. 에스겔은 포로된 유대인들이 델아빕(Tel Aviv)에 있었다고 한다(겔 3:15). 이 이름이 디아스포라 유대인들이 돌아와 수도를 삼은 텔아비브(봄의 언덕)에 남아 있다. 성경은 이스라엘 백성이 돌아온 이야기는 침묵한다. 금송아지 신앙에 물들었던 이스라엘은 잡혀간 곳에서도 타협하여 이방 민족에 동화한 것으로 보인다.

지나 왼편 동쪽에 위치하였고, 맞은편 서쪽에는 어마어마한 왕의 궁전이 있었다. 고대 불가사의 중 하나인 하늘정원도 있었다.

유브라데강을 끌어들여 20m가 넘는 해자로 성을 두른 것도 모자라 성벽을 이중으로 만들어 외벽은 3.7m, 내벽은 6.5m의 두께로 1024m^2를 둘렀다.

이 성의 화려함은 세상의 상징, 사탄의 제국처럼 묘사된다. 요한계시록 14장, 18장에서 이렇게 외친다.

> 또 다른 천사 곧 둘째가 그 뒤를 따라 말하되 무너졌도다 무너졌도다 큰 성 바벨론이여 모든 나라에게 그의 음행으로 말미암아 진노의 포도주를 먹이던

/
바벨론성의 화려함이 어느 정도인지 엿볼 수 있는 성문. (대영박물관)

//
성문의 일부분인 사자상. (대영박물관)

/
달 신전에서 발견된 기록으로 나보니두스(BC 556-539)와 벨사살의 보호를 청한다.(대영박물관)

자로다 하더라 계 14:8

특히 계시록 18장에서는 바벨론의 상업에 대하여 자세하게 묘사한다. 이 말씀은 이사야서 13장의 예언과 예레미야서 50-51장에 나오는 바벨론의 멸망을 종합한 것이라 할 수 있다.

바벨론 왕국은 그 화려함에 비해 의외로 오래가지 못했다. 느부갓네살 사후에 오른 왕은 성경에도 언급되었으며 2년밖에 통치하지 못한 에윌므로닥이다. 그는 분열 왕국의 왕에 불과했고 왕위를 찬탈한 네리글리살, 혹은 네르갈사레셀도 4년밖에 통치하지 못했다.

하란을 다스리던 나보니두스는 BC 556년 바벨론 전체 왕권을 장악하였다. 그러나 마르둑 제사장의 세력을 약화시킬 목적으로 고고학 발굴에 골몰하고, 수도를 아라비아 사막 한가운데인 데마로 옮겼다. 대신 바벨론의 행정은 아들 벨사살이 맡았다(단 8:1).

바벨론 시민은 자신들의 신과 도시를 버린 왕에게 반감을 가졌다. 그런 이유로 페르시아(바사)가 종교적인 독립을 인정해 주자 성문을 열어 버렸다. 이는 BC 14세기에 이집트의 아멘호텝 4세가 제사장 세력을 견제할 목적으로 수도를 엘-아마르나로 옮기고 다른 신을 섬기려다 실패로 돌아간 상황과 유사하다.

신바벨론왕의 연대기를 간단히 정리하면 다음과 같다.

나보폴라살(BC 625-605년)
느부갓네살(BC 605-562) 유다를 4차례 침공 후 멸망시킴
에윌므로닥(BC 562-560) 여호야긴을 놓아 줌

네리글리살(BC 560-556) 혹은 네르갈사레셀(렘 39:13)

나보니두스(BC 556-539) 아들 벨사살에게 위임 통치하다 바사에 멸망

예레미야는 유다가 70년간 바벨론을 섬길 것이라고 예언하였다(렘 25:11, 29:10).

> 이 모든 땅이 폐허가 되어 놀랄 일이 될 것이며 이 민족들은 칠십 년 동안 바벨론의 왕을 섬기리라 **렘 25:11**

그러나 이 70년을 1~4차 기간 중 어디에 기준을 두고 계산해야 하는지는 모호하다. 고레스가 BC 538년에 바벨론을 접수하고 포로 귀환을 명령한 때를 고려하면 아무래도 1차 BC 605년을 기준으로 삼아야 한다. 그러나 성전이 파괴된 BC 586년을 기준으로 잡아도 무관한 것이, 성전이 BC 516년에 재건되었기 때문이다.

이 70년 동안 어떤 일이 있었는지는 역사서보다 선지자의 글과 시편을 통하여 알 수 있다.

특히 에스겔 선지자는 2차 침공 때 잡혀가서 바벨론에 있으면서 예루살렘의 마지막 멸망을 예언하였다. 그는 델아빕(현재 이름은 텔아비브)에 거주하였다고 한다.

> 이에 내가 **델아빕**(=텔 아비브)에 이르러 그 사로잡힌 백성 곧 **그발강가**에 거주하는 자들에게 나아가 그중에서 두려워 떨며 칠 일을 지내니라 **겔 3:15**

델(텔, Tel)은 '봄의 언덕'이라는 뜻인데 유대인들은 그발강가 한 언덕에 정착하였다. 이곳은 바벨론 근처 유브라데강의 지류다. 시편 137편은 그 강가에서 있었던 일을 묘사한다.

> **1** 우리가 바벨론의 여러 강변 거기에 앉아서 시온을 기억하며 울었도다
> **2** 그중의 버드나무에 우리가 우리의 수금을 걸었나니
> **3** 이는 우리를 사로잡은 자가 거기서 우리에게 노래를 청하며 우리를 황폐하게 한 자가 기쁨을 청하고 자기들을 위하여 시온의 노래 중 하나를 노래하

/
바벨론 강변에서 연주했을 고대 수금 모양들(대영박물관)

라 함이로다

4 우리가 이방 땅에서 어찌 여호와의 노래를 부를까 시 1371:1-4

신앙의 도전도 만만치 않았다. 다니엘서에는 여호와 신앙을 지키기 위해 목숨을 건 일이 수시로 언급된다. 특히 다니엘은 우상의 음식 문화를 거절하다가 심각한 위기에 봉착한다. 다니엘의 세 친구는 우상에게 절하지 않았다는 이유로 용광로(풀무불)에 던져진다.

바벨론은 신앙의 용광로였다. 이곳에서 걸러지는 사람은 정금같이 되어 다시 약속의 땅으로 돌아갈 수 있었다. 시편 126편은 이런 믿음을 지키는 과정을 노래한다.

눈물을 흘리며 씨를 뿌리는 자는 기쁨으로 거두리로다 시 126:5

이집트 정착: 나일강 상류의 디아스포라

한편 바벨론으로 끌려간 사람 이외에 이집트로 향한 사람도 있었다. 앞에서 언급하였듯이 이들은 바벨론의 보복이 두려워 피신하였다(왕하 25:22-26; 렘 40-44장). 그중 가장 유명한 곳이 나일강 상류 노아몬 위의 섬, 옙(엘레판틴)이다. 이곳에서 발견된 여러 문서와 페르시아 시대의 문서가 이를 증명한다.

25 칠월에 왕족 엘리사마의 손자 느다니야의 아들 이스마엘이 부하
열 명을 거느리고 와서 그달리야를 쳐서 죽이고 또 그와 함께 미스바
에 있는 유다 사람과 갈대아 사람을 죽인지라 26 노소를 막론하고 백

/
엘레판틴에서 바라본 서쪽 나일강과 시몬 수도원

//
남쪽에서 본 나일강의 엘레판틴 섬
강 가운데 가장 큰 섬이 유대인이 살던 옙(엘레판틴)이다. © 구글어스

성과 군대 장관들이 다 일어나서 애굽으로 갔으니 이는 갈대아 사람을 두려워 함이었더라 왕하 25:25-26

애굽 땅에 사는 모든 유다 사람 곧 믹돌과 다바네스와 놉과 바드로스 지방에 사는 자에 대하여 말씀이 예레미야에게 임하니라 렘 44:1

이집트는 출애굽이 있던 신왕조 이후 몰락하여 예전 같은 세력을 회복하지 못하고 혼란기에 머물러 있었지만 가나안에 대한 존재감은 여전했다. 앗수르나 바벨론이 남진할 때마다 이집트의 손길이 이스라엘이나 유다에 미쳐 반역을 도모하게 하였다. 남쪽 이집트의 상황을 간단하게 요약하면 다음과 같다.

26왕조(사이스인 BC 664-525)

삼각주 서부의 사이스 출신이 다스림, 서민의 민용문자와 고대 상형문자를 병행하여 사용함.

사메텍 1세(BC 664-610)

느고 2세(네카우 2세, BC 610-595) 요시야왕을 죽임

사메텍 2세(BC 595-589)

와히브레(아프리에스, BC 589-570) 애굽으로 피한 유대 식민지인 엘레판틴 시대

아흐모세 2세(BC 570-526)

프삼티크 3세(BC 526-525)

후기 왕조

페르시아 통치 시기로 이집트의 역사는 사라지고 페르시아의 역사로 편입되었다. 이후 잠시 독립하였으나 알렉산더 대왕이 정복하고 헬라화하였다.

에스겔: 심판과 회복의 선지자

BC 597년에 여호야긴과 함께 잡혀온 에스겔은 요시야의 종교개혁을 보고 자란 세대였다. 바벨론 그발강가 델아빕에 살면서 BC 593년 7월 소명을 받아서 22년간 활동했다. 그는 처음 7년간은 예루살렘의 멸망에 대하여 예언했다. 정확한 시간과 선명한 구조는 레위 지파로서 신약을 기록한 마태를 보는 듯하다. 다른 대선지자(이사야, 예레미야)처럼 에스겔은 1장부터 24장까지 이스라엘에 대하여

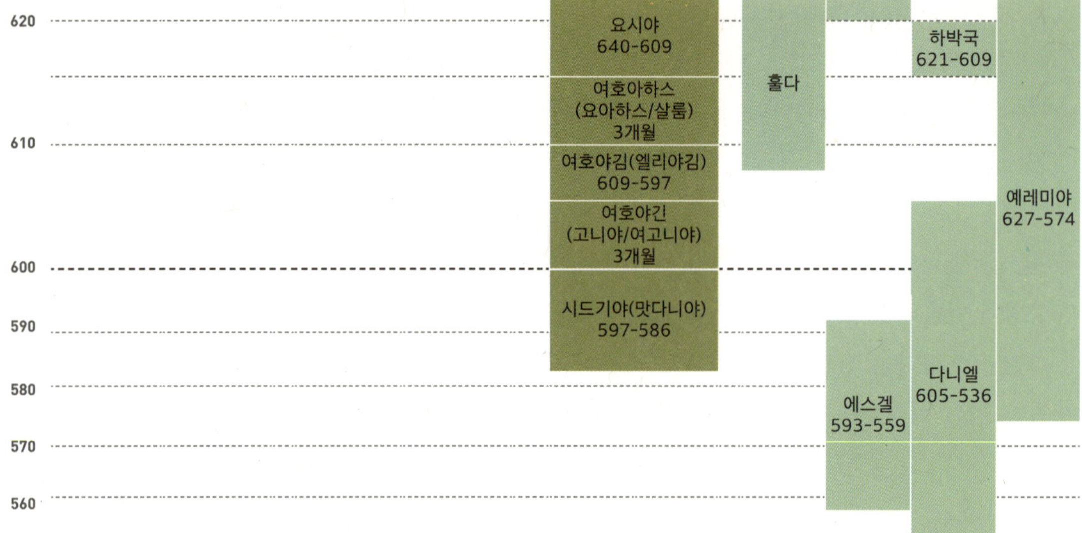

예언한다. 유다의 가장 참혹한 시기를 살았던 그는 생활로 예언했다. 심지어 그의 아내가 죽은 것으로 성전 멸망의 아픔을 표현했다.

에스겔은 예루살렘의 멸망을 예언하면서 예루살렘이 포위된 상황을 삶으로 재현한다. 먹는 것, 마시는 것, 자는 것 특히 음식 만들 때 인분으로 불을 피우라는 명령까지 받는다. 끔찍한 일을 재현하려 할 때 자비를 구하여 쇠똥으로 음식을 만들어 먹으면서 고난을 몸소 체험한다.

> 여호와께서 내게 이르시되 보라 쇠똥으로 인분을 대신하기를 허락하노니 너는 그것으로 떡을 구울지니라 겔 4:15

25장부터 32장까지는 유다 주변 민족에 대한 심판을 선포한다. 암몬, 모압과 세일, 에돔과 블레셋, 두로와 시돈, 애굽에 대한 심판이다. 특히 두로와 시돈, 애굽에 대해서는 더 길게 설명한다.

33장부터 48장까지는 이스라엘에 대한 위로와 회복을 노래한다. 37장의 마른 뼈가 살아나는 환상은 이스라엘이 소생하는 장면을 눈으로 보듯하다.

성전이 회복되는 장면은 크기를 하나하나 재면서 그 모습을 보여 준다. 파괴되어야 마땅한 더러운 성전에 대한 환상(겔 8-11장)이 회복되고 거룩하게 변화한 성전(겔 40-48장) 환상으로 나타난다.

하란의 쇠똥
유목 사회에서는 나무 대신 쇠똥을 불 피우는 재료로 사용한다.

감람산에서 바라본 예루살렘과 무덤들
무덤들은 마른 뼈가 살아나는 부활의 기적을 꿈꾸며 묻혀 있다.

에스겔서
Ezekel

חזק + אֵל = יְחֶזְקֵאל

예헤즈켈 = 엘(하나님)+하자크(강하다)=하나님은 강하시다

역사	정치	여호야김(BC 609-597)-BC 573: 예언 받은 연대를 13번에 걸쳐 상세히 기록					
	사건	2차 포로 됨, 예루살렘 멸망(BC 586), 바벨론 두로와 애굽 공격					
지리		바벨론 델아빕에서 예루살렘 상태, 포위, 멸망, 그 이후 바라봄 1장(BC 593년, 하늘), 8장(BC 592, 예루살렘을 봄), 20장(BC 591, 전이스라엘 심판), 24장(BC 588, 포위 시작), 26장(BC 586, 두로 심판), 29장(BC 587 애굽 재앙), 32장(BC 585, 애굽 애가), 33장(BC 585, 예루살렘 함락소식), 40장(BC 573, 미래)					
성경		1-3장	4-24장	25-28장	29-32장	33-39장	40-48장
		소명	유다와 예루살렘 예언	주변국가 심판	애굽 심판	이스라엘 회복 예언	새 성전-새 예배-새 땅

에스겔서 개요

다니엘: 여호와 신앙을 온전히 지킨 고관 55일

다니엘은 바벨론의 느부갓네살이 BC 605년 1차 원정 때 잡아간 왕족 중 한 명이다. 그는 시대의 절망과 고난을 뛰어넘어 새 희망의 세계를 보았다.

다니엘은 1장에서 6장까지 역사적인 사건을 다룬다. 그와 세 동료는 여호와 신앙만 따르기로 결정한다. 이런 자세는 유다 요시야왕이 신명기 말씀을 읽고 언약한 일이 밑거름 되었을 것이다. 그들은 어려서 들은 말씀을 떠나지 않기로 결단하고 죽음을 각오했다. 그 후 다니엘은 느부갓네살의 꿈을 해석하여 높은 지위에 오른다. 이 신상의 해석은 중간기 연구에서 자세히 언급할 것이다(신약편 참고).

느부갓네살왕이 본 환상이 다니엘이 해석한 대로 이루어지자 왕은 여호와를 인정한다(4장). 결국 이스라엘의 하나님이 온 세상을 다스리는 하나님으로 확대

: 55일

오늘 읽을 분량
성경 단 1-12
본서 265-269쪽

성경의 맥 잡기

1. 바벨론 포로로 간 다니엘이 뜻을 정함과 세 친구의 신앙
2. 느부갓네살의 신상을 통한 미래 예언과 나무 환상, 벨사살의 벽의 글씨
3. 네 짐승 환상, 숫양과 숫염소, 북방과 남방 왕을 통한 중간기 예언

신구약 연결 포인트

1. 느부갓네살 신상의 뜨인 돌은 예수님을 상징한다.
2. 멸망의 가증한 것(단 11:31)은 예수님이 미래 예언으로 사용한다(마 24:15).
3. 단 7:13의 인자 같은 이의 오심은 계 1:13에서 예수님의 모습으로 묘사된다.

묵상 가이드

1. 다니엘이 본 신상, 네 짐승, 숫양과 숫염소, 북방과 남방 왕의 환상은 모두 중간기 역사를 점차 선명하게 보여 준다.
2. 다니엘은 9장에서 BC 605년에 끌려갔기에 70년에 맞추어 돌아가도록 '주여' 삼창 기도를 한다.

다니엘서는 구약뿐 아니라 신약에서도 중간기를 이해하기 위해 통독하도록 넣었는데(신약 3-4일차), 구약과 신약 중 한 군데만 정해 통독하길 바란다.

되는 과정을 보여 준다.

> **30** 나 왕이 말하여 이르되 이 큰 바벨론은 내가 능력과 권세로 건설하여 나의 도성으로 삼고 이것으로 내 위엄의 영광을 나타낸 것이 아니냐 하였더니 **31** 이 말이 아직도 나 왕의 입에 있을 때에 하늘에서 소리가 내려 이르되 느부갓네살왕아 네게 말하노니 나라의 왕위가 네게서 떠났느니라 **37** 그러므로 지금 나 느부갓네살은 하늘의 왕을 찬양하며 칭송하며 경배하노니 그의 일이 다 진실하고 그의 행하심이 의로우시므로 교만하게 행하는 자를 그가 능히 낮추심이라 단 4:30-31, 37

다니엘은 바벨론의 마지막 왕 벨사살 때도 손가락의 글을 해석함으로써 능력을 인정받는다. 이후 바벨론은 함락되었고 바사의 고레스가 들어왔다. 고레스는 장인 메대의 다리오에게 통치를 맡기고 정복 전쟁을 계속했다. 메대왕 다리오 때도 다니엘은 인정받는 고관이었다. 모함을 당하여 사자굴에 던져졌어도 그곳에서 나와 정적을 처단하는 데까지 이른다.

BC 605년에 포로가 된 다니엘은 이사야와 예레미야의 글을 읽었다. 하나님이 약속한 때가 고레스가 바벨론을 무너뜨린 때임을 알았다.

이사야는 누가 예루살렘 성전을 회복하게 할 것인지 그 주체를 분명히 밝혔다.

> **고레스**에 대하여는 이르기를 내 목자라 그가 나의 모든 기쁨을 성취하리라 하며 예루살렘에 대하여는 이르기를 중건되리라 하며 성전에 대하여는 네 기초가 놓여지리라 하는 자니라 사 44:28

예레미야는 그 시간을 구체적으로 예언하였다.

> 곧 그 통치 원년에 나 다니엘이 책을 통해 여호와께서 말씀으로 선지자 **예레미야**에게 알려 주신 그 연수를 깨달았나니 곧 예루살렘의

황폐함이 칠십 년 만에 그치리라 하신 것이니라 단 9:2

다니엘은 요시야의 영향으로 포로기 동안 여호와 신앙을 온전히 지키면서 고위 관직을 오래 지낸 유일한 인물이었다. 그가 유다 공동체에 얼마나 큰 버팀목이었을지는 말하지 않아도 알 만하다.

유다의 슬픈 과거와 구속의 희망이 다니엘서 9:1-19의 기도에서 표현된다. 모세, 여호수아의 선포 그리고 사무엘과 다윗의 기도처럼 다니엘의 기도는 레반트에서 하나님의 백성이 실패한 과거를 깨닫고 심판과 고난의 시기에 하나님의 전능하심과 변하지 않는 사랑을 굳건히 붙잡는 자들의 진실 어린 울부짖음이다.

다니엘이 해석한 큰 신상 환상

다니엘은 9:1-2(렘 25:11, 29:10 참조)과 그의 기도(단 9:14; 렘 1:11-12, 5:6, 44:27)에서 쇼케드(shoqed, 지켜보다)라는 단어를 사용한다. 이는 다니엘이 예레미야의 예언과 사역을 완전히 이해하고 소화한 산물이다. 이 기도의 고백과 회복에 대한 간절한 간청은 왕국 시대를 마감하는 글로 충분하다는 생각이 든다.

나의 하나님이여 귀를 기울여 들으시며
눈을 떠서 우리의 황폐한 상황과 주의 이름으로 일컫는
성을 보옵소서
우리가 주 앞에 간구하옵는 것은 우리의 공의를 의지하여 하는 것이
아니요 주의 큰 긍휼을 의지하여 함이니이다
주여 들으소서
주여 용서하소서
주여 귀를 기울이시고 행하소서 지체하지 마옵소서
나의 하나님이여 주 자신을 위하여 하시옵소서
이는 주의 성과 주의 백성이 주의 이름으로 일컫는 바 됨이
니이다 단 9:18-19

느부갓네살 2세 실린더
자신의 치적을 자랑하던 왕은 교만 때문에 7년간 짐승처럼 사는 징계를 받는다.(대영박물관)

여리고 히샴 궁전의 생명나무
느부갓네살이 본 환상의 큰 나무는 왕을 의미한다.

다니엘
Daniel

דן + אֵל = דָּנִיֵּאל

다니엘 = 엘(하나님)+단(재판하다)=하나님은 재판하신다

역사	정치	유다 여호야김(BC 609-597)-시드기야(BC 597-586), 바벨론의 느부갓네살(BC 604-562)-벨사살(BC 553-539) 메대의 다리오, 바사의 고레스(BC 559-529)											
	사건	여호야김 3년(BC 605)에 포로 됨, 느부갓네살 환상, 벨사살 환상, 바사 고레스 정복 후(BC 539) 메대 다리오 통치											
지리		바벨론에서 바벨론 제국-메대와 바사-헬라-로마제국-열국-하나님 나라 바라봄											
성경		1장	2장	3장	4장	5장	6장	7장	8장	9장	10장	11장	12장
		다니엘 헌신	느부갓네살 신상 꿈	세 친구 용광로	느브갓네살 나무 환상	벨사살 벽 글씨	다리오 때 사자 굴	네 짐승 환상	숫양과 숫염소	다니엘 기도	환상과 격려	남북 헬라 왕국 간 갈등	말세

다니엘서 개요

* 바사의 연대기는 키친의 연대기를 따랐다.

포수된 곳: 니푸르 그발강가

BC 586년 유다는 멸망해서 느부갓네살에게 포수되어 끌려갔다. 유다인은 북이스라엘인과 달리 비교적 한정된 공간으로 옮겨졌다. 니푸르 그발강가였다. 대표적인 도시가 델아빕, 델멜라, 델하르사, 그룹, 앗단, 임멜, 가시뱌였다(느 7:61; 겔 3:15; 스 2:59, 8:17). 니푸르 아래 우르가 있는 것을 주목하고 북이스라엘이 하란 근처로 끌려간 것을 기억하라.

우르와 하란은 믿음의 조상 아브라함이 머물다 떠난 장소다. 이스라엘이 다시 돌아왔다. 심지어 일부는 그들이 탈출한 이집트(애굽)로 돌아갔다. 그들이 시작한 장소로….

하나님께서 깨닫지 못하던 이스라엘을 발상지로 끌어내심은 과연 무엇을 교훈하려는 것일까? 새롭게 다시 시작할 것을 바라시는 하나님의 마음이지 않을까? 예수님도 도무지 깨닫지 못하고 실패한 제자들을 처음 부르신 갈릴리로 다시 불러 모아 그들의 신앙을 굳게 하시지 않았던가(요 21장)?

남은 자: 본토에 남아 순수성 유지

유다 지도자들이 바벨론으로 잡혀가거나 이집트로 피신한 후 이스라엘에는 남은 자들이 있었다. 그러나 이들은 다시 왕국을 일으킬 능력이 없었다. 개중에 귀족이 있었다고 해도 시대 풍조에 순응하며 살아가는 자들이었다. 케텝 힌놈(힌놈 골짜기 어깨 부위) 무덤에서 발견된 여러 증거에 의하면, 바벨론 포수(捕手) 후에도 무덤이 예전처럼 계속 사용되었다. 이는 사람들이 예루살렘 근처에 살고 있었음을 보여 준다. 느헤미야 11:20, 25-36에 나오는 이들은 당시 남아 있던 사람들의 명단이다.

바벨론의 정책이 앗수르와 달랐던 것이 행운이었다. 앗수르는 사마리아 사람을 끌고 가서 메소포타미아에 이주시켰고 동시에 바벨론과 하맛, 심지어 아라비아 사람까지 사마리아로 이주시켰다. 이들과 섞여 소수의 이스라엘 사람은 '사마리아인'이 되어 갔다. 유다도 끌려갔으나 그 숫자가 적었고 바벨론은 유다 땅에 이민족을 이주시키지 않았다. 그래서 어느 정도 순수성을 유지할 수 있었다.

> 그 나머지 이스라엘 백성과 제사장과 레위 사람은 유다 모든 성읍에 흩어져 각각 자기 기업에 살았고 **느 11:20**

| 유다의 귀환(출바벨론) |

유다의 안정과 귀환 허락

성경 예레미야; 오바댜; 에스라; 느헤미야 **연대** BC 538-415

역사적 배경 바사의 다리오, 아하수에로, 아닥사스다 통치

핵심 본문 포로 2-3차 귀환, 에스라, 느헤미야 사역, 부림절

지도 포로기

: 56일

오늘 읽을 분량

성경 스 1-6, 학 1-2, 슥 1-8

본서 270-292쪽

성경의 맥 잡기

1. 스룹바벨의 인도로 바벨론 1차 귀환과 인구 조사와 성전 재건과 중지
2. 성전 재건의 재개와 선지자 학개와 스가랴의 예언

신구약 연결 포인트

1. 스룹바벨이 건축한 제2성전이 예수님이 활동한 성전 무대가 된다.

묵상 가이드

1. 에스라는 2차 귀환 때 왔으나 1차 귀환의 역사를 기록하였다.
2. 성전 건축 방해 세력은 사마리아, 암몬, 아스돗, 아라비아 사방에 있었다.

바사(페르시아) 왕 고레스 56·57일

성난 파도 같은 바벨론의 물결은 오래가지 못했다. BC 586년 유다가 멸망당한 후 50년이 못 되어 BC 539년에 바벨론도 멸망하였다.

페르시아의 고레스는 메대 아스티아게스의 딸과 안샨 왕국의 캄비세스 1세 사이에서 태어났다. 그는 메대의 속주에 불과했던 안샨 왕국을 부흥시켜 메대의 수도 악메다(엑바타나)를 점령하였다. 이를 기념하여 파사르가다에를 수도로 정하고 수도 이름을 따서 페르시아 제국을 세웠다. 메대와는 협력 관계였는데 한동안 점령한 바벨론 제국을 메대왕 다리오에게 맡길 정도였다.

한편 BC 700년부터 성장하던 리디아(혹은 루디아)는 사데 왕 크로이소스 시절에 강가에서 금이 발견되면서 큰 부를 누리는 동시에 소아시아에서 영역을 확장하였다. 크로이소스가 승리하는 꿈을 믿고 고레스와 싸웠으나 패배하고 사데마저 함락되고 만다. 요한계시록에 나오는 사데의 경고는 당시 크로이소스가 난공불락의 산성을 믿고 잔치를 벌이고

* 통독 56-59일은 포로 귀환 전 배경을 숙지하고 통독해야 하므로 본서를 한번에 읽고 성경은 통독일에 맞춰 읽는 것이 좋습니다.

잠자다가 패한 일을 상기시킨다(계 3장). BC 546년 고레스는 우연히 한 병사가 떨어뜨린 투구를 주우려고 비밀 통로로 내려오는 것을 보고 거기를 집중 공략하여 성을 함락시켰다.

고레스는 페르시아에서 사데에 이르는 길을 새롭게 단장하여 '왕의 도로'라 칭했다. 이 길은 사데의 금이 오가서 그랬는지 '황금길'이라고도 불렀다. 사데는 바벨론 포로 중 일부가 가서 정착한 도시로 알려졌다.

> 사로잡혔던 이스라엘의 많은 자손은 가나안 사람에게 속한 이 땅을 사르밧까지 얻을 것이며 예루살렘에서 사로잡혔던 자들 곧 스바랏(사데)에 있는 자들은 네겝의 성읍들을 얻을 것이니라 옵 1:20

고레스는 바벨론 주변의 주요 교통로를 장악하고 바벨론을 압박해 갔다. 결국 10년가량 왕궁을 비우고 아라비아의 데마에 고고학 발굴을 구실로 나가 있던 나보니두스는 민심을 잃고 고레스의 공격에 무너진다. 고레스가 BC 539년 티그리스강가의 오피스에서 바벨론 군대를 무찌르고 바벨론으로 입성한다.

: 57일

오늘 읽을 분량

성경 시 2, 9, 10, 45, 67, 75, 79, 82, 85, 88, 91, 92, 94, 97, 98, 113, 115-117, 120, 123, 130, 137, 148, 150

본서 270-292쪽

성경의 맥 잡기

1. 할렐루야로 시작하는 시편들: 111-113, 146-150
2. 시편의 저자 중 찬양을 담당하는 아삽과 고라의 시가 다수 있다.
3. 성전에 올라가며 부르는 노래는 시 120-134이다.

신구약 연결 포인트

1. 시 2는 행 4:26에서 교회를 대적하는 세력을 말할 때 인용된다.
2. 시 91에서는 그리스도가 뱀을 발로 누르리라고 예언한다.

묵상 가이드

1. 다수의 시편들은 포로기 이후에 제작되었거나 수집되었다.
2. 성전에 올라가는 계단은 운율에 따라 만들어 놓았다.

/ 사금이 나왔다는 사데의 시냇가

// 사데는 고레스에게 포위되었을 때 자다가 점령당했다.

/// **자다가 점령당한 사데의 교회**
아폴로 신전의 왼쪽 작은 건물이 사데 교회다.

/ 다니엘 환상에 숫양으로 등장한 바사의 고레스

// 고레스의 이름이 언급된 블럭

포로 귀환

메대와 페르시아의 왕 고레스 2세는 점령지에 다신교적 종교 포용 정책을 폈다. 정치-경제-군사 등을 굴복시키는 반면 종교는 허용했다. 목숨을 건 종교적 다툼을 원천적으로 제거하기 위한 지혜였다. 고레스는 집권한 다음 해(BC 538)에 바벨론에 의해 포로로 끌려온 사람들에게 고국으로 돌아가 신전을 지으라고, 그런 다음 자신과 자신의 집을 위해 기도하라고 칙령을 내렸다. 가장 큰 혜택을 입은 민족은 끝까지 믿음을 지킨 유대인이었다.

여기서, 묵상

이사야는 고레스의 등장을 예언하면서 그는 여호와께서 임명한 목자라고 한다. 그의 정책은 결국 성전 건축의 기초를 다지게 하였다(사 44:28).

이 정책은 이후의 모든 제국이 다신교 정책을 받아들이도록 하여 유대에서는 다윗의 왕권이 사라지고 제사장권이 강화되었고, 복음적으로는 모든 신앙을 인정함으로 자유롭게 복음을 전하는 초석이 되었다.

메대왕 다리오

고레스는 앗수르나 바벨론과 달리 종교 포용 정책(헬라와 로마도 이 제도를 따름)을 폈고 페르시아라는 장수하는 대제국을 이룰 수 있었다. 고레스의 종교 포용 정책은 유다에게는 구세주나 마찬가지였다.

메대의 다리오와 바사의 다리오를 구분하여 생각해야 하는데 다니엘이 사자 굴에 들어갈 때 다리오는 메대의 다리오다. 그가 바로 아하수에로(아스티아게스)의 아들이며(단 9:1) 고레스의 장인인 키악세레스 2세다.

페르시아왕 캄비세스 2세

고레스 2세의 아들 캄비세스 2세가 왕이 되어 BC 525년 이집트를 정복했다. 이집트는 완전히 페르시아 수중에 들어갔다.

페르시아왕 다리오

캄비세스 2세의 갑작스런 죽음으로 왕권을 둘러싼 2년간의 내전을 치른 후 다리오가 왕이 되었다. 그는 고레스왕의 부친 고레스 1세의 형제인 '아리야'의 증손으로 정통성 있는 왕은 아니었으나 혼란스런 왕국을 빨리 수습하고 새로운 수도로 파사르가다 남쪽에 '페르세폴리스'를 건설하기 시작했다. 다리오왕은 지중해 서쪽 헬라의 신흥 도시국가를 제압할 목적으로 원정을 감행하였다.

1차 원정이 BC 490년의 마라톤 전투다. 완강하게 저항하던 아테네 군사들은 침략을 막는 데 성공하자 그 기쁜 소식을 전령을 통해 보냈다. 그는 열심히 달려 승리의 소식을 전하고 죽었는데, 전령 페이디피데스가 달린 42.195km를 기념하여 올림픽 경주의 마라톤이 탄생했다.

왕	연대(BC)	관련 사건과 선지자
고레스	559-529	고레스 칙령(538)
캄비세스	528-523	살해
스메르디스	522	
다리오 1세	522-486	학개(520) 스가랴(520-515) 마라톤 전투(490)
아하수에로	485-465	에스더(474) 살라미스 전투(480)
아닥사스다 1세	464-424	에스라(457-444) 느헤미야(445-425)
다리오 2세	423-405	말라기(450-400)
다리오 3세	335-331	잇수스 전투(333) 아르벨라 전투(331)

FOCUS ON
성경 속 역사

세계 4대 해전

제1대 해전: 한산도 해전 (AD 1592)

1592년 7월 8일, 임진왜란에서 이순신 장군이 이끄는 조선 수군이 일본의 함선 70여 척을 한산도에서 격파한 해전. 조선 군선 5척으로 일본 함대를 한산도 앞바다로 유인, 주변에 매복해 있던 군선으로 학익진을 펴 47척을 분멸 · 격침하고 12척을 나포, 수많은 적을 무찔렀다.

제2대 해전: 트라팔가 해전(AD 1805)

영국과 프랑스-스페인 연합의 전투로서 나폴레옹 시대에 일어났다. 10월 21일, 스페인 남단의 트라팔가에서 교전, 수시간의 격전 끝에 넬슨 제독이 이끈 영국 함대가 프랑스 함선을 격침 또는 포획하고 대승리를 거두었다. 프랑스 측의 전사자는 8000명이었는데 비해 영국 측 전사는 1600명이었다.

제3대 해전: 칼레 해전(AD 1588)

스페인이 영국을 침략하려고 일으킨 해전이다. 영국 드레이크 제독이 이끄는 75척 함대가 스페인 메디나 공이 이끄는 130척 함대를 이겼으며, 해가 지지 않는 나라 영국을 만드는 토대를 제공했다.

제4대 해전: 살라미스 해전(BC 480)

제3차 페르시아 전쟁 중인 BC 480년 9월 23일, 아테네 함대를 주력으로 한 그리스 연합해군이 살라미스 해협에서 우세한 페르시아 해군을 괴멸시킨 해전이다. 아테네의 테미스토클레스가 이끄는 그리스 380척이 페르시아 780척 함대와 싸워 이겼다. 이때 아테네의 전사자는 200명, 페르시아는 6000명 수준이었다.

페르시아왕 아하수에로 58일

얼마 지나지 않아 일명 크세르크세스라 불리는 다리오의 아들 아하수에로가 왕위를 이었다. 그는 BC 480년 대규모 원정을 시작하여 아테네까지 점령했으나 스파르타로 향하는 살라미스 해상에서 패전하고 육지에서도 고전을 면치 못하다가 물러선다. 영화 〈300〉의 배경이다.

수산-에스더

에스더가 결혼한 왕이 바로 아하수에로다. 돈 많은 하만이 궁중에 들어올 수 있던 것도 살라미스 전쟁과 무관하지 않다. 아하수에로는 집권 3년 차에 나라의 안정을 찾았으며 페르세폴리스, 악메다(Ecbatana), 바벨론, 수산 이 네 궁전을 중심으로 통치하고 있었다. 수산궁은 겨울궁전이었는데, 그곳에서 잔치를 열고 취중에 왕비 와스디를 불렀다가 문제가 생겼다. 자존심을 합리화하느라 왕비를 폐위하고 에스더를 왕비로 세웠다. 그러나 에스더가 왕비가 되는 때는 통치 7년 차다(에 2:16).

BC 485년에 왕이 된 아하수에로는 3년 차인 BC 483년에 잔치를 열고, 7년 차인 BC 479년에 에스더를 왕비로 삼았다. 그 사이 BC 480년에 살라미스 전쟁을 치렀다. 아하수에로는 전쟁 직후에 에스더를 왕비로 삼았을 뿐 아니라 전쟁에 재정을 쏟아붓고 각종 건축에 힘을 쓰느라 재정이 부족한 상태였다.

이런 배경에서 페르시아에서 가장 극적인 사건인 에스더서 사건이 벌어졌다. 왕비의 반항으로 에스더에게 기회가 왔지만 거상으로 활동하던 아말렉 족속의 족장 아각의 후손 하만에게도 재정의 부족이 기회가 되었다.

페르시아의 수도 수산(수사)에서 벌어진 이 드라마는 이스라엘의 초대 왕 사울이 아말렉 족속의 두목인 아각을 이겼지만 욕심에 이끌려 아말렉을 완전히 진멸하지 못한 결과로 이어진 후편 같다. 베냐민 사람 모르드개와 에스더는 아각의 자손 하만의 음모를 역전시킨다. 이 극적인 이야기를 왕국의 꿈을 못 다 이룬 사울과 아말렉의 관계를 생각하며 읽어 보라. 모르드개는 에스더에게 중요한 결단을 촉구했다.

: 58일

오늘 읽을 분량

성경 에 1-10, 슥 9-14

본서 270-292쪽

성경의 맥 잡기

1. 에스더가 왕후가 되었으나 아말렉 왕족 아각의 후손인 하만이 등극하여 유다인을 죽이려는 계획을 세움
2. 역전이 되어 하만 자신이 죽고, 이스라엘은 구원받아 부림절로 지킴

신구약 연결 포인트

1. 슥 9:9에서 예수님이 나귀를 타고 입성할 것을 예언

묵상 가이드

1. 아하수에로는 BC 480년 살라미스 전투에서 실패하고 궁전에 돌아와 건축에 집중하다 왕후의 무시를 받았다.
2. 베냐민 지파의 모르드개, 에스더와 아말렉의 하만은 삼상 15장의 사울왕과 아각왕 전쟁의 후반전을 생각나게 한다.

에스더 Esther

אֶסְתֵּר

페르시아어. 원래 이름인 הֲדַסָּה 하닷사는 myrtle(도금향)이라는 뜻이다.

구분		내용
역사	정치	바사-아하수에로(BC 485-465)
	사건	살라미스 전투(BC 480), 전쟁 후 아하수에로 건축 몰두, 왕비 선택, 하만과 모르드개 대결로 유대인 위기 중 대역전
지리		바사의 수산궁

성경	1장	2장	3장	4장	5장	6장	7장	8-9장	10장
	왕의 잔치와 왕비 폐위	에스더 왕비	하만과 모르드개	에스더 결심	왕과 면담	모르드개 보상	하만 처형	부림절	모르드개 권세

에스더서 개요

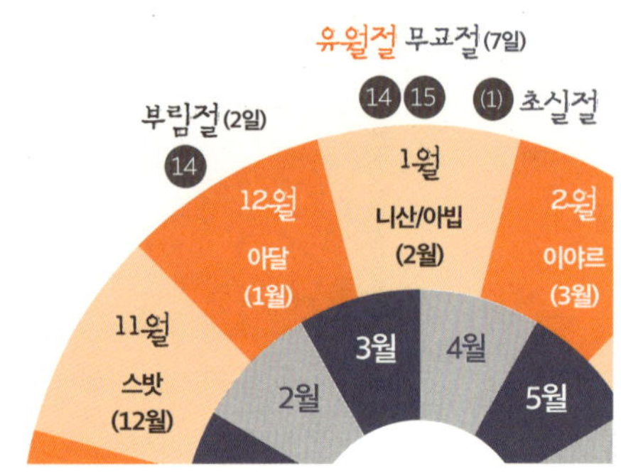

/
각 지방, 각 읍, 각 집에서 대대로 이 두 날을 기념하여 지키되 이 부림일을 유다인 중에서 폐하지 않게 하고 그들의 후손들이 계속해서 기념하게 하였더라(에 9:28)

이때에 네가 만일 잠잠하여 말이 없으면 유다인은 다른 데로 말미암아 놓임과 구원을 얻으려니와 너와 네 아버지 집은 멸망하리라 네가 왕후의 자리를 얻은 것이 이때를 위함이 아닌지 누가 알겠느냐 하니 에4:14

에스더도 이 말에 "죽으면 죽으리라"고 대답하면서 나라와 민족을 살린다. 이 구원의 날을 기념하여 부림절이 생겼다. 하만이 유다인을 죽이려 한 날이 역전되어 그 대적을 쳤다. 유대력 12월 14-15일로 우리나라 대보름 즈음 유대인은 부림절을 지킨다.

부림절에는 회당에서 에스더서를 크게 읽고, 술을 취하도록 마시고 바닥을 두드리면서 크게 노래를 부르는 풍습이 있다. 특별히 세모난 쿠키, 일명 '하만의 귀'를 아그작거리면서 먹는다. 또한 그때 두려움 때문에 다른 민족으로 가장한 날을 기념하여 각 나라 복장을 하고 가장무도회를 연다.

모르드개의 등극은 유대인의 지위도 바꾸어 놓았다. 이어지는 아닥사스다왕 때 에스라가 왕의 고문처럼 일하고 가장 중요한 직위 중 하나인 술 맡은 관원장을 느헤미야가 담당한 것은 모르드개 이후 인정받은 유대인의 충성심에 대한 결과물이라 할 수 있다.

페르시아왕 아닥사스다 59일

그리스 원정에 실패한 아하수에로는 BC 465년에 쿠데타로 최후를 맞고, 아닥사스다가 왕위에 오른다. 이때 그리스와 이집트가 양면 작전을 편다. 남쪽 이집트의 반란과 그리스의 압력에 직면한 아닥사스다왕은 그리스와 평화 조약을 맺는다. 칼리아스 평화 조약에서 페르시아는 소아시아 해변, 헬라인이 거주하던 이

/
에스더의 발탁은 아하수에로가 헬라 원정에 실패한 후 이루어진 것으로 보인다.

//
부림절에만 먹는 하만의 귀 과자

오니아의 독립을 인정했다. 거기다 그리스 본토와 이오니아 사이의 바다, 에게해에 관한 그리스의 권한을 인정했다. 이때 이집트도 거의 독립하였다. 아닥사스다는 이집트가 더 북쪽으로 올라오는 것을 막을 필요가 있었다. 이를 위해서 유대인의 도움이 절실했다.

에스라
Ezra

עֶזְרָא
'그 도움'이라는 뜻으로 '돕다'라는 뜻을 가진 עזר 아자르에서 온 이름

역사	정치	바사-고레스(BC 559-529), 캄비세스(BC 528-523)다리오 1세(BC 522-486), 아하수에로(BC 485-465), 아닥사스다(BC 464-424) 유다-느헤미야(BC 444—425)							
	사건	고레스 칙령(BC 538), 마라톤 전투(BC 490), 살라미스 전투(BC 480), 성전건축 완성(BC 516), 에스라 귀환(BC 457)							
지리		유다 예루살렘 성전 건축							
성경		1장	2장	3장	4장	5장	6장	7-8장	9장
		고레스 칙령과 1차 귀환	인구 조사	성전 재건 시작	성전 재건 중단	성전 재건 재개	성전 완성	에스라 주도로 2차 귀환	예루 살렘 부흥 운동

느헤미야
Nehemiah

נְחֶמְיָה
'여호와가 위로하신다' '위로하다' נחם 나함+여호와의 약자 יָה

역사	정치	바사-아닥사스다(BC 464-423) 유다-느헤미야							
	사건	마라톤 전투(BC 490), 살라미스 전투(BC 480), 에스라 귀환(BC 457), 느헤미야 총독부임(BC 444—425)							
지리		유다 예루살렘 성벽 건설							
성경		1-2장	3장	4-6장	7장	8-10장	11장	12장	13장
		느헤 미야 주도로 3차 귀환	성벽 건설 할당	방해	인구 조사	언약 갱신	거주지 조정	성벽 봉헌식	개혁 운동

: 59일

오늘 읽을 분량

성경 스 7-10, 시 42-43, 48, 76, 84, 87, 102, 121, 125-126, 129, 134, 146, 149(시온의 시들)

본서 270-278쪽

성경의 맥 잡기

1. 바사왕 아닥사스다 때 학사 에스라의 인도로 바벨론 2차 귀환
2. 에스라가 도착해 예루살렘에서 성전 재건 후 말씀 부흥 운동을 일으킨다.

신구약 연결 포인트

1. 에스라의 율법을 전통으로 만들어 사용했던 종파가 바리새파였다.
2. 시 42-149는 모두 예루살렘, 시온을 향한 찬양이다.

묵상 가이드

1. 모르드개는 자기 민족을 관직에 올렸고, 아하수에로에 이어 왕이 된 아닥사스다왕 때 에스라와 느헤미야가 관직에 오른 데 일익을 담당했다.
2. 에스라는 구약성경을 집대성한 사람으로 알려졌고, 포로기 이후 말씀을 바로 세운 인물이다.
3. 시온 찬양시을 읽으며 지형적인 특징을 살펴보라.

/
에스라서 개요

//
느헤미야서 개요

에스라와 느헤미야

아닥사스다왕 때 이집트가 반란을 일으키면서 유다에 안정된 정권이 필요했던 페르시아는 2차와 3차 유대인의 귀환을 자연스럽게 허락해 주었다. 정신적인 안정을 위해 학사였던 에스라를 보내 반란 후 사태를 수습하려 했다. 특히 왕의 술 맡은 관원장으로 일하던 느헤미야의 역할이 중요했다. 쿠데타로 직전 왕이 죽은 상황에서 왕을 독살하는 도구로 많이 사용된 술은 가장 신임하는 자에게 맡길 수밖에 없기 때문이다.

내부인을 믿을 수 없던 왕은 충성스런 유대인을 경호실장으로 세웠는데 그의 안색이 좋지 않은 것은 왕에게 심각한 위협이 되었다. 이를 기회 삼아 느헤미야는 고향에 총독으로 파견해 달라 요청하고 허락까지 얻어 낸다. 이렇게 해서 고향으로 돌아온 느헤미야는 예루살렘 성벽을 52일 만에 완성시켰다. 유다로서는 성전을 보호하는 성벽이지만 페르시아로서는 충신의 도시를 얻는 것이다.

페르시아왕 다리오 2세

아닥사스다 사후에 크세르크세스 2세가 2개월도 다스리지 못하고 다리오 2세가 정권을 잡는다. 그는 그리스 내부에서 벌어진 30년에 걸친 펠로폰네소스 전쟁(BC 431-404년)으로 그리스의 힘이 약화된 틈을 타 소아시아 주변 여러 그리스 도시를 재탈환했다.

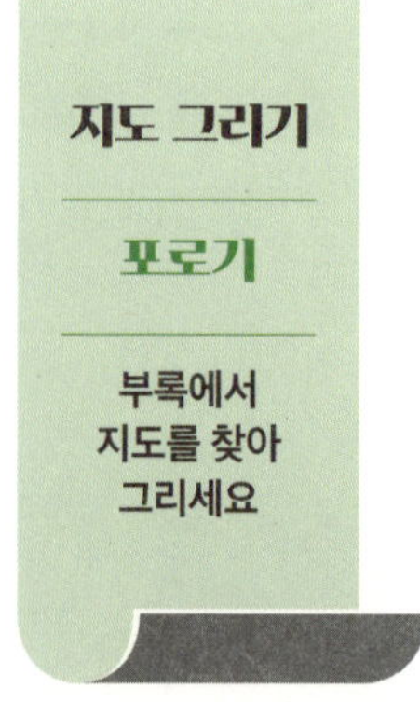

| 포로 귀환 후 정착 |

튼튼히 세우는 하나님 나라 공동체

성경 에스라; 느헤미야; 에스더; 학개; 스가랴; 말라기 **연대** BC 538-332

역사적 배경 아닥사스다 통치

핵심 본문 1-3차 포로 귀환, 성전과 성벽 재건, 메시아 예언

지도 포로 귀환기

페르시아 제국

고레스-다리오-아하수에로로 이어진 페르시아의 부흥은 제국을 절정에 이르게 했다. 이때 유다는 종교적으로는 독립했지만 정치적으로는 식민지였다. 그렇기에 포로 귀환과 성전 건축, 성벽 건설은 페르시아의 정치 상황과 밀접한 관련을 가질 수밖에 없었다. 앞에서 살펴본 것을 도표로 정리하면서 국제 정세와 성경의 관계를 알아보고자 한다.

페르시아는 아닥사스다 이후 다리오 2세가 왕이 되어 잠시 중흥을 이루는 듯했으나, 아닥사스다 2세 때 각지의 총독이 반란을 일으키는가 하면 이집트가 독립하였다. 다리오 3세에 이르러서 왕국은 몰락기로 접어든다.

한편 그리스에서 아테네와 스파르타가 주도권을 놓고 30년을 싸우는 동안 북쪽 마게도냐의 왕 빌립 2세가 세력을 확장해 나갔다. 그는 아들 알렉산더가 태어났을 때 남쪽 헬라를 정복하고 통일 그리스를 만들었다. 그의 꿈은 페르시아 보복이었지만 사후 아들에게 그 공이 넘어갔다. 알렉산더가 다리오 3세와 대결하여 페르시아를 붕괴시킨 것이다. 자세

한 부분은 중간기에 보도록 하자(신약편 참고).

다음은 페르시아(바사) 왕의 주요 사적과 성경과 관련된 표다. 왕을 성경의 인물과 사건에 매치시켜 보라.

페르시아왕

왕	연대(BC)	인물	성구	비고
고레스	559-529	다니엘	스 1-6장; 단 1-10장	고레스 칙령(538)
캄비세스	528-253			이집트 정복 혼란기
스메르디스	522			
다리오 1세	522-486	학개(520) 스가랴(520-515) 다니엘	스 5:6; 단 11:1	마라톤 전투(490)
아하수에로 (크세르크세스)	485-465	에스더(474)	에 1:1	살라미스 전투 (480)
아닥사스다 1세 (롱기마누스)	464-424	에스라(457-444) 느헤미야(445-425) 말라기(450-400)	스 4:7-23, 7-10장	
다리오 2세	423-405	말라기(450-400)		펠로폰네소스 전쟁 (431-404)
아닥사스다 2세	404-358			이집트 독립 (404-341)
아닥사스다 3세	358-335			
다리오 3세	335-323			알렉산더 점령(323)

포로에서 귀환하다: 1-3차에 걸쳐 돌아옴

고레스 칙령 스 1:1-4

BC 538년 10월 말 고레스가 바벨론에 입성했을 때 그는 바벨론의 신 마르둑 신앙을 허락했다. 바벨론은 그를 질서의 회복자로 여겼다. 유다인에게도 기쁜 날이었다. 성경은 여호와께서 고레스를 감동시켜 예루살렘 성전을 건축하게 하였다고 한다.

1 바사왕 고레스 원년에 여호와께서 예레미야의 입을 통하여 하신 말씀을 이

궁금해요

일신교와 다신교 그리고 유일신교

다니엘이나 느헤미야서를 보면 유다인들은 자신의 정통을 고수하였고 '하나님이 누구신가'를 알 수 있는 좋은 기회로 삼았다. 하나님은 바벨론을 이은 페르시아(바사) 제국의 초대 왕 고레스를 감동시켜 유다인을 고향으로 돌려보냈다.

고레스는 페르시아의 신을 강요하지 않았다. 종교 관용 정책은 다신교 신봉국가(헬라, 로마)의 것이지만 일신교(조로아스터교)의 나라 페르시아가 그것을 허락하였다. 그러나 우리는 여기서 일신교와 유일신교를 혼동해서는 안 된다.

일신교는 지역 신 개념이 강하다. 민족과 지역마다 고유의 신이 있다고 여긴 것이 일신교다. 그래서 사마리아에 이주한 이민족은 사마리아 신을 섬겨야 한다고 생각해서 앗수르에 사마리아 지역 종교 제사장을 요구했다.

> 그러므로 어떤 사람이 앗수르왕에게 말하여 이르되 왕께서 사마리아 여러 성읍에 옮겨 거주하게 하신 민족들이 그 땅 신의 법을 알지 못하므로 그들의 신이 사자들을 그들 가운데에 보내매 그들을 죽였사오니 이는 그들이 그 땅 신의 법을 알지 못함이니이다 하니라 왕하 17:26

그러나 유다인이 믿는 여호와 신앙은 유일신교다. 유다인은 어느 곳을 가건 그 지역의 신을 섬기지 않았다. 그들은 참된 신은 여호와밖에 없음을 고백했기 때문이다. 이 순수 전통을 잊어버린 북이스라엘은 여호와를 위한 종교개혁을 할 때마다 부속신인 아세라 신을 남겨 두는 등 혼합 신앙의 길을 걷다가 신앙의 정통에서 멀어졌다. 여호와께서 유다를 여호와 신앙의 계승자로 삼은 것도 이런 이유다.

바사왕 고레스 비문
고레스는 바벨론 정복 후 포로에게 종교의 자유를 주어 각기 고국으로 돌아가 성전을 건축하고 왕을 위하여 기도해 주라 했다. 정치적으로는 여전히 식민지였으므로 자연스럽게 제사장권이 강화되었다.

루게 하시려고 바사왕 고레스의 마음을 감동시키시매 그가 온 나라에 공포도
하고 조서도 내려 이르되 2 바사왕 고레스는 말하노니 하늘의 하나님 여호와
께서 세상 모든 나라를 내게 주셨고 나에게 명령하사 유다 예루살렘에 성전
을 건축하라 하셨나니 3 이스라엘의 하나님은 참 신이시라 너희 중에 그의 백
성 된 자는 다 유다 예루살렘으로 올라가서 이스라엘의 하나님 여호와의 성
전을 건축하라 그는 예루살렘에 계신 하나님이시라 4 그 남아 있는 백성이 어

느 곳에 머물러 살든지 그곳 사람들이 마땅히 은과 금과 그 밖의 물건과 짐승으로 도와주고 그 외에도 예루살렘에 세울 하나님의 성전을 위하여 예물을 기쁘게 드릴지니라 하였더라 스 1:1-4

바벨론 마르둑 신전에서 발견된 원통 비문에서 바사의 종교 정책을 읽을 수 있다. 착각하지 말 것은 종교의 자유였지 정치적 자유가 아니었다는 점이다. 예수님 시대에 제사장권이 강화된 것도 고레스의 이런 정책이 이후로 계속 이어졌기 때문이다.

귀환 당시 상황

바사왕 고레스가 바벨론 제국을 무너뜨리면서 종교의 자유를 주었다. 그래서 유다인에게 두 가지 혜택이 돌아왔다. 첫째는 포로로 잡혀온 유다인이 돌아갈 기회를 얻었다. 둘째는 돌아가서 국비로 성전 건축 허가를 받았다.

시편 126편은 유다인의 이때 마음을 잘 표현한다.

1 여호와께서 시온의 포로를 돌려 보내실 때에 우리는 꿈꾸는 것 같았도다…
4 여호와여 우리의 포로를 남방 시내들같이 돌려보내소서
5 눈물을 흘리며 씨를 뿌리는 자는 기쁨으로 거두리로다
6 울며 씨를 뿌리러 나가는 자는 반드시 기쁨으로 그 곡식 단을 가지고 돌아오리로다 시 126:1-6

고레스 칙령이 발표될 때 꿈꾸는 것 같았다. 남방(네게브)의 시내는 빠른 속도로 염해(사해)를 향해 달려간다. 남방은 비가 오면 100배를 얻고 오지 않으면 아무것도 얻지 못하는 땅이다. 이곳에서 농사는 하나님만을 의지하고 눈물로 씨를 뿌려야 하는 일이었다. 아브라함과 이삭, 야곱의 신앙으로 바벨론 포로기에 끝까지 신앙을 지켰던 사람들이 정금같이 되어 돌아오는 시간이었다. 눈물로 믿음을 지켰던 이들이 기쁨으로 돌아오게 되었다.

바벨론 1차 귀환-스룹바벨과 여호수아 인도

돌아오는 일이 순탄하지만은 않았다. 한 번에 모두 돌아온 것이 아니라 몇 차례

에 걸쳐 예루살렘으로 돌아왔다. 제1차 귀환은 예루살렘 멸망 70년이 되는 BC 538년에 고레스의 칙령으로 스룹바벨이, 제2차 귀환은 BC 457년 학사 에스라가, 제3차 귀환은 BC 444-425년에 느헤미야가 인도했다.

포로로 잡혀갈 때도 3차에 걸치더니 돌아올 때도 3차에 걸쳐 돌아왔다. 지도에서 그 흐름을 한눈에 볼 수 있다(지도 포로기).

1차로 출발한 장소는 니푸르 근처로 추정된다. 바벨론 포로들이 살았던 곳으로 추정되는 니푸르에서 출토된 토판 지도(BC 1500년경)에 운하가 기록되어 있다. 바벨론 상류에서 갈라진 유브라데강이 니푸르를 지나 다시 합쳐진다. 이 수로가 출토된 토판에는 '나리 가바리'(Nari-Kabari)로 기록되어 있는데 에스겔 1:1, 3의 '그발강'으로 추정된다.

고레스 칙령은 종교의 자유가 주어진 사건이다. 각 민족이 자기들의 신전을 지을 수 있는 허가가 떨어진 것으로 신앙을 굳건히 지킨 유다인이 최고의 수혜자가 되었다.

여기서, 묵상

유다인들은 거의 1만 6000km나 되는 길을 걸어 고향으로 돌아왔다. 순금처럼 단련된 자들만이 바벨론에서 돌아왔다. 풍조에 휩쓸려 주변인과 타협한 혼혈인은 돌아오지 못했다. 가룟 유다와 같이 배반한 자들은 타국에서 죽어야 했다.

이제 제2의 도약이 시작된다. 솔로몬 성전은 무너졌지만 새로운 성전을 세우는 시대가 왔다. 남은 자들에 의한 제2성전 시대를 시작한다.

성전-건축 독려: 학개, 스가랴

에스라는 2차 귀환 때 돌아온 사람이지만 1차 귀환까지도 정리해 놓아 에스라서를 통해 당시 상황을 알 수 있다. 느부갓네살에게 빼앗겼던 성전의 기물도 거의 찾아왔다.

지도자는 세스바살 총독이었다. 그러나 얼마 지나지 않아 스룹바벨이 주도권을 잡는다. 둘이 동일하다고 보는 사람도 있지만 대부분이 다른 인물로 본다. 아마도 스룹바벨은 세스바살의 조카인 것 같다. 그는 돌아오자마자 민수기처럼 인구조사를 한다.

> 온 회중의 합계가 사만 이천삼백육십 명이요 스 2:64

이 숫자는 노비 7337명과 노래하는 자 200명을 제외한 숫자이므로 합치면 4만 9897명이 된다. 약 5만 명이 돌아온 것이다.

돌아온 사람들은 각자의 도시로 가서 정착할 권한을 가졌다. 그들은 유다와 베냐민 산지와 남쪽 네게브, 쉐펠라 일부에 정착하였다.

그들의 첫 번째 과제는 성전 건축이었다. 얼마 지나지 않아 기초를 놓았고 모두 큰 소리로 기뻐하였다. 그중에는 솔로몬 성전을 보았던 사람도 있었다. 예루살렘이 완전히 멸망한 BC 586년에 3차 포로로 끌려간 사람이라면 돌아온 BC 538년이 48년밖에 지나지 않았기에 솔로몬 성전을 보았을 것이다. 이미 언급했듯이 예레미야의 70년을 BC 605년 1차 포로를 기준으로 보면 문제가 없다.

성전 건축은 생각처럼 쉽지 않았다. 폐허에서 솔로몬의 영광을 재현한다는 것은 거의 불가능했다. 고레스가 지원했다고는 하나 이는 다른 국가에도 허용한 일반 칙령에 지나지 않았다. 더구나 주변의 훼방으로 성전 건축이 몇 차례 중단되기도 했다. 훼방을 놓은 사람은 주로 성전 재건에 참여할 것을 요구했다가 거절당한 사마리아인들이었다.

BC 521년 바사왕 다리오가 왕위에 올랐을 때 학개와 스가랴가 성전 재건을 위해 유대인을 일깨웠다. 총독 스룹바벨과 대제사장 여호수아가 이 일을 주도했다. 결국 BC 536년에 시작한 성전 재건이 BC 534년에 일시 중단되었다가 14년 후인 BC 520년에 재개되어 BC 516년, 시작한 지 20년 만에 완성을 보았다.

성전 시대의 성전산 주변
스룹바벨과 여호수아는 솔로몬 성전의 기초를 놓는 데 성공했으나 이후 20년간 성전 재건이 중지되었다.

이 과정이 에스라서에, 영적인 면을 각성시킨 내용은 학개와 스가랴서에 상세히 기록되어 있다. 이 시점에서 관련된 세 성경을 모두 읽어 보는 것이 좋겠다. 이제까지 언급했던 몇 구절과 배경을 마음에 두고 읽어 보라.

선지자 학개: 성전 건축 독려

'축제'라는 뜻을 가진 학개는 이스라엘의 3대 절기(무교절, 오순절, 초막절) 중 한 시기에 출생한 것 같다. 그도 포로로 끌려갔다가 돌아온 인물로 본다.

학개는 바사왕 다리오 2년인 BC 520년 네 달 동안 예언하였으며, 유대력 6월 1일과 7월 27일에 선포되었다. 당시 유다 총독이자 다윗의 자손인 스룹바벨과 아론의 자손인 대제사장 여호수아에게 말씀이 선포되었다.

학개는 이스라엘이 노력했음에도 그대로 이루어지지 않은 데는 우선순위의 문제가 있음을 선포했다. 감동받은 사람들은 6월 24일 공사를 시작했다. 특히 스룹바벨이 독려하여 성전을 건축하도록 했다. 이때 동참한 선지자가 스가랴다.

헤롯 성전
솔로몬이 만든 성전이 1성전, 스룹바벨이 만든 성전이 2성전이다. 이후 헤롯 때까지 2성전은 계속 리모델링되었다.

학개
Haggai

חַג+יהוה = חַגַּי

하가이 = 여호와+하그(축제)=여호와의 축제

역사	정치	바사-다리오 1세(BC 522-486), 유다-스룹바벨과 여호수아, 학개(BC 520년 4개월)			
	사건	마라톤 전투(BC 90), 성전 건축 재개			
지리		예루살렘 성전 건축			
성경		1장	2:1-9	2:10-19	2:20-23
		BC 520.6.1(음) 성전 건축 지연 책망	7.21 건축 격려	9.24 두 번째 책망	9.24 다시 격려

학개서 개요

선지자 스가랴: 예수님 오심을 노래하다

'여호와께서 기억하신다'라는 뜻을 가진 선지자의 이름대로 스가랴는 경고와 함께 격려에 초점을 맞춘다.

1장에서는 권면을 하고 이후 6장까지 묵시적인 환상을 보여 주며 9장부터는 주변 나라의 심판과 예루살렘의 구원을 노래한다. 학개가 현재 인물에 초점을 맞추었다면 스가랴는 앞으로 닥칠 다른 제국과 이스라엘의 회복, 특히 예수님의 오심을 노래한다.

스가랴는 스룹바벨을 격려하면서 이렇게 선포한다.

6 그가 내게 대답하여 이르되 여호와께서 스룹바벨에게 하신 말씀이 이러하

니라 만군의 여호와께서 말씀하시되 이는 힘으로 되지 아니하며 능력으로 되지 아니하고 오직 나의 영으로 되느니라 7 큰 산아 네가 무엇이냐 네가 스룹바벨 앞에서 평지가 되리라 그가 머릿돌을 내놓을 때에 무리가 외치기를 은총, 은총이 그에게 있을지어다 슥 4:6-7

9장에서는 두로와 블레셋을 칠 알렉산더의 출현을 예언한다. 이어서 예수님이 예루살렘에 입성하시는 장면을 눈에 보듯이 선포한다.

시온의 딸아 크게 기뻐할지어다 예루살렘의 딸아 즐거이 부를지어다 보라 네 왕이 네게 임하시나니 그는 공의로우시며 구원을 베푸시며 겸손하여서 나귀를 타시나니 나귀의 작은 것 곧 나귀 새끼니라 슥 9:9

예수님이 배반당하여 죽임 당하시는 상황도 묘사한다.

여호와께서 내게 이르시되 그들이 나를 헤아린 바 그 삯을 토기장이에게 던지라 하시기로 내가 곧 그 은 삼십 개를 여호와의 전에서 토기장이에게 던지고 슥 11:13

예수님이 재림할 장소와 그 상황도 묘사한다.

4 그날에 그의 발이 예루살렘 앞 곧 동쪽 감람산에 서실 것이요 감람산은 그 한가운데가 동서로 갈라져 매우 큰 골짜기가 되어서 산 절반은 북으로, 절반은 남으로 옮기고 5 그 산 골짜기는 아셀까지 이를지라… 8 그날에 생수가 예

/
토기장이의 밭, 아겔다마
스가랴의 예언대로 예수님을 배반한 가룟 유다가 은 30으로 산 아겔다마 수도원이 담장에 둘러 있다.

//
남서쪽에서 본 감람산 전경
골짜기가 기드론 시내이고 오른쪽 가운데 산이 심판자가 서실 감람산이다.

루살렘에서 솟아나서 절반은 동해로, 절반은 서해로 흐를 것이라 여름에도 겨울에도 그러하리라 9 여호와께서 천하의 왕이 되시리니 그날에는 여호와께서 홀로 한 분이실 것이요 그의 이름이 홀로 하나이실 것이라 10 온 땅이 아라바 같이 되되 게바에서 예루살렘 남쪽 림몬까지 이를 것이며 예루살렘이 높이 들려 그 본처에 있으리니 베냐민 문에서부터 첫 문 자리와 성 모퉁이 문까지 또 하나넬 망대에서부터 왕의 포도주 짜는 곳까지라 슥 14:4-10

위 묘사는 예루살렘을 잘 이해할 때만 이해할 수 있다. 에스겔과 스가랴, 에스라, 느헤미야서를 이해하려면 예루살렘의 지형을 꼼꼼하게 살펴야 한다.

10절의 게바는 북쪽 베냐민 땅에 있고 엔림몬이라 불리는 림몬은 브엘세바로 가는 능선길의 마지막 산지 도시다. 아라바는 아라바 광야도 되지만 평지라는 뜻도 있다. '베냐민 문'은 예루살렘 북쪽, '첫 문'은 그 서북쪽 구석, '모퉁이 문'은 그 동북쪽 구석에 있다. '하나넬 망대'는 예루살렘 북쪽, '왕의 포도주 짜는 곳'은 그 남쪽에 있다. 정확한 위치는 예루살렘성을 다윗성과 성전산만으로 볼 것인가, 아니면 히스기야가 세운 성전으로 볼 것인가에 따라 다르다. 예루살렘 지형과 주변에 대하여는 귀환 후 중요한 사건들이 많이 일어나므로 좀 더 살펴보자.

스가랴
Zechariah

זכר + יהוה = זְכַרְיָה

제카르야 = 여호와+자카르(기억하다)=여호와가 기억하셨다

역사	정치	바사-다리오1세(BC 522-486)-아닥사스다 1세(BC 464-424), 유다-스룹바벨과 여호수아		
	사건	마라톤 전투(BC 490), 살라미스 전투(BC 480), 성전 건축 재개 및 완성		
지리		예루살렘 성전 건축 전후		
성경		1-6장	7-8장	9-14장
		건축 중: 여덟 환상	금식과 예루살렘 장래	건축 후, 미래 경고

스가랴서 개요

스가랴서를 통해 본 예루살렘의 지형

예루살렘은 유다 산지 능선에 위치한 그리 크지 않은 도시다. 동쪽으로는 유다 광야가, 서쪽으로는 숲이 우거진 소렉 골짜기와 아얄론 골짜기가 발달했다. 두 방향 모두 가파른 언덕으로 이루어져 있다. 남북으로는 다니기 편리한 능선길(족

남동쪽에서 본 예루살렘
동쪽은 감람산과 멸망산이 둘러싸고 남서쪽은 힌놈의 골짜기가 안전을 지키고 있다. 북쪽은 취약하여 망대들이 많이 있다.

장의 도로)이 뻗어 있다.

예루살렘성은 다윗이 차지한 여부스성에서 시작하여 성전산, 제2구역으로 확장되었다. 여부스족의 성은 다윗이 정복한 후 다윗성이라 불렸다. 다윗성은 예루살렘성의 유일한 샘인 기혼 샘을 성의 동쪽 기슭에 두었으나 샘이 적의 침입에 자주 노출되었다. 그런 이유로 히스기야왕이 앗수르 침략 때 수로를 뚫고 물을 끌어들여 실로암 연못을 만들었다. 다윗성은 솔로몬이 성전을 세운 성전산과 연결된 채 확장되었는데 양자 간 고도차를 줄이기 위해 선왕들은 오벨을 높이 쌓았다(대하 33:14).

예루살렘 성전 전체는 북쪽을 제외하고 가파른 경사지로 에워싸여 있다. 동쪽에 기드론 골짜기가 놓였고 그 너머로 광야와 예루살렘의 경계가 되는 감람산(올리브산)이 있다. 남쪽과 서쪽은 보기에도 음침한 힌놈의 골짜기가 에워싸고 있다. 계속 쓰레기장으로 사용되어 깊은 계곡이 많이 메워졌지만 그 경사도는 옛 지형을 추측케 한다.

도로는 남북으로 나 있는 족장의 도로가 예루살렘에 접근하기 가장 편리한 도로이고, 동서로는 가파르고 국한된 도로를 통해서만 접근이 가능하다. 시편과 역사서, 예언서에는 예루살렘의 지형이 자주 언급되어 있는데 시편의 대표적인 구절을 소개하면 다음과 같다.

> 터가 높고 아름다워 온 세계가 즐거워함이여 큰 왕의 성 곧 북방에 있는 시온 산이 그러하도다 시 48:2
> 예루살렘아 너는 잘 짜여진 성읍과 같이 건설되었도다 시 122:3
> 산들이 예루살렘을 두름과 같이 여호와께서 그의 백성을 지금부터 영원까지 두르시리로다 시 125:2

선지자 학개, 스가랴의 기록 요약

학개 선지자는 연대를 정확히 기록하였다. 이를 기초로 스가랴와 사건을 조합해 보면 다음과 같다.

BC 520. 8. 29　　학개 첫 번째 메시지(학 1:1-11; 스 5:1)

BC 520. 9. 21	성전 재건 속행(학 1:12-15; 스 5:2)
BC 520. 10. 17	학개 두 번째 메시지(학 2:1-9)
BC 520. 10-11월	스가랴 선포 시작(슥 1:1-6)
BC 520. 12. 18	학개 세 번째 메시지(학 2:10-19)
BC 520. 12. 18	학개 네 번째 메시지(학 2:20-23)
BC 519-518년	닷드내 성전 재건 고발(스 5:3-6:14)
BC 519. 2. 15	스가랴의 여덟 가지 환상
BC 519. 2. 16(?)	면류관을 쓴 여호수아(슥 6:9-15)
BC 518. 12. 7	회개를 요구하며 축복을 약속함(슥 7-8장)
BC 516. 3. 12	성전 봉헌(스 6:15-18)
BC 480년 이후	스가랴 마지막 예언(슥 9-14장)

에스겔의 성전 겔 40-48장

포로기 이후의 성경은 성전 건축과 예루살렘 재건에 초점을 맞춘다. 이는 영적으로 새롭게 거듭나는 과정이었다. 사방에 둘러싸인 적의 위협을 뚫고 성전과 성을 재건하는 일은 하나님을 믿는 철저한 신앙 없이는 불가능하기 때문이다. 학개와 스가랴 같은 선지자는 성전을 재건하는 영적인 지도자가 되었고, 에스라와 느헤미야는 예루살렘을 재건하는 데 필요한 영적 지도자로 활약하였다. 이 숙원 사업은 유대인이 느부갓네살에게 잡혀간 BC 597년 에스겔이 환상을 보면서부터 시작되었다. 예루살렘이 멸망하고 포로로 잡혀가기 시작한 때에 새 예루살렘을 그리며 건축을 계획한 것이다.

> 1 서른째 해 넷째 달 초닷새에 내가 그발강가 사로잡힌 자 중에 있을 때에 하늘이 열리며 하나님의 모습이 내게 보이니 2 여호야긴왕이 사로잡힌 지 오 년 그 달 초닷새라 겔 1:1-2

이 꿈은 1차로 느헤미야가 모두 이룬 것 같다. 에스라에 의하여 말씀이 선포되고 예루살렘의 성벽까지 재건되었으니 더 이상 바랄 게 없을 것 같았다. 그러나 성전 건축은 헬라 시대와 마카비 시대, 헤롯 시대, 심지어 예루살렘이 로마에게 멸망당하기 1년 전까지 계속되었다. 하나님의 나라는 이미 이루어진 것 같지만 아직 완성되지 않은 나라다. 여기서 신학자들이 말하는 '이미, 그러나 아직'(Already, but not yet)의 신학이 나온다.

이제부터 예루살렘으로 가서 역사의 세부 사항을 보는 것이 좋겠다. 예루살렘 중심의 역사가 지속되기 때문이다.

이미 언급하였듯이 에스겔은 여호야긴 왕과 함께 바벨론으로 끌려갔다. 그는 바벨론에서 예루살렘이 완전히 함락되었다는 소식을 들었고, 14년 뒤 새 예루살렘에 대한 환상을 보았다. 성전의 용도, 치수, 방향이 자세히 묘사되었다(겔 40-42장). 환상에서 성전이 완성된 다음 여러 의식과 섬기는 자의 규례를 언급한다.

그리심산의 신전
사마리아인들이 건설한 그리심산의 성전은 에스겔이 본 성전 환상 구조와 비슷하다. (사진: 황은성)

에스겔 47장에서는 유명한 성전에서 흘러나오는 생명수 환상이 나온다. 이 환상은 예루살렘의 지리를 잘 반영한다. 성전에서 나온 물은 자연히 동쪽 기드론 골짜기를 따라 유다 광야로 나간다. 그 똑같은 현상을 기혼 샘에서 볼 수 있다. 물은 메마른 유다 광야를 흘러 아라바(염해)로 들어간다. 생명수가 동쪽 광야를 흐를 때 좌우에 나무가 심히 많이 자라고 각종 신기한 실과가 열린다고 하였다. 불모지 같은 땅이 푸르름으로 뒤덮이고 신기한 나무로 가득 채워지는 것은 유대인에게 더없는 기쁨이다.

지금도 이따금 우기의 많은 강수로 기드론 골짜기에서 염해까지 이르는 유로가 물로 차곤 하는데 우리나라 장마 때의 흙탕물 같다. 예루살렘의 동쪽 가장 낮은 곳에 위치한 사해는 염해, 아라바해, 동해로 불렸다. 헬라인이 물고기가 살지 않는 염해를 '사해'라 불렀다고 한다. 이 사해가 생명수에 의하여 다시 살아나는 것은 부활의 현상과 같다. 이런 소생 지대는 한정되어 있다. 엔게디에서 에네글라임까지다.

에스겔서에는 하나님의 주권과 통치를 강조하기 위해 "여호와인 줄 알리라"는 말을 65회 이상 사용한다. 에스겔은 마지막장에서 새 예루살렘을 '여호와 삼마', 즉 '여호와가 거기 계시다'로 칭한다. 그분과 가장 가까이 있을 그 사람이 복 있는 사람이다.

동쪽에서 본 성전 모형
에스겔은 성전에서 물이 나와 동문으로 흘러 기드론 시내를 따라 남쪽으로 가다 동쪽으로 흐르는 생수의 강 환상을 본다.

여기서,
묵상

예수님이 요한복음 7장에서 외친 장면은 이 회복의 역사를 말해 주는 듯하다. 성령이 만물을 살게 한다.

> 37 명절 끝날 곧 큰 날에 예수께서 서서 외쳐 이르시되 누구든지 목마르거든 내게로 와서 마시라 38 나를 믿는 자는 성경에 이름과 같이 그 배에서 생수의 강이 흘러나오리라 하시니 39 이는 그를 믿는 자들이 받을 성령을 가리켜 말씀하신 것이라 요 7:37-39

그리고 마가 다락방에 임한 성령님은 결국 인류를 소생시키는 생수가 되었다.

기드론 계곡의 마르 사바 수도원
에스겔이 본 환상처럼 생수강이 기드론 계곡을 따라 흘러와 깊은 계곡을 가득 채우고 생명나무들이 좌우에 가득한 상황을 상상해 보라.

2차 귀환: 에스라 율법 스 7-8장

아하수에로의 뒤를 이은 아닥사스다왕 때 곳곳에 반란이 일어났다. 통치 초기에는 박트리아에서 형제 히스타스페스가 반기를 들었다가 진압되었다.

BC 460년 이집트에서 그리스 아테네의 도움을 받은 이나루스가 민족주의 반란을 일으켰으나 BC 455년에 평정되었다. 이때 유다가 다시 중요한 위치로 부상했다.

아닥사스다는 BC 457년 그의 통치 7년 5월 1일에 에스라와 함께 일단의 무리를 유다로 귀환시켰다(스 7:7-8). 바사의 우방을 세워 불안한 남쪽 상황을 안정시키려는 의도였다. 학자 겸 제사장 에스라는 왕의 지지를 받고 법관과 재판관으로 파견받았다(스 7:25).

2차 귀환자 중 제사장들이 있던 가시뱌 지방은 제사장이 집단적으로 거주하던 장소로 보인다(스 8:17). 금식으로 준비하고 떠난 귀환길은 다른 귀환보다 위험했다. 1754명이 4개월 정도 걸려 도착한 예루살렘은 주변 사람과 통혼하면서 사마리아화되고 있었다. 에스라는 금식하고 회개하여 영적 각성을 일으켰다. 1월 1일 바벨론을 출발하여 다음 해 1월 1일 이방 여인과 결혼한 사람의 조사를 마쳤다.

이후 힘 있는 개혁이 다음에 도착한 총독 느헤미야와 함께 이루어졌다.

3차 귀환: 느헤미야 성벽 건설 느 2-3장 60일

에스겔이 환상을 본 뒤로 스룹바벨과 여호수아, 학개, 스가랴 같은 인물의 격려에 힘입어 성전이 완성되었다. 그러나 시간이 지나면서 성전 중심의 신앙은 힘을 잃고 고전한다. 그 이유 중 하나가 예루살렘 성전을 보호하는 성벽의 부재였다. 예배 장소에 보호 장치가 없다 보니 사람들의 안전을 보장하기 어려웠고, 번번이 일어나는 약탈로 성전에 머무는 것이 꺼려졌다. 성벽이 없는 예루살렘은 수도의 역할을 할 수 없었다.

느헤미야의 직책은 요셉이 감옥에서 만난 관원처럼 술 맡은 관원장이었다. 아닥사스다의 아버지 아하수에로는 궁정 쿠데타로 죽었다. 그렇다 보니 술 맡은 관원은 가장 신뢰할 만한 사람이어야 했다. 왕의 부친 아하수에로가 모르드개를 신임하였듯이 그 아들 아닥사스다도 유대인 느

: 60일

오늘 읽을 분량

성경 느 1-13, 말 1-4

본서 292-297쪽

성경의 맥 잡기

1. 느헤미야의 3차 귀환과 예루살렘 벽 중수와 방
2. 성읍별 인구 조정과 성벽 봉헌식, 부흥 운동

신구약 연결 포인트

1. 성전 건축에서 성벽 봉헌은 사도행전처럼 예루살렘에서 유다, 사마리아, 땅 끝까지 확장되는 하나님 나라를 말한다.
2. 말 4:5에서 여호와의 크고 두려운 날 전에 엘리야가 온다고 했고 예수님은 그 사람이 세례 요한이라고 했다(마 17:10-11).

묵상 가이드

1. 느헤미야는 바사왕의 술 맡은 관원장에서 유다 총독으로 왔다. 이미 도착한 에스라와 함께 영적 부흥 운동을 함께 일으켰다.
2. 구약 마지막 선지자 말라기는 느헤미야 개혁 후반기에 사역했던 선지자로 본다.

/
학사이면서 제사장인 에스라는 어지러운 국제 정세에서 안정감을 가지게 하는 정신적 지주였다.

//
느헤미야는 총독으로 부임한 유대인으로 52일 만에 성벽을 완성한다.

헤미야를 채용했다. 외국인에게 자신의 목숨을 맡긴 셈이다. 그런 느헤미야가 왕에게 예루살렘의 성벽 재건을 청하였다.

왕은 BC 455년 막 이집트의 내란을 잠재운 상태였다. 이미 보낸 에스라는 유대인들의 마음을 하나로 모아 바사왕국에 붙어 있게 했다. 이집트 문제가 마무리된 후 10년이 지난 BC 445(혹은 444)년에 느헤미야의 간청이 있었던 셈이다. 국제 문제와 그동안 유다가 보인 충성을 감안해 아닥사스다왕은 느헤미야를 총독으로 임명하고 성벽 건축을 허락했다.

페르시아(바사)의 총독 권한으로 귀환한 느헤미야는 에스라와 함께 신앙적인 개혁과 함께 예루살렘성을 재건했다. 느헤미야가 바사에서 돌아와 밤에 둘러본 예루살렘은 대부분 다윗성을 말하고, 이 시찰은 후대에 다윗성을 재건하는 귀중한 자료가 되었다.

이 시점에서 에스겔서 47장과 에스라서와 느헤미야서를 훑어보되 느헤미야서 2장을 주의하여 보라.

> **13** 그 밤에 골짜기 문으로 나가서 용정으로 분문에 이르는 동안에 보니 예루
> 살렘 성벽이 다 무너졌고 성문은 불탔더라 **14** 앞으로 나아가 샘문과 왕의 못
> (실로암 못)에 이르러서는 탄 짐승이 지나갈 곳이 없는지라 **15** 그 밤에 (기드론) 시
> 내를 따라 올라가서 성벽을 살펴본 후에 돌아서 골짜기 문으로 들어와 돌아
> 왔으나 느 2:13-15

느헤미야는 기존 성벽 터 위에 성을 쌓았다. 자기가 사는 곳은 자신과 그 집안이 책임을 지는 식으로 동시다발적으로 성벽을 쌓아 올렸다. 성벽 건축자 중에

벧학게렘 레갑의 아들 말기야가 분문을 건축했다고 한다(느 3:14). 벧학게렘은 예루살렘과 베들레헴 가는 길에 있다. 그곳에 살던 사람들 중 레갑 자손을 기억할 필요가 있다. 이들은 이곳에 거주하면서 여호와의 축복대로 다시 성전을 건축하게 되었고, 여러 시대를 지나 예수님 시대의 목자로 등장하지 않았을까?

> …분문은 벧학게렘 지방을 다스리는 레갑의 아들 말기야가 중수하여 문을 세우며 문짝을 달고 자물쇠와 빗장을 갖추었고… 느 3:14

성벽이 세워져 갈 때 가장 두려워하면서 방해했던 세력은 유다 주변에 사는 적들이었다.

> 호론 사람(사마리아) 산발랏과 종이었던 암몬 사람 도비야가 이스라엘 자손을 흥왕하게 하려는 사람이 왔다 함을 듣고 심히 근심하더라 느 2:10
> 산발랏과 도비야와 아라비아 사람들과 암몬 사람들과 아스돗 사람들이 예루

포로 귀환기
포로 귀환 후 유대인 거주지와 사방의 대적

살렘성이 중수되어 그 허물어진 틈이 메꾸어져 간다 함을 듣고 심히 분노하여 느 4:7

그들은 욥바가 있는 오노 평지로 느헤미야를 내려오게 하여 산길에서 죽이려는 음모를 꾀했다. 예수님에게 씌웠던 "왕이 되려 하는도다"(느 6:6)라는 죄목을 느헤미야에게 덧씌우려 했다. 그것이 통하지 않자 뇌물을 주고 유다 여선지자에게 거짓 예언을 하게 했다.

느헤미야는 모든 음모를 간파하고 한 손에 창을 잡고 한 손으로는 밤낮으로 일하여 52일 만에 성벽을 완성했다.

성벽 완성으로 끝나지 않았다. 그 성벽을 유지하기 위하여 성에 머무는 인원을 확충하고 지도자를 세웠다. 느헤미야 8장에서 일곱째 달, 유대인의 신년인 나팔절을 맞아 에스라와 함께 율법책을 읽으면서 회개 운동을 이끌었다. 때마침 초막절을 맞아 초막을 지으면서 진행했다. 성회 후에 결단을 촉구하여 많은 사람이 말씀대로 살기로 인봉하였다. 새해를 말씀으로 시작하면서 육신의 양식도 풍족히 먹었다.

10 느헤미야가 또 그들에게 이르기를 너희는 가서 살진 것을 먹고 단 것을 마시되 준비하지 못한 자에게는 나누어 주라 이 날은 우리 주의 성일이니 근심하지 말라 여호와로 인하여 기뻐하는 것이 너희의 힘이니라 하고 느 8:10

12장에 언급된 성전 봉헌식을 통해 예루살렘 성벽의 형태를 짐작해 볼 수 있다. 어떤 학자들은 예루살렘이 히스기야 때처럼 큰 성벽을 가졌을 것이라고 주장하나 또 다른 학자들은 최소한의 성벽인 성전산과 다윗성만을 가졌을 것이라고 주장한다. 나는 바르일란 대학 가비 발카이 교수가 지지하는 전자를 따라 히스기야 시대의 성벽을 토대로 세웠을 것이라 본다.

성전 남쪽 힌놈의 골짜기로 나가는 분문(=똥문)

성벽 봉헌식은 두 팀이 서쪽에서 출발하는 의식이다. 한 팀은 남쪽으로 내려갔다가 다시 북쪽으로 올라오고, 또 한 팀은 북쪽으로 올라갔다가 남쪽으로 내려와 동문에서 만나 성전으로 들어간다.

/
성벽 걷기 통로
현재도 욥바 문에서 좌우로 성을 돌 수 있도록 통로가 마련되어 있다.

여기서,
묵상

척박한 땅에서 일궈 낸 신앙

느헤미야 11장에서는 당시 유다 사람이 거주한 마을과 주변 동네를 소개한다. 지도 그리기에서 보겠지만 의외로 남쪽 네게브에 살던 사람이 많았다. 시편 126편에서 '남방의 시내처럼 보내소서'와 '눈물로 씨를 뿌리는 자'와 같은 표현은 남방의 지형을 잘 알고 남방의 농사에도 익숙한 사람이 쓸 수 있는 표현이다. 그러므로 남쪽 사람이 많이 잡혀갔고 그중 일부가 신앙을 잘 지키고 돌아왔음을 알 수 있다. 남쪽 네게브의 중심 도시인 브엘세바에서 제단이 발견되고 아랏에서 성전과 같은 산당이 발견된 것을 보면 남방 사람의 신앙심이 다른 지방보다 특출했던 것 같다. 아브라함과 이삭, 야곱의 신앙이 네게브의 척박한 땅에서 일궈 낸 신앙이었는데 그 신앙을 이어받은 사람들이 돌아와 다시 정착하였을 것이다.

선지자 말라기: 구약의 마지막 메신저

느헤미야는 아닥사스다왕 32년, 즉 BC 433년에 잠시 왕을 알현하고 돌아온다(느 13:6). 그런데 돌아와 보니 백성이 깊은 죄악에 빠져 있었다. 십일조를 드리지 않고 안식일을 어기며 이방인과 결혼하고 제사장이 부패한 것이다(느 13:7-31). 느헤미야는 이를 지적하며 재개혁을 시도했다.

/
성벽 봉헌식을 하는 무리가 서쪽에서 남과 북으로 내려가다 동쪽 부근에서 만났다.

//
종려주일 행진자들의 모습. 봉헌식 때 행진하던 무리도 이와 같았을 것이다.

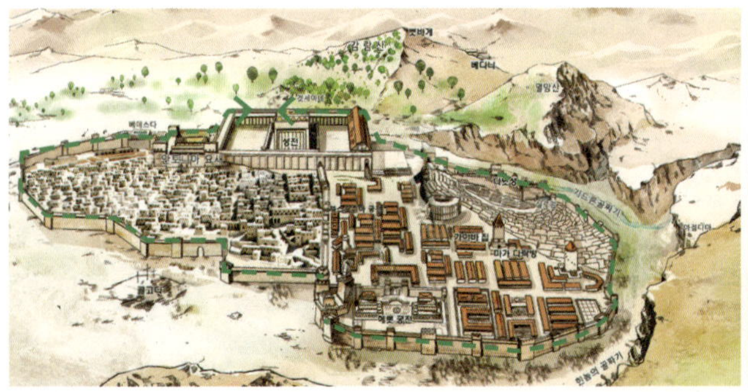

말라기 선지자가 지적한 죄악이 느헤미야의 지적과 일치한다. 그런 점에서 '나의 사자'라는 뜻을 가진 말라기의 사역이 느헤미야가 부재하던 BC 433년에 있었을 것으로 본다.

유다에서 사역한 말라기는 구약의 마지막 선지자다. 그 후 400년 동안 선지자가 나타나지 않았다. 이 때문에 구약과 신약을 이어 주는 거대한 공백이 발생했다. 물론 이 공백기 동안 많은 외경이 쓰였지만 참고 자료일 뿐 성경의 주 흐름에서 제외된다.

말라기는 구약의 마지막이며 신약을 이어 주는 선지자답게 모세와 예수님을 연결해 줄 신약의 엘리야(세례 요한)가 올 것이라 외치며 경각심을 일깨운다. 말라기를 읽으며 그의 외침에 귀를 기울여 보라.

지도 그리기

포로 귀환기

부록에서 지도를 찾아 그리세요

4 너희는 내가 호렙에서 온 이스라엘을 위하여 내 종 모세에게 명령한 법 곧
율례와 법도를 기억하라
5 보라 여호와의 크고 두려운 날이 이르기 전에 내가 선지자 엘리야를 너희에
게 보내리니
6 그가 아버지의 마음을 자녀에게로 돌이키게 하고 자녀들의 마음을 그들의
아버지에게로 돌이키게 하리라 돌이키지 아니하면 두렵건대 내가 와서 저주
로 그 땅을 칠까 하노라 하시니라 말 4:4-6
13 모든 선지자와 율법이 예언한 것은 요한까지니
14 만일 너희가 즐겨 받을진대 오리라 한 엘리야가 곧 이 사람이니라 마 11:13-14
1 그때에 세례 요한이 이르러 유대 광야에서 전파하여 말하되
2 회개하라 천국이 가까이 왔느니라 하였으니 마 3:1-2

말라기
Malachi

מַלְאָךְ + יהוה = מַלְאָכִי

말아키 = 여호와+말아크(사환)=여호와의 사자

<table>
<tr><td rowspan="2">역사</td><td>정치</td><td colspan="3">바사-아닥사스다 1세(BC 464-424), 유다-느헤미야, 에스라</td></tr>
<tr><td>사건</td><td colspan="3">에스라 귀환(BC 457), 느헤미야 총독부임(BC 444—425) 중 BC 433년에 귀환 후 재부임</td></tr>
<tr><td colspan="2">지리</td><td colspan="3">유다 예루살렘 성전</td></tr>
<tr><td colspan="2" rowspan="2">성경</td><td>1장</td><td>2-3장</td><td>4장</td></tr>
<tr><td>하나님 사랑과 경고</td><td>제사장과 백성의 죄</td><td>심판과 회복</td></tr>
</table>

말라기서 개요

역사와 묵상

01 요시야왕은 국제 정세 속에서 바벨론 편을 들다가 므깃도에서 전사했다. 그러나 그 고난은 장차 올 영광과 비교할 수 없다. 요시야는 다니엘과 세 친구, 에스겔 같은 인물들을 남겼다. 어려운 시대에 별처럼 빛나는 인물들은 한 알의 밀이 죽어 썩어짐으로 얻은 열매들이었다. 당신은 장차 영광이 될 어떤 씨를 심고 있는가?

02 아담에서 시작하여 아브라함, 이삭, 야곱, 요셉, 다윗 등에 이르며 확실해진 하나님의 뜻과 계시는 최고의 혼란기인 왕국 말기에 이어 포로기에 절정을 이룬다. 포로로 잡혀가서 여호와 신앙이 쇠퇴일로로 치달을 것 같은 디아스포라 시기에 하나님은 이스라엘만의 하나님이 아니라 온 제국의 하나님임을 알려 주셨다. 다니엘과 세 친구, 에스더, 모르드개 같은 인물이 그 역할을 어떻게 감당했는지 말해 보자.

03 에스라-느헤미야는 구약의 사도행전과 같다. 귀환한 예루살렘 사람들은 성전의 터를 놓고, 학개와 스가랴의 말씀에 힘입어 성전을 완공했다. 에스라는 예루살렘에 말씀 부흥 운동을 일으켰고, 느헤미야는 성전을 보호하는 성벽을 쌓아 하나님 나라를 확장하였다. 말라기와 느헤미야는 부패해 가는 공동체를 향해 마지막까지 말씀 실천 운동을 전개했다. 크지는 않지만 조금씩 커가고 세워져 가는 공동체는 마가의 다락방 운동으로 이어진다. 당신은 자신의 사명을 다한 후 느헤미야처럼 고백할 것이 무엇인가?

…하였사오니 내 하나님이여 나를 기억하사 복을 주옵소서 느 13:31

---

04 왕국 말기와 포로 귀환 후에 활동한 선지자들은 신약의 구체적인 사건을 예언하였다. 이방의 갈릴리, 베들레헴 에브라다 등 많은 지리적 예언은 예수님이 가나안 땅에 반드시 오셔야 함을 알려 주었다. 선지자들이 예수님이 어디에 오셔서 활동하실 것을 예언하였던 바 예수님이 사역한 모든 장소는 구약의 사건과 밀접한 관계가 있음에 틀림없다. 이제 신약을 대할 때 예수님의 움직임 하나하나에 주의를 기울여 거기에 담긴 뜻이 무엇인가를 구약과 연관 지어 생각해 보자. 선지자들의 선포가 예수님과 관계하여 어떻게 이루어졌는지 찾아보라.

색인

참고문헌

단행본

강후구, 《성서와 고고학: 이스라엘 정착부터 시삭 침공까지》. 서울: 서울장신대학교 출판부, 2014.

김한기, 《성지 파노라마》. 서울: 청담, 2006.

이문범, "A Study of a Biblical Event with a Geographical-Historical Approach: Jesus' Visitation of Sychar in John 4 as the Geographical-Historical Fulfillment of Worship Events" Ph.D., Israel -- Jerusalem: University of the Holy Land, 2015.

——. 《성경과 함께 읽는 성지답사 가이드북》. 서울: 두루문화원, 2015

——. 《믿음의 땅, 성경 이스라엘 입체지도》. 수원: 그땅, 2015.

임미영, 《고고학으로 읽는 성경(고대 근동 시리즈 14)》. 서울: CLC, 2016.

정정숙, 《정정숙 전도사의 성서식물》. 서울: 크리스챤뮤지엄, 2007.

홍순화, 《GPS 성경지명사전》. 서울: 한국성서지리연구원, 2012.

단행본 역서

Anson F. Rainey, R. Steven Notley, 《포이에마 성서지도》. 이미숙 역. 서울: 포이에마, 2012.

Bright, John, 《이스라엘 역사 4판》. 박문재 역. 서울: 크리스챤다이제스트, 2002.

Brisco, Thomas V., 《Holman Bible Atlas. 두란노 성서지도》. 이문범 외 8명 역. 서울: 두란노. 2008.

Currid, John D., and David P. Barrett, 《ESV 성경지도》. 이용중 역. 서울: 부흥과개혁사. 2011.

Eusebius Pamphilus, 《유세비우스의 교회사》. 엄성옥 역. 서울: 은성, 2008.

Josephus, Flavius, and William Whiston, 《요세푸스》. 김지찬 역. 서울: 생명의 말씀사. 1987.

편집 서적

편집부, 《성경전서(관주 해설: 독일 성서공회판)》. 서울: 대한성서공회, 1997.

성서지명강해대전 편찬위원회 편저, 《성서지명강해대전》. 서울: 도서출판 성지서원, 1997.

편집부, 《프리셉트 성경(개역개정판)》. 서울: 프리셉트, 2008.

편집부, 강병도 편저, 《카리스 종합주석 시리즈》. 서울: 기독지혜사, 2003.

편집부, 《그랜드 종합주석》. 서울: 제자원, 2004.

Hendriksen, William, 《헨드릭슨 주석 시리즈》. 서울: 아가페, 1988.

영문 자료

Abel, F. M. *Géographie de la Palestine*. Paris: J. Gabalda, 1967.

Aharoni, Yohanan. *The Land of the Bible: A Historical Geography*. Philadelphia: Westminster Press, 1967.

Aharoni, Yohanan, Michael Abi-Yohab, Anson F. Rainey, and Ze'ev Safrai. *The Carta Bible Atlas*. Jerusalem: Carta, 2002.

Aharoni, Yohanan, Michael Avi-Yonah, Shmuel Safrai, Anson F. Rainey, Ze'ev Safrai, Haim Beinart, Evyatar Friesel, and Sergio Dellapergola. *Historical Atlas of the Jewish People*. Edited by Shmuel Ahituv. New York: Continuum Publishing Group, 2003.

Ahlström, Goösta W. *The History of Ancient Palestine*. Minneapolis: Fortress Press, 1993.

Aharoni, Yohanan, Michael Avi-Yonah, Anson F. Rainey, and Zeev Safrai. *The Macmillan Bible Atlas.* New York: Macmillan, 1993.

Albright, William Foxwell. *Archaeology and the Religion of Israel*. Baltimore: Johns Hopkins, 1968.

——. *From the Stone Age to Christianity: Monotheism and the Historical Process*. Baltimore: Johns Hopkins, 1957.

Aquinas, Thomas. *Commentary on the Gospel of John. Books 1-5*. Translated by Fabian R Larcher and James A Weisheipl. Washington, D.C.; London: Catholic University of America Press?; Eurospan [distributor], 2010. http://search.ebscohost.com/login.aspx?direct=true&scope=site&db=nlebk&db=nlabk&AN=500872.

Ariel, Israel, Chaim Richman, Yehoshua Wertheimer,

Menahem Makover, and Barbara Laurel Ball. *Carta's illustrated encyclopedia of the Holy Temple in Jerusalem*. Jerusalem: Temple Institute, 2005.

Augustine. *ST. Augstine Tractates on the Gospel of John, 11-27*. Translated by John W Rettig. Washington, D.C.: Catholic University of America, 2003. http://site.ebrary.com/id/10382789.

Avi-Yonah, Michael. *Map of Roman Palestine*. Jerusalem, London: Pub. for the government of Palestine by H. Milford, Oxford University, 1940.

Barker, Kenneth L, and Donald W Burdick, eds. *The NIV Study Bible*. Grand Rapids, Mich.: Zondervan, 1995.

Barrois, G. A. "Chronology, Metrology, Etc." Edited by George Arthur Buttrick. *The Interpreter's Bible*. New York: Abingdon-Cokesbury, 1951.

Beasley-Murray, George Raymond. *John*. Edited by R. Beasley-Murray. WBC 36. Waco: Word Books, 1987.

Bernal, Martin. Black Athena: *The Afroasiatic Roots of Classical Civilization*. Vol. 2, New Brunswick, N.J.: Rutgers University Press, 1996.

Bierbrier, M. L. *Historical Dictionary of Ancient Egypt*. Lanham, Md: Scarecrow, 1999.

Ben-Tor, Amnon. "The Execration Texts and the Contemporary Settlement Map of Palestine." Pages 63-87 in Essays on Ancient Israel in *Its Near Eastern Context: A Tribute to Nadav Na'aman*. Edited by Yaira Amit and Nadav Na'aman. Winona Lake (Ind.): Eisenbrauns, 2006.

Bierbrier, M. L. *Historical Dictionary of Ancient Egypt*. Lanham, Md.: Scarecrow, 1999.

Beitzel, Barry J. *The Moody Atlas of the Bible*. Chicago, Ill.: Moody, 2009.

Brenton, Lancelot C. L. *The Septuagint with Apocrypha: Greek and English (LXE)*. London: Samuel Bagster and Sons, 1851. BibleWorks, v.8.

Breasted, James Henry. *Ancient Records of Egypt; Historical Documents from the Earliest Times to the Persian Conquest*, Collected. Chicago: University of Chicago Press, 1906.

Bright, John. *A History of Israel*. Philadelphia: Westminster Press, 1981.

Brisco, Thomas V. "Holman Bible Atlas." Nashville, Tenn.: Broadman & Holman, 1998.

Brown, Francis, S. R. Driver, and Charles A. Briggs. *Hebrew-Aramaic and English Lexicon of the Old Testament (Abridged BDB-Gesenius Lexicon)*. Ontario, Canada: Online Bible Foundation, 1997. BibleWorks, v.8.

Bultmann, Rudolf. *The Gospel of John: A Commentary*. Edited by Rupert William Noel Hoare and John Kenneth Riches. Translated by George Raymond Beasley-Murray. Oxford, England: B. Blackwell, 1971.

Bunson, Margaret. *A Dictionary of Ancient Egypt*. New York, N.Y.: Oxford University, 1995.

Butler, Trent C. *Joshua*. WBC. Waco, Tex.: Word Books, 1983.

Calvin, Jean. *Genesis*. Translated by John M. A. King. Edinburgh; Carlisle, Pa.: Banner of Truth Trust, 1992.

——. *The Gospel according to St. John*. Grand Rapids, Mi.: Eerdmans, 1974.

Campbell, Edward F., and G. Ernest Wright. "Tribal League Shrines in Amman and Shechem." *Biblic. Archaeol*. 32, no. 4 (1969): 104.

Carroll, Robert P. *Jeremiah: A Commentary*. Philadelphia: Westminster Press, 1986.

Childs, Brevard S. *The New Testament as Canon: An Introduction*. Philadelphia: Fortress Press, 1985.

Christensen, Duane L. *Deuteronomy 1:1-21:9, Revised*. Nashville: Thomas Nelson, 2001.

Chrysanthaki-Koukouli, Ch, and Ch Bakirtzēs. *Philippi*. Athens: Archaeological Receipts Fund, 1995.

Clements, R. E., and Society for Old Testament Study. *Deuteronomy*. [Sheffield]: JSOT, 1989.

Cogan, Mordechai. *Chronology*. Edited by David Noel Freedman. Vol. 1. New York: Doubleday, 1992.

Collins, J. J. "Forms of Community in the Dead Sea Scrolls." *Emanuel: Studies in Hebrew Bible, Septuagint, and Dead Sea Scrolls in Honor of Emanuel Tov*. Leiden; Boston: Brill, 2003.

Cotter, David W. *Genesis*. Collegeville, Minn.: Liturgical, 2003.

Creach, Jerome F. D. *Joshua*. Louisville, Ky.: Westminster

John Knox, 2003.
Currid, John D., and David P. Barrett. *Crossway ESV Bible Atlas*. Wheaton, Ill.: Crossway Books, 2010.
Davies, W. D, and Dale C Allison. *A Critical and Exegetical Commentary on the Gospel according to Saint Matthew*. Edinburgh: T. & T. Clark, 1988.
Dever, William G. "Archeological Method in Israel: A Continuing Revolution." *Biblarch Biblic. Archaeol*. 43, no. 1 (1980): 41-48.
Dodd, C. H. *The Interpretation of the Fourth Gospel*. Cambridge: Cambridge University, 1953.
Dodson, Aidan, and Dyan Hilton. *The Complete Royal Families of Ancient Egypt*. London; New York: Thames & Hudson, 2004.
Donner, Herbert. *Israelite and Judean History*. Edited by John H Hayes and J. Maxwell Miller. London: SCM Press, 1990.
Dorsey, David A. "Shechem and the Road Network of Central Samaria." *Bull. Am. Sch. Orient. Res*., no. 268 (1987): 57-70.
——. *The Roads and Highways of Ancient Israel*. Baltimore: Johns Hopkins University, 1991.
——. "The Roads and Highways of Israel during the Iron Age." Ph.D. Dissertation, Dropsie University, 1981.
Dowley, Tim. "Atlas of the Bible and Christianity." Grand Rapids, MI.: Baker Books, 1997.
Edelman, D. "Hezekiah's Alleged Cultic Centralization." *J. Study Old Testam*. 32, no. 4 (2008): 395-434.
Edwards, Iorwerth E. S. *The Cambridge Ancient History Vol*. I.2b, II.1 and II.2 Cambridge [u.a.]: Cambridge Univ. Press, 1974.
Ellis, E. Earle. *The World of St. John: The Gospel and the Epistles*. London; New York: Lutterworth Press; Abingdon Press, 1965.
Eusebius, and Jerome. *Eusebius, Onomasticon: The Place Names of Divine Scripture: Including the Latin Edition of Jerome*. Boston: Brill, 2005.
——. *The Onomasticon: Palestine in the Fourth Century A.D.* Edited by G. S. P Freeman-Grenville, Rupert L Chapman, and Joan E Taylor. Jerusalem: Carta, 2003.
Freedman, David Noel. T*he Anchor Bible Dictionary*. New York: Doubleday, 1992.
Garrentt, Duane, and Walter C. Jr. Kaiser, eds. *Archaeological Study Bible-NIV: An Illustrated Walk Through Biblical History and Culture*. Grand Rapids, Mich.: Zondervan, 2005.
Gaebelein, Frank E, J. D Douglas, and Dick Polcyn. *The Expositor's Bible Commentary: With the New International Version of the Holy Bible*. Grand Rapids: Zondervan Pub. House, 1976.
Geva, Hillel. *Ancient Jerusalem revealed*. Jerusalem: Israel Exploration Soc, 1994.
Gingrich, F. Wilbur. *Shorter Lexicon of the Greek New Testament.* Edited by Frederick W. Danker. 2nd ed. Chicago: University of Chicago, 1983. BibleWorks. v.8.
Grant, Robert M. *A Short History of the Interpretation of the Bible*. New York: Macmillan, 1963.
Guilding, Aileen. *The Fourth Gospel and Jewish Worship: A Study of the Relation of St. John's Gospel to the Ancient Jewish Lectionary System*. Oxford: Clarendon, 1960.
Gunkel, Hermann. *Genesis.* Translated by Mark E. Biddle. Macon, Ga.: Mercer University, 1997.
Hagner, Donald Alfred. *Matthew. 1-13*. Dallas, Tex.: Word Books, 1993.
——. *Matthew 14-28*. Dallas, Tex.: Word Books, 1995.
Helck, Wolfgang. *Die Beziehungen Agyptens zu Vorderasien im 3. und 2. Jahrtausend v. Chr.* Wiesbaden: Harrassowitz, 1971.
Henry, Matthew. *The Comprehensive Commentary on the Holy Bible: Matt.-John*. Edited by Thomas Scott and William Jenks. Philadelphia: Published by J.B. Lippincott & Co., 1859.
Herodotus, Robin Waterfield, and Carolyn Dewald. *The histories*. Oxford: Oxford University Press, 2008. 〈http://site.ebrary.com/id/10534051〉.
Holladay, William L. *A Concise Hebrew and Aramaic Lexicon of the Old Testament: Based upon the Lexical Work of Ludwig Koehler and Walter Baumgartner*. Leiden: Brill, 2000. BibleWorks, v.8.
Holladay, William Lee. *Jeremiah 2: A Commentary on the Book of the Prophet Jeremiah, Chapters 26-52*. Edited

by Paul D Hanson. Minneapolis: Fortress Press, 1989.

Hornung, Erik. *History of Ancient Egypt*. Edinburgh: Edinburgh University, 1999.

Isbouts, Jean-Pierre. "The Biblical World: An Illustrated Atlas." Washington, D.C.: National Geographic, 2007.

Israel Museum. *The Israel Museum*. Jerusalem: The Museum, 1995.

Josephus, Flavius. *The New Complete Works of Josephus*. Translated by William Whiston. Grand Rapids, MI: Kregel Publications, 1999.

——. *Josephus: Jewish Antiquities Books XII-XIV*. Translated by Ralph Marcus. Vol. 7. 9 vols. Cambridge, Mass.: Harvard Univ., 1986.

——. *The New Complete Works of Josephus*. Translated by William Whiston. Grand Rapids, MI: Kregel Publications, 1999.

——. *The Works of Flavius Josephus*. Vol. 2. 3 vols. 3 2. Philadelphia: Lippincott, Grambo, 1835.

Kalai, Zekharyah. *Studies in Historical Geography and Biblical Historiography Presented to Zechariah Kallai*. Edited by Gershon Galil and Moshe Weinfeld. Leiden; Boston: Brill, 2000. http://site.ebrary.com/id/10089124.

Kitchen K.A., "Regnal and Genealogical Data of Ancient Egypt." 39-52쪽 in M. Manfred Bietak(ed.). *The Synchronisation of Civilisations in the Eastern Mediterranean in the Second Millennium B.C.: Proceedings of an International Symposium at Schloβ Haindorf, 15th - 17th of November 1996 and at the Austrian Academy, Vienna*, 11th - 12th of May 1998. Wien: Verl. der Österr. Akad. der Wiss, 2000.

Keener, Craig S. *The Gospel of John: A Commentary. Peabody*, Mass.: Hendrickson, 2003.

——. *The Gospel of Matthew: A Socio-Rhetorical Commentary*. Grand Rapids, Mich.; Cambridge: William B. Eerdmans Pub., 2009.

King, Philip J, and Lawrence E Stager. *Life in Biblical* Israel. Louisville, Ky.: Westminster John Knox, 2001.

Klein, Ralph W. *1 Samuel*. Word Biblical Commentary 10. Waco, Tex.: Word Books, 1983.

Köhler, Ludwig, and Walter Baumgartner. *The Hebrew and Aramaic Lexicon of the Old Testament*. Edited by M. E. J. Richardson. Vol. 4. 4 vols. Leiden; New York: E.J. Brill, 1999.

Kopp, Clemens. *The Holy Places of the Gospels*. New York: Herder and Herder, 1963.

Kourtara, V., L. Xeroutsikou, and Theocharēs Mich Provatakēs. *Patmos: The Holy Island of the Aegean*. Athens, Greece: Editions Michalis Toubis, 1996.

Lange, Johann Peter. *Commentary on the Holy Scriptures, Critical, Doctrinal and Homiletical, Genesis*. Edited by Philip Schaff. Grand Rapids, Mich.: Zondervan, 1864.

Laughlin, John C. H. *Fifty Major Cities of the Bible: From Dan to Beersheba*. London; New York: Routledge, 2006.

Ephraim Stern, Ayelet Levinzon-Gilbo'a, and Josheph Abiram. ed. *The New Encyclopedia of Archaeological Excavations in the Holy Land 1-5*. Jerusalem; New York: Israel Exploration Society & Carta; Simon & Schuster, 1993.

Leupold, H. C. *Exposition of Genesis*. Grand Rapids, Mich.: Baker Book House, 1942.

Magen, Itzhak. "Gerizim, Mount." Edited by Ephraim Stern, Ayelet Levinzon-Gilbo'a, and Josheph Abiram. *The New Encyclopedia of Archaeological Excavations in the Holy Land*. Jerusalem; New York: Israel Exploration Society & Carta?; Simon & Schuster, 1993.

——. "Gerizim, Mount: an Update to vol. 2, pp 484-491." Edited by Ephraim Stern, Ayelet Levinzon-Gilbo'a, and Josheph Abiram. *The New Encyclopedia of Archaeological Excavations in the Holy Land*. Jerusalem: Israel Exploration Society & Carta; Simon & Schuster, 2008.

Mazar, Amihay. *Archaeology of the Land of the Bible: 10,000-586 B.C.E.* New Haven, Conn.; London: Yale University, 2007.

Mazar, Benjamin, and Shmuel Ahituv. *Biblical Israel: State and People.* Jerusalem: The Magnes Press, The Hebrew University, 1992.

Mellaart, James. 1979. "Egyptian and Near Eastern Chronology: a Dilemma?" *Antiquity.* 53, no. 207: 6-18.

Meyer, Eduard. 1907. "Nachträge zur ägyptischen chronologie". *Abhandlungen*. 30: fold.

Monson, James M. *Regions on the Run: Introductory Map Studies in the Land of the Bible*. Rockford, IL: Biblical Backgrounds, Inc., 1998.

——. *The Land Between: A Regional Study Guide to the Land of the Bible*. Highland Park, Ill.: Institute of Holy Land Studies, 1983.

Morris, Leon. *The Gospel according to John: The English Text with Introduction, Exposition and Notes*. Grand Rapids: Eerdmans, 1971.

Moule, C. F. D. "The Christian Encyclopedia Embracing Bible, Theology, Ecclesiastical History, Biography, Christian Art and other Religions of World and Korea with Illustrated Pictures and Maps." Edited by Ki-Moon Lee. Seoul: Christian Literature Press, 1983.

Murdock, D. M. *Who Was Jesus: Fingerprints of the Christ*. Seattle, WA: Stellar House Pub., 2007.

Na'aman, Nadav. *Ancient Israel and Its Neighbors: Interaction and Counteraction: Collected Essays.* 1. Winona Lake, Ind.: Eisenbrauns, 2005.

Nebenzahl, Kenneth. "Maps of the Holy Land: Images of Terra Sancta through Two Millennia." New York: Abbeville, 1986.

NIV Archaeological Study Bible: An Illustrated Walk Through Biblical History and Culture : New International Version. Grand Rapids, Mich: Zondervan, 2005.

Noth, Martin. *The History of Israel*. New York: Harper, 1960.

Oesterley, W. O. E., and Theodore Henry Robinson. *A History of Israel*. 1. Oxford: Clarendon, 1932.

Papachatzēs, Nik. D., and Kaie Tsitsele. *Ancient Corinth: The Museums of Corinth, Isthmia and Sicyon*. Athens: Edotike Athenon, 1977.

Pedersen, J. Israel, *Its Life and Culture*. London: Oxford University, 1926.

Pitkäanen, Pekka. *Central Sanctuary and Centralization of Worship in Ancient Israel: From the Settlement to the Building of Solomon's Temple*. Piscataway: Gorgias Press, 2003.

Pritchard, James B., ed. *Ancient Near Eastern Texts: Relating to the Old Testament*. 3rd ed. Princeton University, 1969.

Rainey, Anson F, and R. Steven Notley. "The Sacred Bridge: Carta's Atlas of the Biblical World." Jerusalem: Carta, 2006.

Rahlfs, Alfred. *Septuaginta: Id Est Vetus Testamentum Iuxta LXX Interpretes Edidit Alfred Rahlfs (LXT)*. Stuttgart: Deutsche Bibelgesellschaft, 1935. BibleWorks, v.8.

Rasmussen, Carl. "Zondervan Atlas of the Bible." Grand Rapids, Mich.: Zondervan, 2010.

Robinson, Edward, and Eli Smith. *Biblical Researches in Palestine, and in the Adjacent Regions. A Journal of Travels in the Year 1838 & 1852*. Boston: Crocker and Brewster; [etc.], 1856.

Rogerson, J. W. *Atlas of the Bible*. New York: Facts on File Publications, 1985.

Ryle, J. C. *Expository Thoughts on the Gospels*. Grand Rapids: Baker Book House, 1977.

Sarna, Nahum M. Genesis = *Be-Reshit: The Traditional Hebrew Text with New JPS Translation Commentary.* The JPS Torah Commentary. Philadelphia: The Jewish Publication Society, 1989.

——. "Israel in Egypt." *Ancient Israel: A Short History from Abraham to the Roman Destruction of the Temple.* Edited by Hershel Shanks. Englewood Cliffs, N.J.; Washington, D.C.: Prentice-Hall ; Biblical Archaeology Society, 1988.

Shanks, Hershel. *Ancient Israel: From Abraham to the Roman Destruction of the Temple*. Washington, D.C.: Biblical Archaeology Society, 1988.

Shaw, Ian. *Oxford History of Ancient Egypt.* Oxford: Oxford University Press, 2014.

Sheppard, G. T. "Childs, Brevard S." Edited by Donald K. McKim. *Dictionary of Major Biblical Interpreters*. Downers Grove, Ill.; Nottingham, England: IVP Academic; Inter-Varsity, 2007.

Skinner, John. *A Critical and Exegetical Commentary on Genesis*. Edinburgh: T. & T. Clark, 1930.

Smith, George Adam. *The Historical Geography of the*

Holy Land. New York: Harper & Row, 1966.

——. *The Historical Geography of the Holy Land: Especially in Relation to the History of Israel and of the Early Church*. New York; London: A.C. Armstrong; Hodder and Stoughton, 1906.

Speiser, E. A. *Genesis*. Garden City, N.Y.: Doubleday, 1964.

Stager, Lawrence E. *Jerusalem and the Garden of Eden.* [Washington, D.C.]: Biblical Archaeology Society, 1999.

Stefanovic, Zdravko. "Jacob's Well." Edited by David Noel Freedman. *The Anchor Bible Dictionary*. New York: Doubleday, 1992.

Stern, Ephraim, Ayelet Levinzon-Gilbo'a, and Joseph Aviram, eds. "Chronological Tables: The Historical Achaeological Periods." *The New Encyclopedia of Archaeological Excavations in the Holy Land.* Jerusalem; New York: Israel Exploration Society & Carta; Simon & Schuster, 2008.

Themelis, Petros G. *Ancient Corinth: The Site and the Museum*. Athens: Editions Hannibal, 1984.

Vamosh, Miriam Feinberg. *Daily Life at the Time of Jesus*. Nashville: Abingdon Press, 2001.

Walton, John H. *Chronological and Background Charts of the Old Testament*. Grand Rapids, Mich.: Zondervan, 1978.

Waltke, Bruce K., and Cathi J. Fredricks. *Genesis: A Commentary.* Grand Rapids, Mich.: Zondervan, 2001.

Yadin, Yigael. *Jerusalem Revealed: Archaeology in the Holy City*, 1968-1974. Jerusalem: Israel Exploration Society, 1975.

Zangenberg, J. *Jesus and Archaeology*. Edited by James H. Charlesworth. Grand Rapids, Mich. u.a.: Eerdmans, 2006.

Zertal, Adam. "Bezek(Place)." Edited by David Noel Freedman. *The Anchor Bible Dictionary.* New York: Doubleday, 1992.

——. "Ebal, Mount." Edited by Ephraim Stern, Ayelet Levinzon-Gilbo'a, and Josheph Abiram. *The New Encyclopedia of Archaeological Excavations in the Holy Land*. Jerusalem; New York: Israel Exploration Society & Carta?; Simon & Schuster, 1993.

Greek New Testament and LXX Database (BGT). Norfolk: BibleWorks, LLC., 1999. BibleWorks. v.8.

"The Harper Atlas of the Bible." New York: Harper & Row, 1987.

Westminster Leningrad Codex (WTT). Philadelpha: Westminster Theological Seminary, n.d. BibleWorks, v.8.